扬州现代公园

陶伯龙 孙建年 主编

扬州公园城市研究丛书

中国建材工业出版社

图书在版编目(CIP)数据

扬州现代公园 / 陶伯龙，孙建年主编. -- 北京：中国建材工业出版社，2018.9
 ISBN 978-7-5160-2393-8

Ⅰ.①扬… Ⅱ.①陶… ②孙… Ⅲ.①公园—介绍—扬州 Ⅳ.①K928.73

中国版本图书馆CIP数据核字(2018)第195648号

内容简介

本书作为《扬州公园城市研究丛书》分册之一，通过资料的搜集、分析，详细阐述了国内外城市公园的起源与发展，总结了扬州城市公园体系建设的实践历程与取得的成绩；依据田野调查与数据论证，归纳出扬州现代城市公园的特点与优势，并对未来的完善和提升提出了策略，力争打造出世界级公园的新范本；借助400多张高清图片，带领读者领略扬州十座典型性现代公园独特的人本性、文化性和艺术性。

本书既可帮助读者深入了解扬州现代公园，也可供城市党政决策者、管理者参考；同时还可作为现代城市公园设计、城市规划等领域工作者以及大专院校城市规划、风景园林等专业师生的参考书。

扬州现代公园

陶伯龙　孙建年　主编

出版发行：中国建材工业出版社
地　　址：北京市海淀区三里河路1号
邮　　编：100044
经　　销：全国各地新华书店
印　　刷：江苏凤凰扬州鑫华印刷有限公司
开　　本：889mm×1194mm　1/16
印　　张：25
字　　数：500千字
版　　次：2018年9月第1版
印　　次：2018年9月第1次
定　　价：326.00元

本社网址：www.jccbs.com　　微信公众号：zgjcgycbs
本书如出现印装质量问题，由我社市场营销部负责调换。联系电话：（010）88386906

丛书编委会

主任

何金发

委员

林宝荣　陶伯龙　金春林　赵御龙

孙建年　叶善祥　薛炳宽

《扬州现代公园》编委会

主编

陶伯龙　孙建年

副主编

叶善祥　薛炳宽　高永青

编撰人员

周武忠　吴　涛　陈　军　吴年华

邱正锋　方　亮　陶　巍

图片提供单位

扬州市广陵区人民政府

扬州市邗江区人民政府

扬州市经济技术开发区管理委员会

扬州市蜀冈-瘦西湖风景名胜区管委会

扬州市生态科技新城管理委员会

扬州市城乡建设局

扬州市城建国有资产控股（集团）有限公司

扬州市历史文化名城研究院（中国名城杂志社）

扬州市城建档案馆

总 序

　　城市让生活更美好，是中国 2010 年上海世界博览会的主题。城市是人类文明的结晶，城市不断创造出更适宜人类居住、生活的环境，不断创造出高质量的生活方式，是人类梦想不断实现的载体和平台。世界上每个城市都曾经做过各种各样的努力和探索，为世界提供了丰富多彩、特色鲜明的城市实践案例，积累成城市建设的技术与理论体系，成为人类文明的瑰宝和财富。作为中国历史文化名城的扬州，也在这方面做了许多成功的探索，有着许多经典作品，闻名世界的扬州古典园林就是一例。近年来，扬州在建设公园城市方面又研究出新理论，走出了新路径，形成了新特色，打造出了新经典。

　　目前，扬州已建成了 309 个各类开放式公园，其中综合公园 37 个，社区公园 185 个，专类公园 28 个，口袋公园 59 个，初步形成分布均衡、层次分明的公园体系，直接惠及 500 多个小区，150 万市民，市区人均拥有公园绿地 18.57 平方米，相当于每个市民都有一个"绿色客厅"。扬州在建设公园城市上走在了不少城市的前面，这既是因为扬州这座城市有丰厚的古典园林的积淀，有着极好造园传统和技艺，同时也是扬州市的主政者落实绿色发展，共享发展理念的成就，把公园城市和生态城市作为城市的定位和目标，把现代公园建设作为实现城市定位和目标的载体和保证。

　　因为工作关系，我多次去过扬州，通过实地考察和查询相关资料，我觉得扬州公园体系建设非常有特点，归纳起来有这几点：

　　1. 人民性。在公园体系建设中始终贯彻以人民为中心的理念，尽力为人民建设更多的优质生态公园，努力为市民打造宽敞、无障碍、全天候的健身锻炼和公共活动的空间，舍得把市区中心位置的好地段拿出来，舍得投入资金配置设施，舍得投入精力设计与谋划，一切以方便、服务市民为出发点，还绿于民、还景于民、还静于民，公园现在成了扬州市民休闲生活中离不开的重要场所，人民的满意是最好的诠释。

　　2. 文化性。扬州现代公园建设具有鲜明扬州地方特色，处处展示了扬州文化的传承和光大。将公园与城市文化设施结合起来更成为一种创意。宋夹城体育休闲公园本身就是一个考古遗址公园，把城市遗址的保护与公园建设完美地结合在一起。三湾公园的剪影桥更是应用扬州传统工艺剪纸的文化符号，成为公园内一道靓丽的风景线。城市书屋布点多个公园内，文化长廊、宣传栏、雕塑都表达了对传统文化的尊重。一些公园以弘扬传统文化为主题，阮元广场、院士广场、廉政文化广场等主题鲜明、文化意味浓厚。扬州公园体系建设能不断创造地方风格，借取西湖一角堪夸其瘦，移来金山半点何惜乎小。仿西湖者不能死学西湖，创造地方特色的公园体系才会生生不息。

3. 时代性。扬州公园城市建设的理念具有极强的时代性，既充分满足人民在新时代对美好生活向往的要求，也站在历史的高度，考虑到时代与社会结构、人们生产生活方式所发生的深刻变化，人们对改善提升生态绿色环境的重视，人们对运动场所更高的要求，公园体系建设把握住了这一时代趋势。扬州公园体系建设充分体现了住房城乡建设部在2017年提出的城市双修（即生态修补、城市修复）的意见。有计划、有步骤地修复被破坏的山体、河流、植被，通过一系列手段恢复城市生态系统的自我调节功能，同时通过改善城市公共服务质量，改进市政基础设施条件，发掘和保护历史文化和社会网络，城市功能体系及其承载的空间场所得到全面系统的修补、弥补和完善。扬州较早且敏锐地抓住了这个时代特点，大胆创新，在2015年就提出了公园体系建设的理念，有较强前瞻性。2017年，扬州被列为第三批城市双修试点城市，公园体系建设更是城市双修理念的具体实践之一。

4. 可持续性。扬州公园体系建设中非常注意可持续性。既有大、中、小各类公园的合理搭配，同时又注重彰显特色，避免"千园一面"，同时在公园建设中设计出了高水平的"留白"。为未来发展提供了空间。在建好公园的同时，又特别注重管好公园。2017年12月1日，扬州颁布、实施了《扬州市公园条例》，明确公园体系建设的法制化，为扬州市民的生态福利划下"红线"，对公园管理进行监督，确保公园高水平管理。公园的活动也丰富多彩，既有专业化运动活动，也有非商业性、非竞技性的群众体育活动，确保了公园的吸引力和人气。

作为国内首套公园城市理论与案例研究丛书，我非常愿意向业内同行推荐，从书中既可以看到扬州古典园林的文脉，又能了解到扬州现代公园建设的实践案例，更能领略到扬州作为生态城市的宏观画面，对这座精致、宜居的城市背后支撑的理论体系会更深入地理解。书中的文字、图片都极具专业性，是一本可供高校学生与研究人员、城市建设决策和实施者、公园建设的技术人员等学习借鉴的一本很好的参考书。

是以为序。

中国工程院院士 孟兆祯

2018年8月18日

目 录

第一篇　绪论

第一章　城市公园与公园城市　001

第一节　城市公园与城市空间　003

第二节　西方国家的城市公园溯源　008

第三节　中国城市公园的出现与发展　014

第四节　当代公园城市建设的理论与实践　016

第二章　现代城市公园体系建设与发展　021

第一节　相关概念界定与诠释　023

第二节　城市公园体系的组成　025

第三节　西方城市公园体系发展实践与启示　026

第四节　我国当代城市公园体系的研究与实践进展　035

第三章　生态文明视野下的扬州城市公园体系建设　043

第一节　生态文明视野下的城市公园体系内涵　045

第二节　绿色作底的"美丽中国"扬州样板　047

第三节　生态可持续发展的扬州城市公园体系建设　050

第四节　建设公园型城市，实现扬州的绿色发展　054

第二篇　公园城市——扬州现代城市公园研究

第四章　扬州现代城市公园的特点与优势　063

第一节　社会效应　065

第二节　经济效益　068

第三节 生态效益 073

第四节 设计内容 080

第五节 审美诉求 092

第五章 城市公园评价标准体系研究 097

第一节 扬州城市公园的主要特征分析及分类 099

第二节 研究区域现状 111

第三节 城市公园评价目的 122

第四节 城市公园评价理论及在扬州的实践 126

第六章 扬州现代城市公园提升建议 141

第一节 当前使用层面的不足与提升策略 143

第二节 政府层面的压力 161

第三节 当前设计层面的不足与改进策略 166

第七章 建设世界级城市公园 175

第一节 世界公园的概念界定 177

第二节 世界公园的主要特征分析及分类 179

第三节 世界公园的评价指标体系 182

第四节 打造世界级公园的扬州范本 186

第五节 世界现代城市公园案例分析 189

第三篇　公园案例荟萃

　　案例1：三湾公园　214

　　案例2：宋夹城体育休闲公园　235

　　案例3：廖家沟城市中央公园　260

　　案例4：扬子津古渡体育休闲公园　276

　　案例5：李宁体育园　290

　　案例6：明月湖公园　302

　　案例7：来鹤台公园　322

　　案例8：大水湾公园　328

　　案例9：五台山大桥公园　343

　　案例10：曲江公园　358

附录一　扬州市已开放免费公园一览表　372

附录二　扬州市城市公园汇总表　384

后记　385

PART 1

第一篇 绪论

第一章

城市公园与公园城市

第一节　城市公园与城市空间
第二节　西方国家的城市公园溯源
第三节　中国城市公园的出现与发展
第四节　当代公园城市建设的理论与
　　　　实践

城市公园是当今世界范围内的城市建设的重要内容之一，也是我国现代城市绿地系统建设的重要组成部分。在城市生态系统构建、城市景观组织与营造方面扮演着重要的角色。随着我国环境意识的日益觉醒，人们对城市景观及公共空间品质的需求日益增加，城市居民不仅追求自身安逸舒适的小家园，也迫切需要城市生态园林化与人文艺术化和谐共生的大环境，而现代城市公园是城市化的一个重要标志和内容。可以说，当今世界几乎不存在没有公园的城市。

第一节　城市公园与城市空间

城市公园是随着近现代城市日趋发展及社会生活需求而产生，并且逐步成熟起来的。城市公园给城市居民提供休息及活动的场所，也为人们了解社会、认识自然、享受现代生活带来了方便。

一、城市公园定义

"公园"一词在中国最早出现于5世纪左右的南北朝。在宋代，"公园"曾特指向民众开放的郡圃。两宋时期，随着包含经济、文化的城市文明演变，大量公园出现在各地城市，并以园圃、风景区、风景点等多种类型存在。而现代公园一般是指政府修建并经营的作为自然观赏区和供公众休息游玩的公共区域，在旅游景点中，通常被简称为"园"。我国颁布的《公园设计规范》（GB 51192—2016）中定义："公园是向公众开放，以游憩为主要功能，有较完善的设施，兼具生态、美化等作用的绿地"，具有改善城市生态、防火、避难等作用。近现代很多国家的公园都分为城市公园和自然公园（见国家公园）两大类，而一般使用"公园"一词，仅指城市公园而言。各国国情不同，城市公园的分类也有很大的差异。在我国，广义上的公园涵盖了城市公园、森林公园、主题公园、风景名胜公园及其他各类专类园等。

现代意义上的城市公园起源于美国，由美国景观设计学奠基人弗雷德里克·劳·奥姆斯特德（Frederick Law Olmsted）（1822—1903年）于1868年提出在城市兴建公园的伟大构想，早在距此十多年前，他就与沃克斯（Calbert Vaux）（1824—1895年）共同设计了纽约中央公园（1858—1876年）。

目前，我国学术界对城市公园尚无统一的概念界定，但通过分析《中国大百科全书》《城市绿地分类标准》（CJJ/T 85—2017）及国内外学者对其进行的概念界定，可以看出城市公园包含以下几个方面的涵义：首先，城市公园是城市绿地的一种类型；其次，城市公园的主要服务对象是城市居民，但随着城市旅游的开展及城市旅游目的地的形成，城市公园将不再单一地服务于市民，也将服务于旅游者；再者，城市公园的主要功能是休闲、游憩、娱乐，随着城市自身的发展及市民、旅游者外在需求的拉动，城市公园将会增加更多的休闲、游憩、娱乐等主题的产品。

二、城市公园的功能与作用

城市公园作为城市的绿色基础设施，是城市主要的公共开放空间，为城市居民提供具有特定使用功能的户外境域，它不仅是城市居民的主要休闲、游憩、娱乐康体等空间活动场所，也是市民文化的传播场所。

传统的城市公园功能主要是满足城市居民的休闲需要，诸如满足人们休息、游览、锻炼、交往及进行各种户外人文活动的功能；现代意义的城市绿地系统建设促成城市公园在城市中具有多样化的功能与作用，诸如生态可持续发展、塑造城市空间的功能，实现人们康体保健、休闲游览的作用，提升城市人文环境及实现社会公益价值与经济价值的作用等。归纳总结，城市公园的功能与作用主要表现在如下几个方面。

（一）生态环境功能

城市公园作为营建现代城市绿地、改善生态环境的重要载体，特别是大批公园绿地的建设，使得城市公园成为城市绿地系统中最大的绿色生态板块，具有"城市绿肺""城市氧吧"的称谓。

生态环境功能首先表现在维持城市生态平衡方面，城市公园由于具有大面积的绿地及多样的园林乔灌木栽植，无论是在防止水土流失、净化空气、降低辐射，还是在调节小气候、降温、防风引风、缓解城市热岛效应等方面都具有良好的生态功能。其次表现在美化城市景观方面，城市公园作为城市中最具自然特性的场所和空间，大量的绿色植物群落构成城市的绿色软质景观，能够将城市的硬质场所和建筑空间加以软化，并与之有机组合，为营造多元的城市空间和绿色景观提供可能，同时，公园也是城市中重要的空间景观节点，在美化城市景观、提升生态环境方面具有十分重要的作用。

（二）社会文化功能

城市公园的社会文化功能主要表现在以下三个方面：

1. 休闲游憩功能

城市公园是城市的公共开放空间，是城市居民的主要休闲游憩场所。公园内部设置的多样化的活动空间、游览设施及休憩设施等为城市居民提供了大量户外活动的可能性，承担着满足城市居民休闲游憩活动需求的主要职能。这也是现代城市公园的最主要、最直接的功能。

2. 精神文明培育与人文素质提升功能

城市公园容纳着城市居民的大量户外活动，使得公园成为人们在户外传播精神文明、科学知识和进行科普与宣传教育建设的重要场所。各种户外人文活动如歌唱、社交、交谊等在城市公园中的开展为周围居民提供了很好的人文素质提升实践，陶冶市民情操，提高整体素质。

这也使得城市公园在社会主义精神文明建设中的作用越来越突出。

3. 地方文化传承功能

一座城市所具有的地方文化内涵是有别于其他城市的文化特色和城市风貌的重要标志，只有不断挖掘城市自身的文化传统和历史渊源，并在此基础上不断创新，才能使地方文化得以传承，城市品位得以提高。城市公园因其所具有的综合功能成为城市发展的重要组成部分，城市文脉的发展与延续通过城市公园的功能结构与形态得以体现。故而地方文化可以城市公园为载体进行有效传承，地方文化传承可以使得城市公园达到资源保护、历史延续与景观再生这三重效果。

（三）经济效益功能

城市公园除了上述的生态环境功能和社会文化功能之外，还有另外一项重要功能便是经济效益功能，具体表现在如下四个方面：

1. 防灾、减灾功能

城市公园由于具有大面积公共开放空间，不仅是城市居民日常的聚集活动场所，同时在城市的防火防灾、避难减灾等方面具有重要的保安功能。城市公园可作为地震发生时的避难地、火灾时的隔火带，大公园还可作救援直升机的降落场地、救灾物资的集散地、救灾人员的驻扎地及临时医院所在地、灾民的临时住所和倒塌建筑物的临时堆放场。1976年的唐山大地震、2008年的汶川大地震，都让我们认识到防灾意识要提高，以及防灾、避难场所的建设在城市发展中的重要性，而城市公园在承担防灾、避难功能上显示了其强大作用。

2. 为城市未来发展预留用地

城市公园的兴建，在短期内可以为城市居民提供休闲活动场所，在远期发展过程中，城市的各类公园可以作为城市预留土地，为城市未来公共设施的建设提供一定的可能性，从而作为城市土地急需之用的主要预留用地。

3. 带动地方、社会经济的发展

由于城市环境的恶化，城市公园作为城市的主要绿色空间，在拉动社会经济发展中的作用越来越明显。城市公园最显著的作用是能带动其周边地区的地价和不动产升值，吸引投资，从而推动城市在该区域的经济和社会发展。公园的投资兴建，对于与之毗邻的房地产楼盘销售无疑是一大宣传亮点，从城市的报纸、电视、网络等媒体的房产广告便可见一斑。如扬州新城西区明月湖公园的营造，在带动京华城周边地区的住宅房产、城市商业及社区的发展中都起到了至关重要的作用。

4. 促进城市旅游业的发展

随着科学技术的发展、经济的增长和人民物质文化生活水平的不断提高，旅游已日益成为现代社会中人们精神生活的重要组成部分。当前城市公园已成为各大城市发展都市旅游资源的主要组成部分。近两年，扬州市的各旅行社都推出了海河外滩公园、水上公园、热带植物观光园等旅游线路。另外，近年来扬州市在各大公园经常举行诸如灯展、焰火晚会、花展、风情展等活动，从中不难看出，城市公园对促进旅游业发展的作用。

（四）其他功能

除上述功能之外，城市公园在改善和优化城市交通体系、保护文物古迹、阻隔性质相互冲突的土地使用、降低人口密度、调节过度的城市化发展等方面有一定的促进作用，同时对于解决城市的社会问题，诸如有机组织城市空间和人的行为、化解人情淡漠、提高市民意识、减少城市犯罪、增进城市居民的社会交往等方面都具有不可忽视的功能和作用。

三、城市公园与城市公共空间营造

城市公共空间是指城市或城市群中，在建筑实体之间存在着的开放空间体，是城市居民进行公共交往、举行各种活动的开放性场所，其目的是为广大公众服务。城市公共空间主要包括山林、水系等自然环境，还有人为建造的公园、道路停车场等。从根本上说，城市公共空间是市民社会生活的场所，是城市实质环境的精华、多元文化的载体和独特魅力的源泉。而人为的城市公共空间营造的重要载体即城市公园，城市公园以高绿地率、多样化植物群落、多功能活动及休憩场所、人文脉络记忆空间等优势吸引更多的城市居民参与其中。因此，城市公共空间特别是城市公园建设的整体质量直接影响到城市的综合竞争力和大众满意度，城市决策者、建设者和使用者无不对其给予特别关注。

（一）"以人为本"的城市空间营造思想

现代城市公共空间营造的核心思想是"以

图1-1-1 安乐林公园绿地

人为本"。现代城市应该创造多样化、人性化的公共空间，这样的空间能够为城市各个阶层共享。而城市公园在遵循"以人为本"的原则方面更具优势，通过研究人们户外的行为规律和需求爱好创造高质量、多功能、富有特色的城市公共空间及活动场所，使得公园环境让人获得亲切、有趣、舒适、自由以及愉悦安全的体验和感受。如美国纽约的中央公园，针对步道复杂容易迷路的问题设计了街灯柱导引系统，在每个灯柱上都标有数字，根据这个数字的起始两位就可以知道最近的街道方向；我国很多城市街口或广场的一角都设有报刊亭或阅报栏，人们从中浏览、体味城市文化氛围；扬州市在历史文化街区和历史保护建筑中安设铭牌等。这些精心的细节设计，无不在积极倡导与实践人性化设计理念。

"以人为本"的城市公共空间营造理念还表现在处处为人民群众的日常生活着想，夏可乘凉、冬可纳阳、坐有椅凳、行有甬道、赏有风景、娱有场地，以使用者的舒适和惬意感受为营建准绳，这样的公共空间建得越多越好。北京市天坛南门外的安乐林公园（图1-1-1）本是一座禅寺的绿地，现已成为附近居民的休闲天堂。树荫浓密，空气清新，满园洋溢着恬静安逸。

（二）塑造城市多元文化的公共空间营造理念

当代城市如果只注重经济开发而忽视城市公园绿地的保留、文化的发展，其结果可能得不偿失，极易引发城市的衰退。作为公共空间的城市公园为不同人群的户外活动与交流提供场所，其作为城市公共空间的重要形式见证了城市公共空间的发展历程。为了使城市空间更加活跃，加入了塑造城市多元文化的设计理念。

纽约是全美文化活动最活跃的地方，文化、信仰及生活方式多元混合，无论周末还是节假日，中央公园的广场都会汇集各具特色的文化活动，也会有民众在草坪上载歌载舞，充分展现纽约多民族、多元文化的日常生活。我国西安市的大唐芙蓉园将盛唐古典文化、现代科技艺术与地方民俗文化巧妙地融合，使游人享受到古今多元文化的情景交融。扬州市近年来修建的宋夹城体育休闲公园将康体文化、古城遗址文化、民俗民艺文化与生态休闲文化有机整合，塑造体现多元文化。中外城市公园的营建正是运用了各自的独有特色，将多元的文化融入到城市公园的构成元素中，以形成鲜明而富有特色的人文主题，使城市公共空间避免"千城一面"，这样的理念对未来城市公共空间的发展起到了重要影响。

第二节　西方国家的城市公园溯源

城市公园是公园绿地的重要组成部分，也是城市公共空间建设的重要内容，探寻城市公园的历史起源与发展历程可为我国城市的相关规划与建设提供有利的依据及宝贵经验。

城市公园的诞生依托于几千年园林发展成果，以反对工业时代单一化的城市景观为主要出发点。城市公园的发展随着社会的需要而产生，经过不断的改善，建设出里程碑式的成功案例，逐步走向成熟。

一、西方城市公园的兴起与初建

城市公园的发展萌芽可追溯到古希腊、古罗马时期，这一时期对城市公共空间的营造思想与城市绿化的实践，是城市公园发展的启蒙。但中世纪之前的城市并不存在任何城市花园[1]，这一时期的园林大都属于极少数的社会顶级阶层的私有财产。直到19世纪，为打破工业革命为城市带来的副产品——局促而脏乱的城市环境，以政府为主导的城市公共绿化设施孕育而生。

随着工业革命的展开及城市化的快速推进，英国发展经济的同时伴随着严重的"城市病"，城市瘟疫、疾病困扰着当时的英国。19世纪30年代，英国皇家委员会提交的调查报告认为：城市环境现状不佳，需要进行大规模的公共空间建设。1835年，议会据此通过法令，允许在任何一个大多数纳税人要求建公园的城镇建立公共园林。

1843年，英国利物浦市修建了占地面积约50公顷的伯肯海德公园（Birkenhead Park），这座公园横跨一条城市车道，打破方格化的城市道路。公园内部地方划分车行道与人行道，车行道为公园环路，丰富道路景观的同时提升了城区中心区的联系，人行道的设置蜿蜒曲折，增加了游览的趣味性（图1-1-2）。这座免费对公众开放的公园标志着城市公园的诞生[2]。公园所产生的吸引力使周边土地获得了高额的地价增益。周边24.3hm²土地的

图 1-1-2　伯肯海德公园平面

出让收益，超过了整个公园建设的费用及购买整块土地的费用之总和。以改善城市环境、提高福利为初衷的伯肯海德公园的建设，结果取得了经济收益上的成功。

1844 年 8 月 8 日，英国曼彻斯特市政当局讨论并通过市民提出的关于"建立面向全体市民开放的公共园林的要求"。同年 9 月 10 日，该市的工人集会要求建设公园以保证市民的健康，并提供休闲交流的场所。1846 年，曼彻斯特市的菲利普公园和王后公园建成[3]。1847 年，伯肯海德公园免费开放，这是第一个使用公共资金收购公园用地进行开发，并由政府承担维护责任的公园。1859 年，相关法律开始允许地方当局为建设公园征收地方税，英国开始了公共造园运动。

二、纽约中央公园与城市美化运动

19 世纪末 20 世纪初，美国城市中逐渐兴起了一股美化城市环境的改革运动，即城市美化运动（City Beautiful Movement）。这一运动由美国的中产阶级精英人士领导，以报社编辑、律师、企业家、景观及建筑设计师、雕塑家等为主力，得到市民大众支持。然而，正当城市美化运动如火如荼地开展之际，却由于政治、经济、社会等方面的原因而举步维艰，最终于 20 世纪 20 年代以后逐渐走向衰落。

图 1-1-3　纽约中央公园

美国的城市美化运动源于城市公园运动。城市公园运动发端于19世纪后期纽约市中央公园的修建。1853年，纽约州议会批准在曼哈顿的第59街和第106街之间建立一个624英亩的公园。1858年，弗雷德里克·劳·奥姆斯特德（Frederick Law Olmsted）和卡尔弗特·沃克斯（Calbert Vaux）提出的绿色草地（Green Sward）方案在竞标中获胜，奥姆斯特德被任命为中央公园的总设计师和总监，开始了中央公园（图1-1-3）的筹建活动。

中央公园的景观设计手法沿袭了英国花园设计的自然主义风格。奥姆斯特德认为：在自然学派的园林艺术中，应该为大自然的鬼斧神工提供一个用武之地，应该依赖大自然，所有明显的人工雕琢都应该避免。经过奥姆斯特德与沃克斯的精心设计，中央公园成为美国景观设计史上一个无与伦比的杰作。它位于曼哈顿岛中部，南北长约25英里，东西宽半英里，树木葱茏，景色迷人，为美国城市增添了一道美丽的风景线。内部有贯穿各个功能区的林荫环路（图1-1-4）。它拥有湖泊、水库、山地、森林、草坪、喷泉、雕塑、林荫道、游戏场地、马车道等。人们工作之余，不仅可以在这里呼吸新鲜空气，倾听鸟唱虫鸣，欣赏四季变换的色彩，还可以进行各种休闲和娱乐活动，比如划船、垂钓、散步、闲坐、运动等（图1-1-5）。

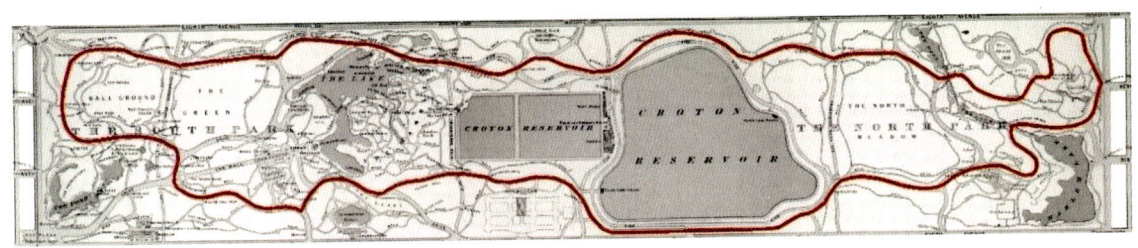

图 1-1-4 纽约中央公园林荫环道

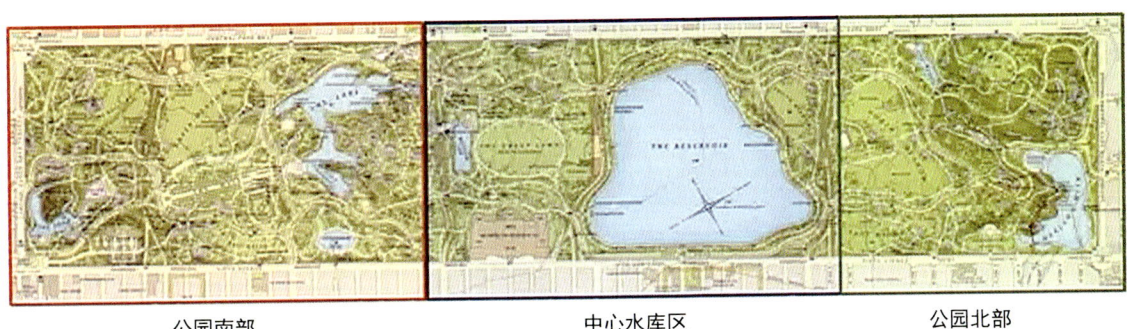

公园南部　　　　　　　　　中心水库区　　　　　　　　　公园北部

图 1-1-5 纽约中央公园功能组成

以单个城市公园的建设作为城市公共空间，在美化、绿化城市环境的同时，为城市生产生活提供美的人文环境，是这一时期城市公园建设思想的主线。实际上，中央公园的建立以及1893年美国芝加哥世博会"白城"的建设，掀起了城市的美化运动（City Beautiful Movement）。

1893年，芝加哥世博会的目的是通过城市美化建设来拯救沉沦的城市。1909年，丹尼尔·伯纳姆（Daniel Burnham）的"芝加哥规划"，标志着城市美化运动的正式开始（图1-1-6）。以伯纳姆、奥姆斯特德、詹姆斯·麦克米兰组成的三人专家小组开始研究芝加哥美化问题。从此在世界范围内掀起了一股城市美化运动的热潮。

城市美化运动的核心思想是恢复城市的视觉秩序及和谐之美，其在某种程度上被认为是特权阶级为自己在真空中做规划，装饰意义偏多，没有从根本上解决城市的要害问题。但笔者认为，城市美化运动在美国城市规划史上曾经作出过重大贡献，应该给予充分的肯定。诚然，城市美化运动在规划手法上确实存在某些缺陷，但在提升城市空间环境、推动城市公园发展方面有着十分重要的作用。

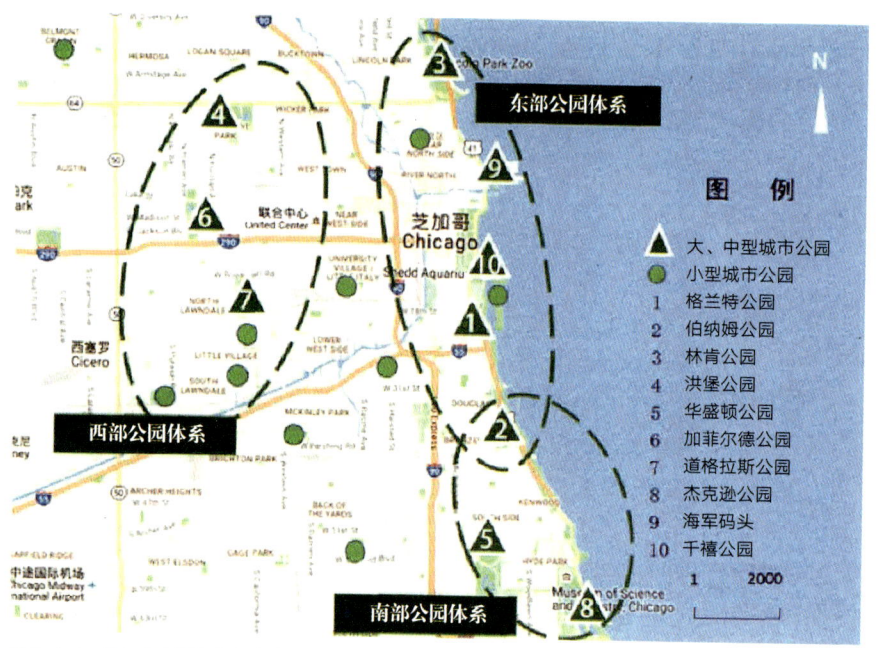

图 1-1-6 芝加哥公园体系分布图

三、城市公园体系与绿道

经过一段时间的城市公园建设实践，人们发现发展孤立与视觉美化的城市公园，犹如水泥森林中建设的孤立的城市绿洲，虽好但难以为城市环境的改变提供更多支撑，不能够形成体系。20世纪50~70年代，西方国家的多数城市公园建设规划从单一公园转向数个相互联系的公园系统建设，在很大程度上通过成体系的城市公园建设来调整城市形态和内部结构，并将城市公园的功能从以往的空间绿化与景观美化向历史文化展示和文化表征等方面延展，使之不断地参与城市人文空间环境创新。

美国对城市公园系统的定义为："公园（包括公园以外的开放绿地）和公园路（Parkway）所组成的系统，具有保护城市生态系统，诱导城市开发向良性发展，增强城市舒适性的作用。[3]" 通常认为弗雷德里克·劳·奥姆斯特德（Frederick Law Olmsted）是公园系统的正式创立者，他提出建设了多个公园，并通过规划公园路连接城市中的绿地和公园，从而组成公园系统，真正实现了公园系统的联系性和整体性。

19世纪中叶，美国开始城市化进程，乡村与城市逐渐分离。奥姆斯特德认为仅靠公园单体难以改善城市，他设想把公园中的马车道延伸到城市当中，由此发明了公园路，而城市公园体系的出现得益于城市道路或公园路与公园的结合。1959年，怀特提出了绿道的概念，即绿道是一种线形绿色开敞空间，可以是指用来连接的各种线形开敞空间的总称，包括从社区自行车道到引导野生动物进行季节性迁移的栖息地走廊；从城市滨水带到远离城市的溪岸树荫游步道等，它是连接公园、自然保护地、名胜区、历史古迹及其他与高密度聚居区之间进行连接的开敞空间纽带。从地方层次上讲，绿道就是指某些被认为是公园路（Parkway）或绿带（Greenbelt）的条状或线形的公园。

绿道的诞生促进城市单个的公园向公园体系的发展，在城市生态系统保护增进健康场所、提供休闲绿色空间等方面意义重大，并在城市历史文化遗迹的保护与利用、平衡多种交通方式等方面也发挥着积极的作用[4]。

第三节　中国城市公园的出现与发展

中国园林发展源远流长，但在古代有"公园"之称的园林或类似性质的城市绿地，其内涵与现代城市公园有很大不同，并在功能、形式上都有很大的差异性。

一、中国城市公园的出现

在西方文化的影响和熏陶下，中国清朝末年也出现了具有民主含义的"公园"，然而在中国沦为半殖民地半封建社会后，古代延续的某些公园形式几乎消失殆尽，以至于近代为了争取园林的公民拥有权与享受权奋斗了将近60年的时间。中国早期的很多公园出现在上海的租界，如外滩公园、黄埔公园、虹口游乐园等。朱钧珍对近代公园进行了考证，认为1795年建成、1880年对外开放的位于甘肃酒泉的公园是中国最早的自建公园[4]。外国在华建造的公园，最早开放的是澳门迦思栏花园，于1580年开始建设，1861年对外开放；而最早建成的是1844年广州美国花园及法国花园（始建于1841年）。中国自建的第一批城市公园约有11个，建成时间集中在1878—1908年；外国人在华建造的第一批公园约33个，建成时间集中在1840—1910年[5]。

二、中华人民共和国成立后的城市公园发展

1949年后，中国城市公园的发展状态与城市化进程基本一致。城市公园在城市化发展停顿期也停滞不前，1949—1958年、1978年改革开放后的城市化发展期间，城市公园也有相应发展（表1-1-1）。20世纪80年代初，中国现代城市公园的发展进入快车道，随着国家大力倡导"园林城市"，中国的城市公园绿地进入大幅增长时期。2000年后国家又提出了"生态城市""山水城市"的宜居标准，使城市决策者逐渐重视公园在城市生态建设与城市个

性展现方面的作用[6]。近年来，随着城市化的快速推进，各类"城市病"开始显现，居民对绿色健康的城市环境的需求越来越迫切，"绿道""海绵城市""城市双修"等理念与政策的推进，使中国城市公园建设迈入新的台阶。

表1-1-1 中国城市公园发展阶段历史变迁

年份	阶段	特征	城市化水平
1840—1948	为中上阶层服务阶段	1911年前主要为外国人和特权阶层服务，1911年后以教化功能为主	属于城市化史前阶段，1949年前城市化率为10.6%
1949—1958	重视文化休息功能阶段	以恢复和扩建、改建原有公园为主，学习前苏联建设经验，公园强调教育和休息结合，重视群体性活动。该阶段末期转向普遍绿化和园林结合生产	10.64%~16.25%
1958—1965	强调农业生产功能阶段	强调"园林结合生产"和"以园养园"	16.25%~17.68%
1966—1976	"文化大革命"停顿期	城市公园建设处于停滞阶段，1949年后的大部分城市园林绿化成果被毁	17.86%~17.44%
1978—1986	注重商业游乐功能阶段	以追求经济利益为先，公园功能多样化，商业游乐设施增多	17.92%~24.52%
1992年至今	重视休息游憩功能阶段	重视日常休憩和节日旅游功能，更重视公园的生态性和景观性	27.63%~53.73%（截至2013年底）

1992年后中国城市化进入加速阶段，截至2013年底，中国的城市化率达到53.73%。据统计1949—2017年，中国人口5.4~13.9亿，城镇化率10.64%~58.52%，相关学者预测，中国的城市化水平有可能在2030年达到60%左右，2050年达到65%~70%[7]，也就是说未来的十多年是中国城市问题矛盾最剧烈的时期。在城市化中后期的阶段，财富的积累使得人们在经济收入逐步提高后对生活质量提出了更高的要求，提高生态效益和社会效益将成为中国发展的重点。简而言之，为了保证社会健康的需要及城市生态的良好发展，在今后十多年的期间内，以城市公园为核心的城市绿地系统将会是中国城市建设的重点。

第四节　当代公园城市建设的理论与实践

近年来，随着世界各国对绿色发展与城市可持续发展的重视程度不断加强，公园城市作为一种发展方式，期待其优化城市环境、提升城市形象、带动城市发展，已经成为新的发展时期对城市乃至社会发展提出的新要求。2018年2月，习近平总书记在成都视察期间，首次提出"公园城市"理念。他在成都视察时表示天府新区是"一带一路"建设和长江经济带发展的重要节点，一定要规划好建设好，特别要突出公园城市特点，强调把生态价值考虑进去，努力打造新的增长极，建设内陆开放经济高地。

一、公园城市的概念及内涵

公园城市到底是什么，放眼全球，目前还没有定论，但国内外众多知名规划专家给出了当前的答案：公园城市是一个新的城市理念，是在原来田园城市、花园城市、园林城市的基础上升级的新版本，把公园融入城市当中是当前城市规划的新理念，而这一理念也将会引领城市未来发展。

公园城市把城市的定义从早期的地域生活共同体升华到命运共同体，因而具有公共品属性、生态属性和空间属性的三重内涵。公园城市以生态价值为核心，兼顾生态、功能和美学三大标准，实现生命、生态、生产、生活"四生共融"。

二、公园城市的基本特征

在新时代背景下，基于"以人为本"的核心思想，公园城市的基本特征主要包括以下三个方面：

一是以生态文明引领的发展观。尊重自然、顺应自然、保护自然的生态文明理念作为公园城市建设的基本理念，引导城市的绿色发展。进而满足新的发展时期城市居民对美好生活的向往，实现"蓝天白云常在，青山绿水永存"的美好愿景，在此基础上引领城市在功能产业、资源利用、文化景观、生活服务等各方面多元发展，形成所谓"绿色+"的新发展框架；以实现城市格局更加优化、绿色空间和公共空间更加丰富、公共服务更加均衡、城市功能更加开放，并能优化城市形态，促进城乡融合、产业绿色发展。

二是构筑山水林田湖城共生的生态观。近年来，世界各国都在国家层面提出城市建设的生态发展理念，当下我国也从生态文明建设的宏阔视野提出"山水林田湖城是一个生命共同体"，强调"人的命脉在田，田的命脉在水，水的命脉在山，山的命脉在土，土的命脉在树。"而公园城市理念一个重要的基本特征则是体现在山水林田湖城之间的合理配置和统筹优化，构筑人与自然之间唇齿相依的关系。

三是和谐统一的城市形态。公园城市理念是将以人为本作为城市规划建设的逻辑起点；科学构建城市空间形态是公园城市建设的核心所在，通过生态建设，营造碧水蓝天、森林环绕、绿树成荫的城乡环境；同时结合城市现状加快产业转型，大力发展与生态环境相协调的功能产业；最终实现农耕文明、工业文明和生态文明有机融合，形成和谐统一的城市形态。

三、国内外公园城市建设实践

（一）芝加哥公园体系建设

芝加哥在城市建立之初仅有4000多人，19世纪末因工业革命加速城市化进程，带来人口井喷式的增长，进而导致城市问题越来越突出，城市公园因绿化美化运动的成效得以发展；芝加哥在遭受火灾后的城市重建过程中，公园的防灾避难功能得到重视；伴随着芝加哥国际大都市建设的进程，城市公园从单体向系列转向，城市公园体系逐步形成。

随着伯纳姆计划的提出，芝加哥的城市公园建设被提升到丰富城市功能、创新环境建设的新高度；进入21世纪以来，芝加哥市围绕地方营造和城市复兴，进一步建设以千禧公园、芝加哥河滨公园、606高架步道公园等为代表的一系列公园绿地，使得芝加哥城市公园的多功能、多层次、宜人性特征得到加强。而公园体系建设强有力地推动了芝加哥市的公园城市化进程。与此同时，也让世界看到城市公园体系建设对于城市复兴、城市空间再造、城市活力提升所起到的推动作用。可以说，城市公园在一定程度上参与了芝加哥城市发展的每一个重要环节，实现了城市活力复苏，助力城市形象升级。

（二）新加坡花园城市建设实践

新加坡是世界著名的花园城市，市区现有公共绿地9651hm^2，人均约18m^2，该指标在世界城市中名列前茅。在"花园里的城市"愿景中提出，让85%的家庭在住家400m范围内使用公园设施。重视主题型社区公园建设，开展特殊的游憩活动，如滑板运动社区公园、大型演讲集会社区公园等，能满足市民开展大型户外活动的需要。

新加坡重视保护自然环境，充分利用海岸线景观，并使岛内的水系适合休闲活动的需求。新加坡城市规划体系中有专门的"蓝绿空间规划"，与我国城市绿地系统规划的作用相当。该规划确保了在城市化进程飞速发展的条件下城市仍拥有绿色和清洁的环境，充分利用了水体和绿地提高人们的生活质量。近几年发起公园改造运动，效果也十分显著。

新加坡公园分为自然公园、海岸公园、区域公园、新镇公园、邻里公园、住区公园和特殊公园，其分类情况详见（表1-1-2）。新加坡计划通过建立数条能将全国公园都连接起来的"绿色走廊"，形成公园网络体系。目前东部和中部的公园已经实现了串联。

表1-1-2 新加坡规划公园分类表

类别	规模
Nature Reserve（自然储备用地）	50hm²以上
Nature Park（自然公园）	30~50hm²
Coastal Park（海岸公园）	沿岸100m
City Park（区域公园）	—
Town Park（新镇公园）	5~10hm²
Neighborhood Park（邻里公园）	1~1.5hm²
Precinct Park（住区公园）	0.2hm²以上
Special Park（特殊公园）	—

新加坡对公园的规划控制落实到详细规划层面，每个小区都制定了详细的开发指导规划（DGP），提供一些开发条件，例如：在每个房屋开发局建设的镇区中（相当于深圳一个街道的面积），要有一个面积10hm²的公园；居住区中，500m范围内要有一个1.5hm²的公园；在房地产项目中，每千人要有0.4hm²的开放空间。与此同时，新加坡具有完善的城市公园建设法律法规，例如：法律规定5%的国土要保持原生自然状态，绝不允许破坏；颁布《公园和树木条例》《公园和树林规则》等法规（图1-1-7）。

（三）公园城市在我国的实践与探索

公园城市是新时代城市发展新阶段提出的新理念，而这一理念也将会引领城市未来发展。公园城市在山水城市基础上体现自然与人文的结合、经济与生态的协调、规划设计与公众参与的协同，比花园城市更具有人文意蕴、比园林城市具有更多自然风味，比生态城市具有更多发展特性。

2018年初，习近平总书记在视察成都天府新区时指出，天府新区一定要规划好建设好，特别是要突出公园城市特点，把生态价值考虑进去。这是公园城市作为一种城市发展模式第一次被正式提出。同年3月，《成都市城市总体规划（2016—2035年）》中明确提出，要建设"美丽宜居公园城市"，以"300m见绿，500m见园"为考核目标，构建生态区、公园、小游园及微绿地五级绿化体系，形成共享的绿色开敞空间。在中心城区及东部城市新区增建城市公园及微小绿地，做到"推窗见田、开门见绿"的城市景观。通过打造29条观山市域廊道，形成"透风见绿、簇群错落"的城市风貌。打造1275km²的世界最大城市森林公园——龙泉山城市森林公园，建设1.69万公里的全球最长绿道系统——天府绿道体系，这是目前全国

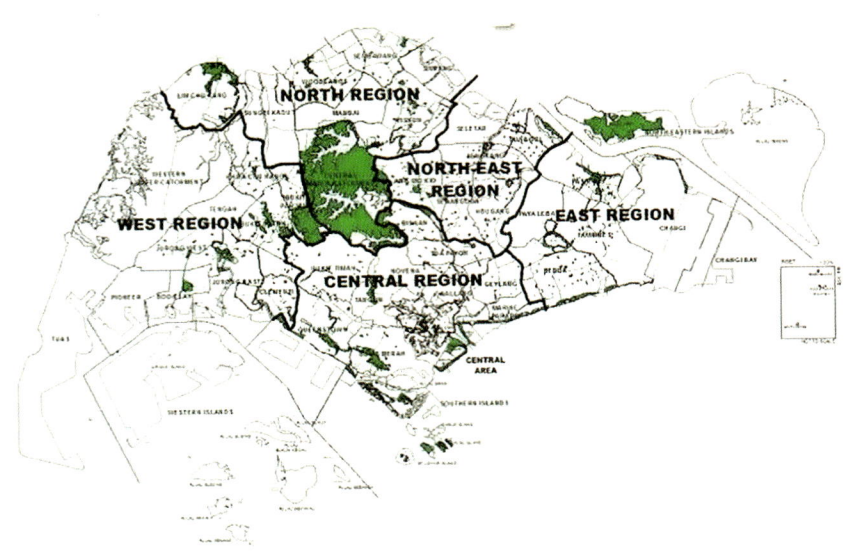

图 1-1-7 新加坡公园规划图

规划最长的绿道系统。建成后,天府绿道将覆盖成都全域,串联起成都境内的生态区、公园、小游园、微绿地,将整个成都变为一座巨大的"公园"。

参考文献:

[1] 黄肇义,杨东援.国内外生态城市理论研究综述[J].城市规划.2001(01):59~66.

[2] 崔柳.法国巴黎城市公园发展历程研究[D].北京:北京林业大学,2007.

[3] 许浩.国外城市绿地系统规划[M].北京:中国建筑工业出版社,2003:7-15.

[4] 张静雨,张景秋.从芝加哥城市公园体系透视国家中心城市人文创新环境建设[J].北京规划建设,2012(06):78-82.

[5] 朱钧珍.中国近代园林史(上)[M].北京:中国建筑工业出版社,2012:12.

[6] 皮雨鑫.我国当代城市公园发展历程与特征研究[D].哈尔滨:东北林业大学,2013.

[7] 宋丽敏.中国人口城市化水平预测分析[J].辽宁大学学报(哲学社会科学版),2007(3):12-15.

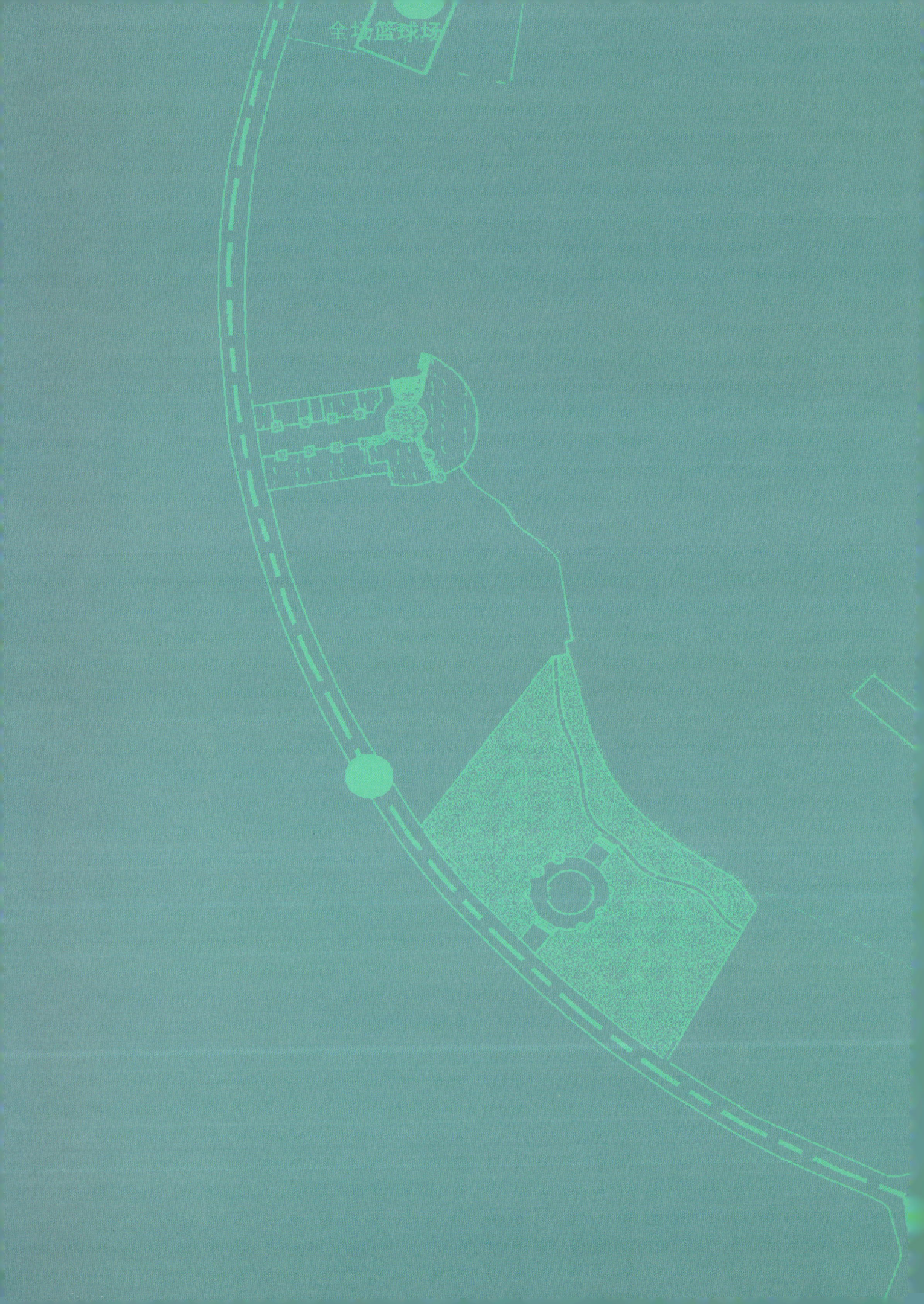

第二章

现代城市公园体系建设与发展

第一节　相关概念界定与诠释
第二节　城市公园体系的组成
第三节　西方城市公园体系发展实践与启示
第四节　我国当代城市公园体系的研究与实践进展

第一节　相关概念界定与诠释

一、城市公园体系

我国《公园设计规范》准确界定了公园的多功能户外场所和绿色空间的特征。公园体系是指由若干类型的公园相互联系而构成的一个有机整体，主要内容包括公园的基本类型、规模、等级和比例等，它是城市绿地系统的重要组成部分，也是最能够反映城市绿地和公共空间建设质量的绿地体系类型。公园体系的数量、面积、空间布局等直接影响到城市环境质量和城市居民开展游憩活动，并且对城市景观文化的塑造和城市风貌特色的形成具有重要影响。

二、城市开放空间

城市开放空间（Urban Open Scape）概念于1877年首次出现在英国，1906年修编的《开放空间法》将开放空间定义为："任何围合或是不围合的用地，其中没有建筑物，或者少于1/20的用地有建筑物，剩余用地用作公园或娱乐，或者是堆放废弃物，或是不被利用"。其后，各国学者根据本国实际情况对开放空间的定义及范围进行了各种不同的解释，美国1961年房屋法规定开放空间是"城市区域内任何未开发或基本未开发的土地"；日本学者高原荣重认为开放空间就是由公共绿地和私有绿地两大部分组成；凯文·林奇（Kevin Lynch）认为："只要是任何人可以在其间自由活动的空间就是开放空间，开放空间可分为两类：一类是属于城市外缘的自然土地；一类是属于城市内的户外区域，这些空间由大部分城市居民选择来从事个人或团体的活动"。

从以上内容可看出，城市开放空间是指城市边界范围内的非建设用地空间，公园用地属于开放空间，因此公园系统属于整个开放空间系统中的一个组成部分。

三、城市绿地系统

2002年的《园林基本术语标准》从行业角度明确了城市绿地系统（Urban Green Space System）的定义："城市绿地系统是由城市中各种类型和规模的绿化用地组成的整体"。具有系统性、整体性、连续性、动态稳定性、多功能性、地域性的特征，其整体应当是一个结构完整的系统，并承担改善城市生态环境、满足居民休闲娱乐需求、组织城市景观、美化环境和防灾避灾等城市综合职能。城市园林绿地系统最早为风景园林学提出，界定为一定规划范围内，由各种风景类型的风景、园林和绿地组成的有机整体。

近几年来，又有学者从景观规划和城市设计的角度，将城市绿地系统界定为：在城市空间环境内，以自然植被和人工植被为主要存在形态的能发挥生态平衡功能，且其对城市生态、景观和居民休闲生活有积极作用、绿化环境较好的区域，还包括连接各公园、生产防护绿地、居住绿地、风景区及市郊森林的绿色通道（Greenway）和能使市民接触自然的水域。

第二节　城市公园体系的组成

中国目前依据《城市绿地分类标准》（CJJ/T 85—2017）对城市绿地进行系统分类，其中 G1 公园绿地是分类重点，这也是目前中国城市公园分类的唯一国家标准。对公园采取了两级分类法：第一层次，将公园绿地划分为 4 种类型，分别是 G11 综合公园、G12 社区公园、G13 专类公园、G14 游园；第二层次，共计 11 种亚类，专类公园划分为 G131 动物园、G132 植物园、G133 历史名园、G134 遗址公园，G135 游乐公园、G139 其他专类公园、综合公园、社区公园和游园，没有下级分类。

从现有分类标准来看，中国公园分类标准是从绿地视角展开，编制标准的一个潜在因素是有利于绿地系统的规划、建设、管理与维护，但是在一定程度上忽视了公园自身的特点和功能差异；一级分类中 4 种类型公园的并列关系值得进一步讨论，综合公园和社区公园是按照公园等级划分，而游园是根据公园的大小来划分，专类公园则是将其余所有公园纳入其中，存在公园分类混杂不清的问题。如美国多数城市普遍存在的袖珍公园，也就是我国有些城市目前在建设的口袋公园，在新的分类体系中应该如何归类，具体的划分标准如何，都需要进一步进行理论研究和实践探索。从社会需求来看，随着社会经济快速发展，人们的消费观由物质消费向体验型消费转变，城市居民对城市环境质量要求越来越高，对公园休憩旅游等功能需求持续增长，对城市公园建设必将从简单的数量规模的增长，逐步转向类型更丰富、功能更细化的建设与管理。

第三节　西方城市公园体系发展实践与启示

一、芝加哥城市公园体系

芝加哥的城市公园体系在世界范围内享有盛名。芝加哥作为国际大都市，其城市发展经历了从鼎盛到衰败再到振兴的过程，特别是在工业革命大背景与灾后重建的特殊背景下，使得芝加哥城市公园与城市发展密不可分。

（一）芝加哥城市公园体系形成的背景

芝加哥市建立于1837年，到1890年，城市人口数量迅速突破百万大关。而1871年的大火对芝加哥城市建设影响较大，由于当时芝加哥城市外围没有有效的防火隔离带，中心区基本以木质房屋为主，这场火灾几乎摧毁了芝加哥这座当时发展最快的城市。火灾后移民人数暴增，至20世纪50年代后期，芝加哥市一跃成为美国第二大城市。随着工业化的发展，贫民窟问题、城市景观重复而死板、城市发展单调、防灾能力弱、公共活动空间匮乏等弊端交织在一起，与此同时，大火也让政府部门意识到城市防灾空间存在的必要性。在芝加哥灾后重建城市规划中，以开敞空间作为城市防护体系，将原本密集、相连的市区分隔开来，在城市中提高绿道、公园的配置，有效提高了城市的抗灾能力。由城市中由开敞空间承担防灾减灾的功能，是推动芝加哥公园体系建立的重要原因。

（二）城市公园体系的逐步形成

1879年，奥姆斯特德和沃克斯在密歇根湖畔规划设计的芝加哥南部公园落成，为纪念美国总统乔治·华盛顿与安德鲁·杰克逊，分别将东西两侧公园命名为华盛顿公园与杰克逊公园。芝加哥南部公园的设计以林荫大道为特色，为城市提供一个开敞、公共、绿色的交互活动空间。公园的建立对平衡芝加哥城市公园的布局作出了贡献，奠定了芝加哥现代城市公园体系的基础。如今，芝加哥有大、中型城市公园十九处，在街区中还散落布局许多小型城市公园。大、中型城市公园主要分东部、西部两个部分，西部的大、中型城市公园主要有洪堡公园（Humboldt Park）、加菲尔德公园（Garfield Park）、道格拉斯公园（Douglas Park）。东部的大、中型城市公园依托密歇根湖畔呈条带状分布，有些公园彼此相互连接。

（三）公园体系功能特色分析

芝加哥的城市公园体系建设对于芝加哥城市复兴与活力重塑起到了至关重要的作用，并逐步成为芝加哥城市人文创新环境的重要载体[1]。与此同时，芝加哥规划建设的一系列步道和公园吸引了当地居民和游客在此汇聚、交流。可以说，不同时期的城市公园建设，在芝加哥的国际大都市发展进程中承担着不同的功能（表1-2-1）。

表1-2-1 城市公园在不同时期所承担的城市功能的转变

名称	区位	时间年份	占地面积（km²）	特点	突出城市功能
Grant Park 格兰特公园	南部	1844	1.29	许多著名雕塑作品，特色喷泉	文化宣传/休闲娱乐
Burnham Park 伯纳姆公园	南部	1856	2.42	10km的自行车道和便跑道，漫步海滩与纪念伯纳姆计划	城市记忆/健身娱乐
Lincoln Park 林肯公园	东北部	1864	0.49	花房，鸟类保护区，球类练习场	生态涵养/健身娱乐
Humboldt Park 洪堡公园	西部	1869	—	环礁湖，体育馆	绿化美化/健身娱乐
Washington Park 华盛顿公园	南部	1870	1.5	为2016年奥运会修建的体育场 The Dusable Museum	美国遗产的历史/艺术文化的领导者
Garfield Park 加菲尔德公园	西部	1874	0.16	植物温室，纪念James Garfield 总统	生态教学/城市记忆
Douglas Park 道格拉斯公园	西部	1879	0.70	花厅，自行车比赛	生态涵养/健身娱乐
Jackson Park 杰克逊公园	南部	1893	2	哥伦比亚博览会，季节性运动，自然保护区	休闲娱乐/城市记忆
Navy Pier 海军码头	东北部	1994	0.20	曾为军事码头，现为游乐场所，常年活动不断	商业文化/城市地标
Millennium Park 千禧公园	东北部	2004	0.09	建筑文化、音乐会	城市名片/文化娱乐中心

1.城市安全防护的绿色廊道

灾后重建的芝加哥在城市规划中十分重视防灾型公园绿地布局，以减少城市安全隐患。新建的城市公园一改往日孤立、分散的特点，在新修的杰克逊公园与华盛顿公园之间，设计师以一条绿色廊道将其串联，并在路中间开辟一条水渠连接杰克逊公园的咸水湖和华盛顿公园的人工池。这种城市公园绿地的设计出发点是利用绿色空间将高密度市区建筑区块有效分割，防止火灾蔓延。绿地中的连接水渠能够有效疏导洪水，这种规划方式提高了城市防灾抗灾的能力。各城市公园由绿地廊道相连接，提升了城市公园效用，这种公园建设可以称为城市防灾型绿地系统的经典案例。

表1-2-2 芝加哥城市公园建设与城市用地功能的转变

	建成年份	面积（km²）	曾经土地用途
伯纳姆公园	1856	2.420	垃圾填埋等
林肯公园	1864	0.490	公共墓地
洪堡公园	1869	0.200	沼泽
杰克逊公园	1893	2.000	军事用地
海军码头	1994	0.202	军事码头
千禧公园	2004	0.099	高架道路，废旧停车场

2. 土地用途转换与城市空间形态的重塑

转换土地用地、对城市空间的再利用是芝加哥城市公园建设的另一大特点（表1-2-2）。林肯公园是对公共墓地进行改造，道格公园原有基址是沼泽地，伯纳姆公园的前身是垃圾填埋场，对博览会用地与军事用地的改造成就了杰克逊公园，包括2004年修建的千禧公园也是对城市交通用地的用途转换。

芝加哥市通过城市公园建设转换土地用途，将城市遗产融入到城市公共游憩空间系统，恢复城市废弃地的活力，将城市记忆刻录在公园发展中，开展的系列公园主题活动持续吸引着世界各地游客与本市居民。城市公园建设在促使城市用地功能成功转型的同时，对城市空间进行重塑。

3. 提升与丰富城市功能

美国城市美化运动的核心人物伯纳姆（Daniel Burnham）对于芝加哥城市公园建造起到里程碑式的影响，提出了伯纳姆公园计划。这一计划修建了将杰克逊公园与格兰特公园连接起来的滨湖、划船港口以及海岸沙滩与游戏场设施。纳入了伯纳姆公园计划的芝加哥规划（Plan of Chicago）奠定了芝加哥城市发展的总体架构，同时确定了公园体系在整个城市发展的中心地位。

现在的伯纳姆公园（图1-2-1）是一个开放式公园，长6英里（注：9.66km），总面积598英亩（注：2.42km²），沿着密歇根湖边，伯纳姆公园将格兰特公园和杰克逊公园连接在一起。它始于第14街海滩，经过伯纳姆码头，在第31街开辟了一片海滩，在第34街建造了滑冰运动区，在第49街拥有一个石海滩，到第51街还建设了模型船水池。整个公园被一条长10km的跑道与自行车道贯穿。伯纳姆公园的多元功能使其成为人们理想的户外游憩场所，也让人们看到城市公园的更多可能性及其对丰富城市功能的作用。

4. 带状公园塑造城市活力

19世纪末20世纪初，密歇根湖滨区域一度成为芝加哥城市经济的活力中心。但随后的逆工业化使得湖滨区成为芝加哥城市环境恶化、遗弃之地以及高犯罪率的形象代表。20世纪70年代，人们重新认识到滨水区对于城市发展的

图 1-2-1 芝加哥伯纳姆公园

5. 建设人文创新环境的地方营造

芝加哥公园体系建设又一特色便是城市人文创新环境中的地方营造（Place-making）。如其四个具有代表性的公共空间：一是沿着芝加哥河的非常时尚的河滨公园（River Walk）；二是 606 高架步道公园（The 606），即在城市西北部穿越四个邻里的狭长公园链和延展 2.7 英里的自行车道组成的公园；三是麦姬·戴利公园（Maggie Daley），在千禧公园东部，是一个超过 25 英亩的以儿童为中心的游乐场；四是北岛南段公园（The Southern Part of Northerly Island），占地 40 英亩，是一处人造生态示范山地，内部有咸水湖、露营地，为骑行者、观鸟者以及其他徒步者铺设的一英里小径。四个公共空间各有特色，即所谓的地方营造，表现了一个共性特征，即努力营造地方感，为城市创造优良的人文创新环境，提升城市活力与吸引力。

（四）对我国城市公园体系建设的启示

一百多年来，伴随着芝加哥国际大都市建设的进程，城市公园从单体向系列转向，城市公园体系逐步形成。通过地方营造和城市复兴，以千禧公园、芝加哥河滨公园、606 高架步道公园等为代表进行公园体系建设，对于城市复兴、城市空间再造、城市活力提升所起到的推动作用也充分显现出来。

我国城市在当前城市化的进程之中，可借鉴芝加哥城市公园体系建设的经验，建构功能多样的开放式城市公园体系：一是强化绿地营造及空间美化功能，大力发展带状和广场式的

价值。于是开始了以千禧公园（图 1-2-2）建设为标志的湖滨区整治，扩宽了沿湖步行道，并通过步行道将芝加哥东部的一系列城市公园串联起来，增加了城市游憩与交往空间（图 1-2-3）。由公园和绿道组成的城市公园系统，通过带状公园绿地系统连接，引导城市开发向良性发展。芝加哥作为城市公园体系建造的杰出代表，为世界提供了很好的借鉴案例。

图 1-2-2 千禧公园平面图

图 1-2-3 千禧公园景观

城市公园。通过城市公园的建设，有效增加城市绿化面积，提升城市的景观品质，改善城市生态立地条件，进而起到保护城市生态，改善人居环境的作用。二是利用城市公园体系建设，发展城市的小尺度及慢行交通系统。通过城市公园步道、自行车道的建设，完善城市步行路网系统，加快微循环道路建设，达到提升街区活力、扩展城市交往空间的效果。三是以地方营造为主体，结合城市的历史文化、综合功能布局，打造具有示范效应的城市公园体系，使之成为城市记忆的空间载体，达到保护城市文化遗产、延续城市发展文脉的作用，以此提升城市在国民经济发展中的区域引领、带动和辐射能力。

二、美国波士顿大都市公园体系

波士顿公园系统是由美国著名规划师和景观设计师弗勒德里克·奥姆斯特德（Frederick Law Olmsted）规划设计，是以河流等因子所限定的自然空间为定界依据，利用200~1500英尺宽的绿地，将数个公园连成一体，在波士顿中心地区形成了景观优美的公园，故又被称为翡翠项链（Emerald Necklace）。它是从波士顿公园到富兰克林公园绵延约16km，由相互连接的9个部分组成，分别是波士顿公园（Boston Common）、公共花园（Public Garden）、麻省林荫道（Commonwealth Avenue）、查尔斯河滨公园（Charles Bank Park）、后湾沼泽地（Back Bay Fens）、河道景区和奥姆斯特德公园（Riverway&Olmsted Park）、牙买加公园（Jamaica Park）、阿诺德植物园（Arnold Arboretum）和富兰克林公园（Franklin Park）。

（一）波士顿公园（Boston Common）

波士顿公园位于波士顿市中心，规划建设面积达50英亩。1634年以来这里就是一个公共园地，在波士顿初建时期已经划定，供居民放养奶牛、士兵操练以及游戏、散步等户外活动，后来逐步演变为一座公园。1910—1913年，奥姆斯特德全面改造了波士顿公地：规划布局自然式的大树、大草坪，形成田园般的风光，能够任由人们自由活动与散步。

波士顿公园中设置了一个管理处，设置了若干座纪念碑，其中一座是1877年建设的南北战争纪念碑——"海员、战士纪念碑（Soldiers and Sailors Monument）"（图1-2-4），还有一座圆形的音乐亭，另外就是一个面积较大的儿童涉水池和中央墓地。音乐亭的全名为帕克曼音乐亭（图1-2-5），它是1912年为了纪念乔治·F·帕克曼（George. F. Parkman）而建的，乔治·F·帕克曼曾给这座城市留下了500万美元用于维护波士顿公园。公园职工乐队常在节假日免费为游客演奏。涉水池名为青蛙池（Frog Pond）（图1-2-6），是夏季最受公众欢迎的场所。青蛙池附近有几尊绅士般的青蛙先生，为公园增添了一些趣味。

（二）公共花园（Public Garden）

直到19世纪初，波士顿公共花园所在地还是一片盐碱沼泽地，可供人们钓鱼、溜冰。1839年，这里建设了美国第一座植物园，面积约10hm^2。1859年，在植物园中心位置贯穿了一条法式中轴线。1861年，在中轴线中部开挖了一片英式田园风光的天鹅湖，并修建了一座跨湖的法式吊桥。1869年，在面向麻省林荫道的主入口竖起了华盛顿的骑马雕像（图1-2-7）。1877年，湖中设置天鹅船。1987年，根据童话故事《给鸭子让路》创作的一组雕塑放在了花园东北部，已成为波士顿的象征。

图 1-2-5 帕克曼音乐亭

图 1-2-6 青蛙池

图 1-2-4 南北战争纪念碑

图 1-2-7 华盛顿骑马雕塑

（三）麻省林荫道（Commonwealth Avenue）

波士顿城市发展到19世纪60年代，查尔斯河边脏乱不堪，为提高地价，州政府决定在这块土地上建设一条笔直的中央大道，命名为麻省林荫道。整条林荫道宽60m，中间有宽30m的街心绿带，从公共花园向西延伸1500m，街心绿带成为社区活动的中心，而两侧的住宅都面向大道。19世纪80年代末，奥姆斯特德和公园委员会又将这条街心绿带向西延伸了100多米，形成总面积将近5hm²、联系波士顿公园、公共花园和公园系统新建部分的绿色纽带。纽带中央每隔一定距离就有一处纪念当地杰出人物或集体的雕像或纪念碑，这一传统到目前为止还在延续。

（四）查尔斯河滨公园（Charles Bank Park）

查尔斯河滨公园设置了美国第一座免费露天运动场、游戏场和为劳动妇女服务的免费托儿所等。而后建设高速公路占用了大部分绿地，已几乎看不到奥姆斯特德的设计了，仅存的主要设施是一座1931年建设的贝壳形露天音乐台。然而，这条总面积约7hm²、基本由后人续建的滨河绿带，继承了他的公园系统思想，仍然是野餐、散步、骑自行车和多种水上活动的好地方。

（五）后湾沼泽地（Back Bay Fens）

后湾沼泽地公园是美国19世纪英式风景园林运动的典范，整个公园占地60hm²。流水、石桥和自然分布的树木、芦苇营造出乡野的田园风光，恰到好处地表达奥姆斯特德风景建设的理念——"无为"，即顺应自然。他说：一个情趣淡漠的公园，委员会能做的最好的事，就是对公园无所作为，因为"无为"不仅无伤大雅，而且能强化景色。

（六）河道景区和奥姆斯特德公园（Riverway & Olmsted Park）

浑河是波士顿和布鲁克莱恩镇的界河，两个地方根据奥姆斯特德的设计方案分别购置了两岸的土地，整治河道，广植树木，修建石桥和沿河小道，浑河改造工程中，上游较宽，被称为奥姆斯特德公园；下游较窄，被称为河道景区，主要就是供人们沿河散步、骑马、骑车的小道。

（七）牙买加公园（Jamaica Park）

浑河的上游是牙买加湖，这里是波士顿面积最大、水质最好的天然湖泊。牙买加公园以牙买加湖为中心，划船、垂钓是公园的主要活动，主要建筑物是暗红色的哥特式木结构租船管理处。公园占地总面积约50hm²。

（八）阿诺德植物园（Arnold Arboretum）

阿诺德植物园是美国最为著名的植物园之一，占地总面积为107hm²，由哈佛大学的萨金特教授设计，结合了奥姆斯特德的建议：按植物种类分区，按自然式园林布局。共收集了世界各地的树木约6000种，其特征是以收集东北亚的园林树木为主，特别是中国和日本北方区域的树种。

（九）富兰克林公园（Franklin Park）

富兰克林公园作为波士顿最大的公园，占地面积达到 210hm^2。因其位于公园系统的末端，人们又把它喻为翡翠项链的"护身钻"。奥姆斯特德在设计公园时曾经提出："主要目的是向公众提供一个规模巨大、朴素宁静、享用乡野多树景色的地方，作为对应和陪衬，园路要具有野性、崎岖、如画和适应森林环境的外表。"

公园形成 4 个区域：迎候区，这里有规则式的公园入口和散步地段，但是没有建设太多设施；野趣区，即面积约 40hm^2 的林地，中心的高地供游客眺望和野餐；游戏区，是供学龄儿童游戏和举行纪念活动的场所，因此这个区域地形平整，去除了大量岩石，种植了草皮；乡村公园区；面积约占总面积的 2/3，"不建筑、不设置、不做装饰性种植、不以奇取胜、不进行科普活动。这些事只适合在公共花园和植物园做"。

三、对我国城市公园体系建设的启示

波士顿公园系统的特色在于公园的选址和建设与水系保护相联系，形成了一个以自然水体保护为核心，将河边湿地、综合公园、植物园、公共绿地、公园路多种功能的绿地连锁起来的网络系统。奥姆斯特德的设计理念受英国田园与乡村风景的影响很深，英国风景式花园的两大要素，即田园牧歌风格和优美如画风格都为他所用，前者成为他进行公园设计的基本模式，后者则用来增强大自然的神秘与丰裕。

借鉴波士顿公园系统留意当地地形与自然条件的敏感性，以此凸显对地域自然风貌的再现。另外，人本思想对我国公园体系建设也有重要的启示意义：公园距离适宜，在城市任何地点不需花很长时间即可到达；为儿童设计游戏场地，为身体功能障碍人士提供休憩场所；道路宽敞且有树荫，行走在园道上，城市噪音被隔离或削减；整个设计充满了森林般的美景。

奥姆斯特德在 1896 年波士顿"公园问题公众听证会"上说过，公园应该属于人民，因而每一个常去公园的男人、女人和孩子都能说："这是我的公园，我有权在这儿。"奥姆斯特德的设计意义就在于提高和鼓舞他人的精神，而不是表达艺术家的个性。他的工作动机不是炫耀自己，而是与人"沟通"，沟通包含着尊重，没有狭隘自私的利益，不论地域、阶层、经济、肤色、宗教或其他区别；与自然的"沟通"，使他的构思来源于自然、托付于自然、回归于自然。

第四节 我国当代城市公园体系的研究与实践进展

一、我国城市公园体系研究概况

1949年以来，受前苏联绿化建设思想影响，我国公园绿地建设重视植树造林而轻视系统布局，公园绿地系统规划长期处于可有可无的状态[2]。直到1990年颁布的《城市规划法》规定公园绿地系统规划纳入总体规划的范围，公园建设才进入正常发展的轨道。

公园规划研究大多数为单个城市的规划研究，近年来随着我国的城市化进程逐步加大，城乡环境污染变得十分严重，公园的生态功能受到越来越多的重视，公园的规划理论与实践引入了生态学理论和电子信息技术，包括环城绿带对大城市发展的控制作用也逐步得到重视。

公园系统的规划和建设是我国生物多样性保护工作的重要组成部分[3]。生物多样性包括物种多样性、遗传多样性、生态系统多样性，我国园林植物常用品种约3000~4000种，绝大多数在植物园中栽培，而在公园中使用的种类整体偏少。城市化的进程对生物原有群落影响大，降低了生物多样性。因此，基于生物多样性的公园植物选配及模拟自然群落的植物造景是近十年来公园体系规划研究方面的又一重点。

公园绿地系统的主要生态问题表现在城市公园数量少、人均指标低，而且被非法侵占的问题也较为突出，公园的环境自净能力无法承受周边水土污染的严重程度。公园体系建设中如何均衡配置公园、公园的规模总量如何调控等也是研究的其他方面。如黄晓莺等对原苏联、美国、日本的公园量化指标进行了比较分析，将我国的公园绿地量化指标分为基本指标（公园面积、绿化覆盖率等）、绿化结构指标（乔木量、灌木量、地被草坪面积等）、游憩指标（公园面积、游人量等）、计划管理指标（植树成活率）和人均指标共五类[4]。

另外，城市公园体系的生态效益主要表现在改善城市热环境和提高气候适宜度、有氧碳平衡、吸收有害气体、滞尘降尘、降噪杀菌等方面。目前我国很多的研究机构也对此有逐步深入的研究。

近年来，对城市公园绿地的评价体系研究也有很大进展，严晓确立公园绿地的生态效益评价指标多层次体系，包括公园绿地结构指标和功能指标。城市的公园体系结构性指标由公园绿地类型丰富度、分布均匀度、城市绿色量3个二级指标构成，同时功能指标包含环境效益和区域气候效益指标。对公园绿地指标体系的研究是生态效益模型建立的基础，有利于公园规划目标的制定[5]。高峻等通过景观生态学上的景观格局分析指数，对上海公园绿地的分布进行分析，研究总结出上海的绿地结构特征，提出了公园建设建议[6]。2000年后，部分学者对环城绿带的功能与作用逐步重视，而我国城市发展中一度忽视环城绿带作用，有些城市发展因环城绿带的缺失而失控。城市化进程中，人口200万以上的大型城市迅速扩大，有必要加强环城绿带建设，其有助于控制城市格局、改善生活环境。如珠江三角洲环城绿带的功能定位在促进生态环保、美化城市景观、抑制城市蔓延扩张等方面。环城绿带在解决城市建设对土地强大需求压力的问题，与城区的合理距离难以确定的问题，以及如何进行有效利用和养护管理难的问题都在某种程度上受到研究人员的重视[7]。

二、国内城市公园体系构建存在的主要问题及原因

当前我国城市正处在迅速发展的阶段，城市公园体系建设作为城市可持续发展建设的重要组成部分，与城市居民密切相关，逐步被人们所重视，并且很多城市都在逐步开始建设实践，但纵观全国的城市公园体系化建设，往往还停留在表面，对于城市公园体系的本质及内涵认识不足，以下几个方面的分析中可以认识到问题所在。

（一）理论方法方面所存在的问题

1. 内涵理解偏差

城市公园体系构建的理论从西方国家传入我国已有一段时间，但在对其内涵的理解上国内还存在一定的偏差。许多人（包括政府领导、规划人员等）往往从规划实例中去学习，只看到表象而对本质的分析不够，在他们看来，城市公园的体系化建设就是在城市中建大量的公园，公园达到一定的规模，并通过城市干道将它们连接起来。这种理解上的偏差使我国的城市公园体系化建设走入了一个误区，往往是不管城市公园能否形成体系，只要是规划图纸上连起来（不论什么形式）就行，不管城市公园实际建设能否形成系统，也不管多样化的公园功能的安排，因此许多城市虽然建设了一定数量的城市公园，但还是无法形成像西方国家城市中那样的城市公园体系。

2. 理论研究不够

改革开放之后，在我国城市发展进程中，

城市绿地系统的规划逐步得到了应有的重视，其规划的理论方法研究也取得很大进展。城市公园体系作为城市绿地系统的组成骨架，其建设的理论方法研究却比较欠缺，还缺乏足够的重视。当前我国已经出台的相关技术规范及出版的书籍中，专论城市公园体系构建方面的内容很少，城市公园体系建设多作为城市绿地系统规划中的一个附属部分，笼统地用城市绿地系统的理论来指导。

3.学科缺乏交流

城市公园体系的构建所涉及的学科门类较多，有风景园林学、环境科学、城市规划学、生态学、系统科学等。每个研究人员都从各自学科的角度探讨城市公园系统的构建途径，形成了各自学科的理论与方法，但学科之间缺乏交流，缺乏交叉与综合。这也造成了我国城市公园在体系化建设的实践中主体指导方法不明确、综合应用性不强的局面。

（二）规划建设方面所存在的问题

1.公园数量不够多

改革开放以来，我国城市公园的建设进入了一个高峰期，城市公园的数量迅速增加。据不完全统计，全国公园总数由20世纪80年代将近1000个发展到2002年的4000多个。但全国公园年接待游人量也增长到10亿人次之多，接近全国人口总数，这使得许多公园面临人满为患的问题，在一些流动人口多的城市，这个问题尤为突出。据1995年统计资料显示，北京、大连、上海、广州、桂林、南京、苏州、杭州、青岛、温州、成都、内江、昆明这十三个城市的公园数量占全国的18%，公园面积占全国的20%，而接纳的游人数量却占全国公园的41%。到近几年，"黄金周"带动了旅游产业的发展，旅游人数的增加使各城市又加大了在公园建设上的投入，但根据旅游市场反馈的信息显示，城市公园的数量还是远远满足不了游客的需要。一个良好的城市公园系统能有效地减缓交通压力和分散人流，而城市公园数量是其系统构建的基础，公园数量的不足使得其系统构建只能是一纸空谈。

2.公园结构不完整

城市公园系统作为城市空间系统的子系统，并不仅仅是一个整体，还应是具有一定层次结构的系统。城市公园系统化建设的层次结构涉及多方面的内容，如公园规模的层次结构性、公园形状的层次结构性、公园性质的层次结构性及公园管理的层次结构性等。我国城市在进行公园规划时，公园规模往往只注重大型的，公园形状一般是块状的，而公园性质则大多为综合性的，易于忽视与城市居民生活关系密切的小公园、广场游园及游憩步道的建设。以上海为例，其市级公园只有综合性公园、历史与古迹公园、动物园、植物园、儿童公园、科普公园和风光游览区七种类型，而国际上共计有17大类公园类型，其中城市公园可有15类以上。建设层次结构的不完整使公园系统无法满足城市生态环境和城市居民多层次要求，也无法发挥其作为系统的最优性能。

3.使用功能不完善

改善城市生态环境和提供居民游憩空间是

城市公园的两个最主要的功能。然而我国在城市公园的建设上却容易陷入两个极端：一个是过度强调公园的生态功能，认为建公园就是以多样化的园林植物来提高城市的环境质量，因此大面积栽植草皮，点缀性地栽植乔木，零星地配置灌木丛，只注重观赏而忽视使用功能配置；另一个则是过于注重公园的游憩作用，认为公园就应该是游乐园，要建造大量的游乐设施。如南京玄武湖公园周围商贸、娱乐、居住等大型高层建筑在逐年增加，公园内各种建筑也在逐年增加，玄武湖原有的山水相映、诗情画意的自然景观日渐消失。这两个极端使得城市公园系统在表面上构成整体，在功能上却不是一个有机多效的系统。

4. 公园分布不合理

我国传统的城市公园规划建设经历了几个阶段：开始以城市行政区为单位，在每个行政区内建造一两个公园平衡各个区的总体规划；而后大量住宅区的兴建使城市人口高度聚集，为满足城市居民的要求而在人口比较集中的地区修建若干公园；现在由于城市中心区用地的紧缺，又有将城市公园向大环线外迁移的趋势。这种建设方法实际上带有工业时代的色彩，城市公园被挤压于城市的建筑空间之间。如郑州市老城区内的大型公园绿地主要呈现从东北到西南斜向分布，而其他地段既缺少公园，又没有可供居民日常休闲、交往的小型街旁绿地加以补充。公园绿地系统残缺不全，造成居民使用上的不方便。公园分布不均匀成为部分城市的通病，如此则很难形成合理的城市公园系统，从而造成了景观的破碎度高、生态效益差，同时也不利于增加城市居民通达的便利性和使用的频率。

5. 公园关联性不强

在我国城市的发展中，建高楼、多修路仍然是主角，城市公园绿地往往被排挤到城市的外围或面积极小的地块内，成为孤立的绿色斑块，块与块之间的联系性不强。由于生物环境的隔离，植物的更新能力逐渐下降，植物种类组成及群落结构趋于简单化，动物及微生物逐渐消失。公园绿地的分散分布使其不能形成连续性的开放空间，降低了绿地的功能和效益，削弱了其对城市生态环境的改善作用，也影响了人们的使用。要创造最佳人居环境，关键在于公园绿地系统的建设。城市公园绿地之间应以线性的绿色景观廊道如步行林荫带、自行车道、绿色走廊、滨水绿地等相连，以保持其空间的连续性，加强其功能的整体性。

6. 运营管理问题突出

城市公园的建设作为城市中的一项公共事业，长期以来其运营管理主要是由各级政府包办。新时代下我国各级政府对其建设有了重新认识，将城市公园的建设纳入了城市整体规划的范围中，这应该是一个可喜的趋势，但在实际中却好像变了味。政府规划工作出现了一些不顾实际的"公园效益分析"情况，较为常见的是片面夸大单位面积公园绿地的效能，或将从自然规律上本不属于城市系统的大量自然风景区公园纳入计算范围，造成我国城市公园绿地建设似乎已经不错了的假象，给人们严重的误导。这种重指标、不重实效的现象其实是政府业绩效益的思想在作怪，城市公园似乎已经不是城市的肌理，而成为了某些政府领导向外界炫耀的"脸面"。在这种的思想指导下，城市公园系统的构建就只能成为空谈。

另外，近些年我国城市公园的运营管理虽然已经打破过去由国家"包"下来的模式，但对于城市而言，公园建设还是与城市中的各个行政区紧密联系的。各区修建公园注意力往往只在自己的区域范围内搞建设，使得公园建设出现了城市各区域之间的发展不平衡，包括财政收入、政治、社会等因素影响，使得城市各区都不愿意将城市公园修建在权属管理模糊的地方，也不愿意与其他区的公园有太多联系，结果既没有达到预期的效益，又破坏了整个城市公园系统的构建。

（三）主要原因分析

1. 规划定位不明确

当前我国城市公园的建设之所以存在这么多的问题，不能形成合理的城市公园系统，根本原因就在于政府部门对其规划建设定位的不明确。目前我国的城市绿地系统规划仅仅作为城市规划的后续与补充，城市总体规划已确定了城市绿地开放空间的用地范围，城市绿地系统规划只是在划定的土地上进行设计，而无力对城市总体规划的调整产生影响。而城市公园绿地的规划则是囊括在城市绿地系统的规划之中，没有形成城市总体规划的一项专项规划，也就不能形成有机的系统来协调城市的总体规划建设。

2. 前瞻性不强

我国正在开展创建"全国园林城市""全国生态城市""全国文明城市"的活动，这导致了许多城市将城市公园的建设看作评上这些"示范城市"的有效途径，制定短时期的发展目标，不顾实际情况地盲目大干，试图使城市公园系统的建设一蹴而就，在三五年内造就一个全国的"示范城市"。这种急功近利的做法从总体上降低和削弱了绿化的环境生态功能，阻碍城市生态环境建设的健康发展。

由此可见，国内在城市公园方面的研究较之国外就比较落后了，大多还集中在单个城市公园的规划设计层面上，诸如更多地关注如何很好地加大城市公园的面积、传统型城市公园如何向生态型城市公园转变、如何平衡城市公园的公共性与资源保护之间的关系等。不过近年来也有些城市开始引入城市公园系统的概念，进行了一些尝试性的建设。如合肥、西安、济南三个城市就在城市外围修建了环城公园，这种公园是以林荫道为廊道连接城市外围的几大城市公园的，具备了一些城市公园系统的雏形。总的来说，我国城市公园的建设急需有更深入的研究，而其中整体层面的规划又是比较薄弱的一环，因此迫切需要从更高的、更具整体性的角度，综合性地去探讨与我国国情相适合的城市公园系统构建的具体策略和方法。

三、我国当代城市公园体系建设实践

进入 21 世纪后，我国的城市化进程逐步加快，多数的城市公园及公园体系也随着城市的快速扩展而加快建设。据中商产业研究院统计，截止2017年3月，全国城市公园数量排名前五位的省市依次是广东、浙江、江苏、山东和云南，分别是3512个、1171个、942个、828个和683个。另外根据公开数据显示，北京市注册公园数为403个（2016年），上海已有243座城市公园，2017年上海本市建了47个口袋公园，2018年将新建或者提升改造50个，到2020年，城市公园数量要达到300个，形成"口袋公园—社区公园—地区公园"三级体系，基本实现市民出门500m就有公园。当前成都、扬州等城市都在进行公园体系建设的有益探索与实践，并初步取得了良好的生态、社会及经济效益。极大地改善了城市面貌，提升了城市公共空间的品质。

图1-2-8 天府绿道方家河段

（一）成都市的公园体系建设实践

近年来，成都市按照"生态投资是政府最优质资产"的理念，大力实施生态保护和建设，以天府绿道串联生态区、公园、小游园、微绿地，构建五级绿化体系，建设公园城市。

1. 高水准建设天府绿道

在原有建设的基础上，建设展现天府文化、体现国际水准的天府绿道（图1-2-8），描绘绿满蓉城、花重锦官、水润天府的蜀川画卷。从2017年开始，成都加快实施全域"一轴两山三环七带"区域级绿道的建设。以区域级绿道为骨架，城市级绿道和社区级绿道相互衔接，形成串联城乡的公共开敞空间、丰富居民健康绿色活动的天府绿道体系。同时还规划区域级绿道1920km（图1-2-9）、城区级绿道5380km、

图1-2-9 天府新区智谷绿道

社区级绿道9630km，总计16930km，是目前我国规划最长的绿道系统，也是成都城市优质生态资产。

2. 增加城市公园、小游园和微绿地

加快建设城市公园，其中中心城区和东部城市新区规划建设102座城市公园。因地制宜建设3000m²以下的小游园，见缝插绿设置微绿地。"300m见绿，500m见园"，做到"推窗

见田、开门见绿"。

3. 构建全域公园体系，塑造"城园相融"的公园城市大美形态

基于市域生态安全格局，结合各区域资源禀赋与功能特色，按照"园中建城、城中有园、城园相融、人城和谐"的理念，构建由龙门山自然生态公园、龙泉山城市森林公园、郊野公园、城市公园和城市绿化环境组成的全域公园体系。在此基础上，充分发挥天府绿道网、市域水网的串联作用，连通林盘、景点、园区、企业、学校等所有城乡节点，形成全民共享、覆盖全域、蓝绿交织的网络，实现全域景观化、景区化，让市民可进入、可参与，创造满足人民群众美好生活需求的生活场景。

（二）扬州市的公园体系建设实践

扬州市是近年来除成都市以外进行公园城市建设实践的另一典型城市。2013年3月，习近平总书记在"两会"期间，多次强调江苏省生态文明建设以及瘦西湖水环境整治工作的重要性。2014年12月，习近平总书记视察江苏省，进一步提出要建设"强美富高"的新江苏。为把习近平总书记重要讲话精神与扬州市实际结合起来，2015年9月，中共扬州市市委书记谢正义首次提出扬州特色城市公园体系建设。

扬州公园城市的主要建设内容包括以河湖湿地等生态资源保护为前提，大力推进生态中心建设；以服务群众，提升城市活力与特色为目标，着力构建城市中央活动区；建立以市级公园、区级公园、社区公园和各专类公园构成的大、中、小合理搭配的公园体系，形成了"园在城中，城在园中，城园一体"的绿地格局。

在政策层面，扬州市拿出5%的土地出让金用于绿化工程建设，同时制定民生工程"五可标准"，以立法形式明确瘦西湖天际线保护和"永久性保护绿地"范围及具体管控要求，公布实施《扬州公园条例》。城市新区建设优先公园定点规划，古城与老城区因地制宜，完善和补充功能性社区公园、口袋公园和街头绿地景观等。

参考文献：

[1] 周红.芝加哥千禧公园——城市滨水空间的开发实例[J].南方建筑，2006（02）：109-110.

[2] 汪阳.对我国城市园林公园系统规划专业技术现状的分析与思考[J].中国园林，1997，13（54）：4-5.

[3] 王秉洛.城市公园系统生物多样性保护的特点和任务[J].中国园林，1998，14（55）：4-7.

[4] 黄晓莺，张国强，贾建中.城市生存环境绿色量值群的研究[J].中国园林，1998，14（60）：57-60.

[5] 严晓，王希华，刘丽正等.城市公园系统生态效益评价指标体系初报[J].浙江林业科技，2003，23（2）：68-72.

[6] 高峻，杨名静，陶康华.上海城市公园景观格局的分析研究[J].中国园林，2000，16（67）：53-56.

[7] 谢涤湘，宋建，魏清泉等.我国环城绿带建设初探[J].城市规划，2004（4）：46-49.

第三章

生态文明视野下的扬州城市公园体系建设

第一节 生态文明视野下的城市公园体系内涵

第二节 绿色作底的"美丽中国"扬州样板

第三节 生态可持续发展的扬州城市公园体系建设

第四节 建设公园型城市,实现扬州的绿色发展当前我国明确提出"建设生态文明"这一战略目标，党的十八大以来，习近平总书记多次从生态文明建设的宏阔视野提出"山水林田湖城是一个生命共同体"，强调"人的命脉在田，田的命脉在水，水的命脉在山，山的命脉在土，土的命脉在树"。这对城市可持续发展提出了更高要求，强调在加速城市化进程中，要着眼于"以人民为中心"的核心思想，大力发展生态文明，实现城市的生态化发展。

第一节　生态文明视野下的城市公园体系内涵

新的时期下，科学、合理的城市规划是生态城市建设的前提条件，也是建设生态文明的内在要求。而基于生态文明的城市公园体系建设的内涵主要包括以下几个方面的内容。

一、构建基于公园体系"山水田林城"的城市大格局

在城市公园体系建设中，必须牢固树立生态环境保护底线思维，强化自然生态环境，锚固全域发展的绿色空间底线。而城市则通过塑造"产田相融、城田相融、城乡一体"的总体格局，从而实现美好的绿色生态画卷。建设城市公园体系也是尊重自然、顺应自然、保护自然的生态文明理念的自然要求，进一步引领城市通过绿色发展来回应人民群众美好生活向往，实现"蓝天白云常在，青山绿水永存"的美好愿景。扬州城市从大市域范围出发，将仪征的丘陵山地、高邮的湖泊湿地、江都的花木基地、宝应的鱼米水乡等统筹谋划，营构绿色为底的"美丽中国"扬州样板。

二、构建市域公园体系，塑造"城园相融"的城市形态

基于市域生态安全格局，结合各区域资源禀赋与功能特色，按照"园中建城、城中有园、城园相融、人城和谐"的理念，构建全市域的公园体系。如扬州大市域范围自南向北分别由仪征枣林湾、孔雀山生态体育公园、天乐湖生态园、润扬森林公园、三湾公园、扬子津古渡体育休闲公园、宋夹城体育休闲公园、蜀冈体育休闲公园、江都高邮清水潭、宝应湖湿地公园等和城市绿化环境组成的全域公园体系。在此基础上，充分发挥扬州绿道网、市域水网的串联作用，连通林盘、景点、园区、企业、学校等所有城乡节点，形成全民共享、覆盖全域、蓝绿交织的网络，实现全域景观化、景区化，让市

民可进入、可参与；创造满足人民群众美好生活需求的生活场景。

三、形成人城境业一体化的公园城市发展模式

以公园城市建设为动力，促进经济组织方式由"产城人"向"人城产"转变，营造良好的人居环境，完善城市功能，进一步汇聚人才；同时依托公园城市优美的生态环境，发展新经济、培育新业态，推动产业向高端化、融合化发展。以共商、共建、共治模式建设公园社区，以"街区制"理念全面推进公园街区建设，实现街区空间的共建共治和共享共融。明确产业"正负清单"，全面推进产业绿色化发展。真正实现"绿水青山就是金山银山"。

公园城市同样也是扬州城市建设的一个方向，建设公园城市，不仅是建有很多公园，而且是为民建"园"、以"园"为核的城市。简言之，是"公园+"的城市，是传承绿色生态基因、控制区域开发边界、提高公共服务效益的城市。当前扬州加快现代公园城市的建设，按照"公园+"模式，在城市公园周边布局建设科技产业综合体、实验室，配套建设20万平方米的专家楼和人才公寓，引进科技金融、研发总部等生产服务型企业，为人才提供高水平的创新创业环境。

四、打造城市文化景观体系，着力地方营造

根据生态公园、郊野公园和城市公园类型，结合地域历史与特色，差异化形成多元文化主题的绿色空间，全方位展示城市文化特征。扬州在城市公园体系建设中，一方面营造标志性景观，增强文化识别性；另一方面也依托扬州的独有文化资源，增加文化设施，策划民俗文化活动，强化人对文化的感知体验，从而提升公园城市文化内涵。

五、完善服务支撑体系，营造城市宜居环境

优化"绿地+公共服务设施"的布局模式，推动社区综合体与绿地结合设置，并通过绿道串联，形成环境优美、服务便捷的综合服务中心。扬州在城市公园体系建设中，充分依托公交、绿道、慢行系统等交通空间打造生态景观带，统筹考虑立体步行路径，推进绿色交通与绿色空间相结合。如三湾公园、廖家沟城市中央公园等内部绿色交通体系、多元开放空间与各类服务配套设施让公园的服务支撑体系更加高效便捷。同时扬州还在全市的公园中全面推进绿色基础设施建设，提高管理智慧化水平。

第二节 绿色作底的"美丽中国"扬州样板

优良的生态环境是扬州的资源禀赋,保护生态环境也成为扬州市实现可持续发展的重要抓手。"十二五"期间,扬州市在全省率先提出"生态强市"发展战略,探索走出一条生产发展、生活富裕、生态良好的文明发展道路。

习近平总书记在党的十九大报告中指出,"建设生态文明是中华民族永续发展的千年大计",要"坚持人与自然和谐共生"。良好生态是扬州城市发展的核心竞争力所在,这需要全面落实绿色发展理念,打造绿色作底的"美丽中国"扬州样板。

一、将绿色作为扬州城市底色和发展主色

党的十九大报告从人与自然是生命共同体的高度提出要建设美丽中国,从人类命运共同体的高度提出要建设地球家园。生态文明建设在当前的社会发展中得到前所未有的重视,习近平总书记多次强调"绿水青山就是金山银山""保护生态环境就是保护生产力,改善生态环境就是发展生产力"。"十三五"规划中明确了创新、协调、绿色、开放、共享的新发展理念,"绿色"成为我国"十三五"乃至更长时期的发展方向和着力点。建设城市绿色空间、完善城市公园体系是扬州必须自觉践行的新发展理念,使绿色成为扬州的城市底色、发展主色和鲜明特色。

二、在城市的价值高地建设公园

扬州的老百姓有一个新流行语——"扬州的瘦西湖,我们的宋夹城",宋夹城指的是生态体育休闲公园。在瘦西湖核心景区里的宋夹城考古遗址公园建设了一个免费的体育休闲公园,开放一年就接待市民游客400多万人次,成为有口皆碑的城市客厅。近年来,扬州在城市土地价值高、溢价率高的地

段建设多种类型的公园，近距离服务周边的城市居民，先后陆续建成并免费开放了309个城市公园，这些公园的服务半径覆盖全市500多个小区，150多万城市居民。

三、构建沟通江淮的绿色大走廊

扬州全市域约64%为淮河流域、36%为长江流域，既是江淮分水岭又是江淮交汇点。作为国家南水北调东线源头城市，持续改善生态环境，全力打造流域治理样本，保障一泓清水北上。

扬州市区向东，有一片50多平方公里的平原湿地，名为"七河八岛"，包括大运河在内的7条河流，在这里分割出大大小小8个岛屿。南水北调东线输水通道和淮河入江通道都经由"七河八岛"，使得这里生态敏感性日益突出，长期形成的众多船厂、砂石厂给环境带来沉重压力。2013年，扬州市以人民代表大会决议的方式对"七河八岛"区域实施"四控一禁"，即严控廊道宽度、建筑高度、开发强度和污染排放，禁止违法建设，将这里规划为全市重要的生态功能区。

2016年，扬州率先提出、率先推进实施江淮生态大走廊建设战略工程，并被列为江苏省阶段工作的战略重点。

2018年3月29日，省委书记娄勤俭登上万福大桥桥塔，俯瞰"七河八岛"保护建设情况，他指出，扬州在江淮生态经济区建设中地位重要，要系统谋划好生态大走廊规划建设，特别是要做好水的大文章、生态的大文章。

扬州将占市域面积近三成的1800km²区域纳入江淮生态大走廊建设规划，制定了五年行动方案和年度工作计划，并重点推进总投资62亿元的27个年度项目。截止2017年底，已基本建成9个10km²以上的生态中心，建成生态景观林2万亩。

同时在市域范围内加快实施南水北调东线二期工程，系统推进总投资300亿元的高邮湖、宝应湖、邵伯湖每年"三退三还"（退耕、退渔、退养、还林、还湖、还湿地）面积3万亩以上等八大工程，致力打造沟通江淮、纵贯南北的清水大走廊、安全大走廊、绿色大走廊。

四、推动产业转型提升给生态减负

在城市生态文明发展的背景下，扬州逐步调整产业发展思路，着力发展与城市生态相契合的基本产业。以绿色产业、软件及高端装备制造业、科技创新产业等逐步替代原有的城市产业格局。与此同时，生态减负方面，削减煤炭消耗量达28.5万吨。在中国社会科学院发布的2017年城市竞争力排行榜中，扬州的城市综合竞争力和可持续发展竞争力分别排到了全国的第41位和第44位。

五、建设城市公园体系，打造"公园+"城市

"十二五"时期，扬州大力推进十大生态中心建设，并启动了城市公园体系建设。2017年9月经江苏省人大常委会审议批准并于2017

年 12 月 1 日实施《扬州市公园条例》，在公园体系建设方面有了城市立法层面的保障，也将扬州生态文明建设推上新台阶，为我国生态城市建设与发展提供了有益探索。随着扬州成功申办 2021 世界园艺博览会，遵从"公园+"的城市发展理念，即以公共空间＋公共服务＋住宅，将公园城市建设深入到城市建设、治理、服务的各个方面，更好服务于未来城市发展。

第三节　生态可持续发展的扬州城市公园体系建设

近年来扬州市大力推进高水准、多层次、全覆盖的城市公园体系建设，每一个公园都赢得了市民发自内心的认可与赞同。

公园体系建设是落实中央共享发展理念的具体体现，通过这样的方式让全体市民参与到城市建设中来。宋夹城体育休闲公园是扬州公园体系建设的一座标杆。2012年底，扬州老体育馆拆迁后，市民缺少锻炼场所，扬州市投资12亿多元，在蜀冈—瘦西湖景区核心地带的宋夹城建设体育休闲公园。扬州市市委书记谢正义曾表示，扬州宋夹城地块若用来进行商业开发可以说是价值连城，但是政府应舍得将这一地块拿出来建设体育休闲公园，免费开放给市民使用。将城市居民合理需求放在第一位，把经济发展让位于民，黄金地块建设公园绿地为民服务，这正体现了"以人民为中心"的发展理念。

将公园建在市民身边，即是建在人们心中。五台山大桥公园建成后，成了周围市民休闲娱乐的好去处，也逐步改变他们的生活习惯和生活方式。很多市民将以前经常打麻将、不锻炼身体的习惯逐渐改成打球慢跑，康体健身，促进身体素质不断提高。

一、类型多样、功能多元的扬州城市公园建设

"绿杨城郭是扬州"是人们对扬州的印象，瘦西湖、何园、个园等园林便是其写照。而今"绿杨城郭"又有新内涵，扬州不仅有经典历史园林更有诸如生态中心、中央公园、体育休闲公园、社区公园、口袋公园等类型多样、功能多元的城市公园。这些公园成为展示城市形象的窗口，培育百姓健康生活方式的绿色空间，同时也表达出扬州城市的文化底蕴、精神气质和品位追求。

截至2018年6月底，扬州已先后建成309个各类开放式公园，其中综合公园37个、社区公园185个、"口袋公园"59个，专类公园28个，已初

步形成分布均衡、层次分明的城市公园体系，市区人均拥有公园绿地达 $18.57m^2$，几乎每个市民都拥有一个"绿色客厅"。

无论是关切民生的宋夹城体育休闲公园、繁荣城市生态的廖家沟城市中央公园，还是超过 $2km^2$ 的三湾公园、数百平方米的"口袋公园"，扬州公园体系的建设都赢得了市民称赞，成为百姓最满意的民生工程之一。

二、扬州城市公园建设的实践经验

近年来，扬州市将城市公园作为推进美丽中国和健康中国建设、推进海绵城市和低碳城市建设的重要抓手，因地制宜建设覆盖城乡、均衡布局的城市公园体系，从当前的公园建设中总结，主要有以下四个方面的实践经验。

（一）将重塑城市形态与惠及市民绿色空间相结合

我国传统的城市形态以街巷体系为主导，沿街设店，顺巷布宅，公共活动空间只有庙宇和祠堂。工业化时期的城市形态以生产为主导，强调功能分区，公共活动空间以街道和商业区为主，少量的成片绿地也是位于居住区和工业区之间的生态屏障，不具有可达性和可入性。扬州在推进公园城市建设的过程中，将公园体系作为城市规划建设的重要组成部分，以均衡分布的城市公园作为城市的重要节点，以沿路绿化将城市绿地系统连为一体，实现了市民公共活动空间从以商业街区为主到以生态体育休闲公园为主的切换。在城镇化不断加快、生产方式不断进步、人们生活方式悄然变化的过程中，人民群众对优美环境、健康休闲的空间需求越来越强烈，留出足够的公共空间作为公园和运动场地成为城市建设的必然要求。扬州践行以人民为中心的发展理念，把响应市民的体育健身休闲和交流交往需求作为城市最重要的民生工程和最基本的公共服务，将宜居城市建设的重点聚焦到生态体育休闲公园建设上，着力建设可达、可入、可亲近的城市公园体系，让广大市民可以在公园里运动、在公园里交友、在公园里享受健康生活。

（二）实现传统园林技术与现代公共空间建设的结合

扬州是中国园林城市，瘦西湖、个园、何园等著名园林是这座历史文化名城的标识，也是城市对外交往的重要名片。但传统的扬州园林都是私家园林，"园林都是宅"，主要用于满足园主的个人需求，在为城市不同人群提供健身锻炼、生态休闲等方面的服务功能明显不足，特别是夜间安全性不能满足市民锻炼需要。在推进公园城市建设的过程中，强调将传统园林技术与现代公共空间建设结合起来，在新建的公园中既有中国传统园林之本，也有现代景观元素理念，但更多的是强调生态、体育、休闲、文化功能的叠加。绿化以乔木为主，水系和绿地得到很好的保护；布置无障碍健身步道、篮球场、雨廊、条椅、照明等配套设施和城市书房、各类雕塑标识及城市历史文化符号，既增强了可入性，也增加了市民的生态、健康、文化福利。同时，对公园实行严格的管理，强调公园姓"公"，是所有人的园子，必须对公众免费、无门槛开放。市民在这里可以避开广场舞的喧闹、车辆的威胁、宠物的打扰，更安全、更安心地亲近自然、锻炼身体、放松身心、享受生活。

（三）实现"公园+"和"+公园"的结合

以靠近百姓、均衡布局、大中小匹配为原则，把城市公园体系作为城市建设规划的重要组成部分，作为城市重要的基础设施、功能性设施优先规划、建设。在城市新区建设中，扬州提出"公园+"，把城市公园作为规划的核心要素，优先定点规划建设，再在周边布局建设公共服务设施、市民生活区、商业区等。在古城区和老城区，则提出"+公园"，按照城市双修的要求，充分利用工厂迁移、沿河绿道甚至桥下空间，因地制宜地添加城市社区公园、口袋公园。在中心公园、区级公园，突出公园建设的"十要素"，包括树木、步道、厕所和小卖部等；在口袋公园和农村文体活动广场，将乔木、高杆球场灯、休憩条凳、篮球架或标准篮球架、300m² 橡胶平地作为标准配置，尽可能地满足市民不同类型的绿色活动空间需求。

（四）实现建设好和管理好、使用好的结合

为进一步规范城市公园体系的规划、建设和管理，扬州市人大常委会审议通过了《扬州市公园条例》，并经江苏省人大常委会批准正式颁布实施。《条例》首先规范的是城市管理者，要求其切实承担起公园建设管理的主体责任，加强公园布局规划的完善，舍得将城市优质地块和具有一定体量的地块拿出来建设公园，特别加大了古城区和东南老城区的公园布点密度，实现市民步行 10 分钟就可以到达体育休闲公园的目标。公园的日常管理、维护也落实到位，让公园的使用者也参与到公园的保护与维护，扩大公众参与基础，努力使公园成为展示扬州市民活力的窗口和城市文明的标志。

三、以人为本，将城市公园建设成为市民的幸福花园

公园不仅建在市民家门口，更是乐在人们的心坎里。公园体系的建设让扬州这座城市更加温暖、更为温馨、更有温情，也让城市居民"文起来、动起来、乐起来"。

（一）公园休闲体验成为城市居民生活新时尚

公园不仅美化了一座城，也在改变着一城人。新建的开放式公园强调生态、体育、休闲等功能的叠加，兼顾不同年龄、不同层次群众的需求，改变了绝大多数群众原先固有的生活方式。中老年人可在这里健步、下棋、晒太阳，年轻人可在这里打篮球、踢足球、参与各类体育活动，孩子们可在这里滑滑梯、荡秋千、玩跷跷板，留下成长的记忆。优美的景致更是吸引了一对对喜结良缘的情侣将这里作为婚纱摄影的取景地。人与人之间交流有了场所，成长教育有了新方式，运动健身有了好去处，公园休闲与体验已成为最受扬州市民欢迎的生活方式。

（二）文化植入提升扬州市民文明素养

扬州城市的许多公园布置了文化长廊、宣传栏、雕塑等设施，嘉境邻里公园更是设有孔子讲学、孟母三迁、孔融让梨等人文雕塑，让群众在公园休闲的同时接受中华优秀传统文化的熏陶。精心精细打造的阮元广场、扬州中学院士广场等绿地空间，大力宣传扬州历史名人的事迹，公园绿地融入扬州地方文化。廉政文化广场更是将扬州的廉政文化最直观地展现在群众面前，彰显先人前人贤人之德。在推进公共图书馆服务体系建设时，多家"城市书房"布点在公园中，使市民们在休闲之余能够一品书香。文化的植入让市民对扬州深厚的历史文脉有了更深的了解，同时还引导其树立正确的价值观，提升文明素养。

（三）"出门见绿"成为扬州人的新骄傲

"绿色生态"始终贯穿扬州公园体系建设的实践之中。新建的三湾公园一改往日的"脏乱差"，园内树木繁茂，绿草如茵，假山叠石，碧水环绕。三湾公园还立足原有的湿地资源，构建起圈层保护体系：内环设置湿地保护核心，杜绝人为干预；中环作为湿地缓冲区，设置观鸟长廊、观鸟屋；外环形成带状公园空间布局，实现公园与城市的完美融合。怡人的生态环境吸引了大量鸟类栖息，小鸟也在用翅膀为生态扬州点赞。"口袋公园"就建在市民家门口，虽然占地面积小，但每一处都小巧精致、环境优美、设施齐全，很受市民欢迎。如今漫步扬州街头，一个个"口袋公园"犹如一颗颗美丽的绿宝石，镶嵌在城市之中、融入了百姓生活，"出门见绿"已成为扬州人的新骄傲。

第四节　建设公园型城市，实现扬州的绿色发展

近年来，扬州推进具有地方特色的城市公园体系建设，多种类型的公园绿地基本涵盖生态、体育、休闲的多样化元素，为市民创造生态福利。而逐步建成的开放式公园就是给后人留下发展空间，促进城市精神文明增长和可持续发展，扬州正在从城市公园迈向公园城市。如前文所述，2017年12月1日实施《扬州市公园条例》则把公园体系建设纳入城市建设的总体规划中，并使之制度化、法制化。

一、扬州推进公园城市建设的战略意义

公园城市在管理、经营城市的思想理念方面做出了重要革新，也反映了当前我国对城市生态和人居环境建设的最新认知。扬州在园林城市、生态园林城市等发展模式的基础上进一步提升了生态文明建设和绿色发展的内涵和目标，在推进公园城市建设方面有着重要的战略意义，主要体现在以下四个方面。

（一）推进公园城市建设是扬州实现中央五大发展理念的关键实践

公园城市建设作为统揽城市生态文明建设和绿色发展的核心工作，将中央的五大发展新理念变为城市建设的实践，因此将公园城市建设作为扬州市贯彻发展新理念主要抓手，建设更多、更开敞、更均衡布局的公共空间，彰显扬州最鲜明特色，大力实施公园体系建设，不断满足人民群众对公共空间生态、景观、体育休闲、交流、安全的多重需要，使之成为锚固城市形态、提升扬州城市的综合价值。总体来说，公园城市的建设将指导提升扬州城市固有的宜居品质，缓解城市病，推动城市的全面可持续发展。

（二）推进公园城市建设是扬州"以人民为中心"的理念落实

公园城市建设的核心在于"公"，面向公众，公平共享。扬州市的公园

城市建设秉承"以人民为中心"的理念，在城市总体规划的框架内，从整个区域、整座城市着眼进行规划，打破行政区划界线，统筹布置城市生态空间布局，合理安排城市绿地空间，打造人人可享受的高品质生活环境，以城市居民的户外多样休闲活动需求为标准，进一步优化并健全城市生态网络，营造城园一体、城园共生的城市大园林景观，打造开放性、可达性、亲民性的城市公园体系，从而逐步实现从"城市公园"向"公园城市"的转变。

（三）公园城市建设助推扬州园林的传承与发展

公园城市建设模式是中国传统造园思想的现代传承，通过构建融入山水自然、彰显文化特色的城市绿色格局，实现"望山见水记乡愁"。扬州地处长江北岸，历史上城市经营及园林营造方面自成体系，形成了独具魅力的扬州园林风格。而公园城市建设对扬州的历史园林如何保护与传承，现代公园绿地建设如何融入扬州地域文化，传统造园手法如何创新等方面提出了新的要求，也同时助推扬州园林在新的历史条件下进一步地传承与发展，推进扬州园林"走出去"。为扬州构建城市理想人居境界、塑造具有深厚历史文化基因的城市典范方面起到积极作用。

二、扬州公园城市建设的基本策略

（一）用规划公园的格局优化城市空间

公园城市的建设要求以公园体系规划的格局来构建城市发展空间结构，实现从"城市里建公园"向"公园里建城市"的转变。扬州在城市规划过程中，通过绿色网络、绿色廊道、立体绿化等不同空间类型的公园绿色开放空间形态，构建城市发展的绿色基底和绿色基础设施。如在新一轮的《扬州市中心城区绿线规划（2014—2020）》中，提出城市绿地与外围自然生态空间之间有机联系，形成"园在城中、城在园中、城园一体化"的绿地格局，营造"绿杨城郭"的绿化氛围，形成级配合理、"点、线、面"有机衔接的城市绿地系统。同时以"两廊、一楔、多绿道、多点"，即南北向江淮生态廊道、东西向仪扬河—夹江生态廊道和蜀冈—瘦西湖风景区生态绿地格局为基底，充分结合城市水网格局构建城市绿地系统，突出滨河带状绿地特色，建设多条绿道，并以城市绿道联系区域生态绿地与城市绿地网络，均衡规划公园绿地，做到大、中、小相结合，形成内外衔接、布局合理的城市绿地系统（图1-3-1）。

（二）以公园建设标准提升城市人居环境

城市空间要以为城市居民提供方便、安全、舒适、优美的绿色空间为目标进行建设。把公园建设的标准应用到城市人居环境提升的工作层面，把市民公共空间使用的公平性、可达性和参与性作为评价城市建设发展水平的一项重要依据，让人民共享绿色福利，共建绿色家园（图1-3-2）。

扬州广陵新城和生态科技新城的规划建设贯穿了公园建设的系列标准。规划总面积10.7km²的廖家沟城市中央公园（图1-3-3）充

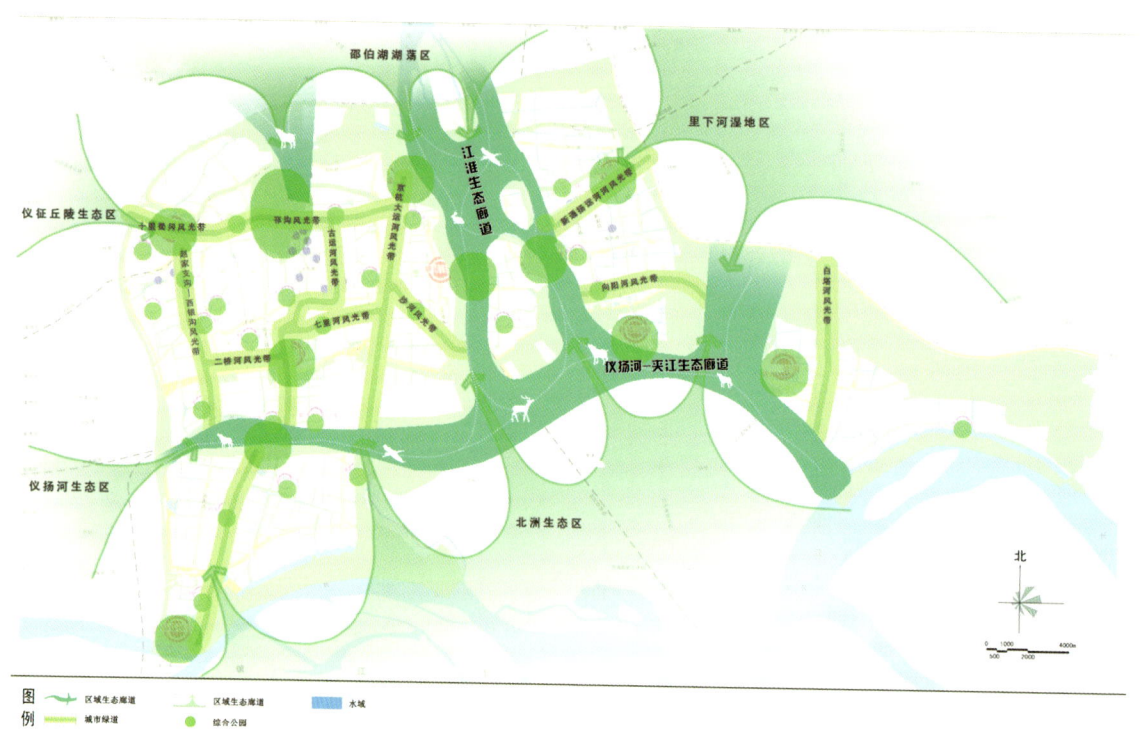

图 1-3-1　扬州中心城区绿地布局结构图

图 1-3-2　扬州马可波罗花世界

分利用得天独厚的自然资源,按照集生态涵养、文化传承、观光休闲、市民互动于一体的思路,因地制宜打造一个亲近自然的滨水绿色廊道、生态宜游的城市中央公园和绚丽多彩的市民休闲乐园。以此作为贯穿南北的城市开放空间,引导金融、商业、居住及公共设施用地在东西区域有机合理规划布置。类似以公园为核心引导城市开放空间布局的还有扬子津古渡体育休闲公园、五台山大桥公园、宝射河大桥公园、半岛公园、秀水湾公园、蜀冈生态体育公园、师姑塔生态健身公园……此类生态体育休闲公园的建设与开放,将公园建设标准导入城市公共空间营造,将扬州城的"绿色资产"真正变

图 1-3-3 廖家沟城市中央公园

图1-3-4 宋夹城体育休闲公园

成百姓的"生态福利",切实全面提升了扬州城市的人居环境。

(三) 以公园管理的要求来保护城市内外宝贵的生态资源

公园城市的建设需要保护城市内外的生态资源,实现城市与自然的连通与融合。通过城市的道路绿带、带状公园绿地、水系廊道等与城市外部自然有机相连,既保证了内外生态能量和物质的流通与交换,也可改善城市生态环境,提高城市居民的生活质量。

城市公园的管理强调生态化、人文化、精细化的标准与要求。管理的核心即对城市各类生态资源的保护与培育。扬州市在公园城市建设中的又一个重要策略便是以公园管理的要求来应对城市自然生态资源的保护。如宋夹城体育休闲公园,从空中俯瞰水绿一体,犹如一块鲜丽的翡翠镶嵌于城市核心(图1-3-4)。"三道"成环、"五彩"缤纷是其特色,"三道"分别为环绕全园的水道、健身步道和自行车道,步道和自行车道全部采用最新型的生态透水材料,让雨水能自然渗透到地下。沿步道还增加了彩色树种,如观叶树、观果树和招鸟树种,市民在此健身的同时,可品味自然的清新和历史的积淀。通过高效的公园管理实现了公园本身的自然资源的保护与培育,同时公园的生态资源还向周边城市空间进行有机渗透与关联。建成后便成为扬州市给予百姓民生福利、生态福利的一个样本,也是城市发展思路的一次新探索——把城市中心最美丽、最珍贵、其他很多城市建设中央商务区的黄金区域，用来打造景色优美、充满活力的中央活动区。

三、新时代下公园城市建设助推实现扬州绿色发展

历史经验告诉我们，有什么样的城市发展建设理念，就必然有什么样的公园和公园系统的发展建设理念与之匹配。

当前我国社会主义建设进入新时代，从"十九大"报告和中央城市工作会议精神可以看出，满足人民日益增长的美好生活需要成为城市发展建设的根本目标，城市规划建设要全面落实"以人民为中心"的发展思想。

城市绿地系统和公园体系作为城乡发展建设的基础性、前置性配置要素，是城市公共服务体系的重要内容，无疑将成为城市人居环境中"最公平的公共产品和最普惠的民生福祉"，是满足人民日益增长的美好生活需要，落实"以人民为中心"的发展思想的核心内容。

公园城市的建设同样助推扬州绿色发展，绿色既是扬州城市底色也是发展主色。一方面，加快公园体系建设，持续推进生态修复，2016年以来每年从土地出让金中提取5%专项用于绿化和植树造林，通过实施"生态廊道、生态中心、村庄绿化"等重点工程，2017年完成湿地恢复工程5900亩，林木覆盖率达到23%，成片造林3万亩；全市新建了大大小小城市公园309个，总占地面积超过26km^2，相当于20个瘦西湖核心景区的面积。另一方面，重点发展绿色产业，如汽车、机械、旅游、建筑、软件和互联网、食品工业等与城市生态宜居特质相契合的基本产业，产业结构调高、调优、调轻、调绿，倒逼经济发展转型升级。"绿色"红利加速释放，美丽中国的扬州样板也逐渐成形。

到2020年前，扬州全市将建成9个生态中心，保证500m范围内居民可以到达5000m^{2}左右的社区公园或滨河带状公园；2km半径内居民可以到达一个不小于10hm^{2}的区级公园；每个城市片区有一个面积不小于20hm^{2}的市级公园。按照市民出行300~500m看见公园绿地的标准，通过采取见缝插绿、拆违增绿、拆墙现绿等措施，均匀布设街头小游园、小广场200余处，同时注重提高各类绿地的可进入性，变"可远观"为"可亲可参与"，形成独具特色的城市公园绿地群。

总之，城市公园体系建设改变了扬州的城市气质，让这座城市更加温暖、更具温馨、更有温情、更为文明。

PART 2

第二篇 公园城市——扬州现代城市公园研究

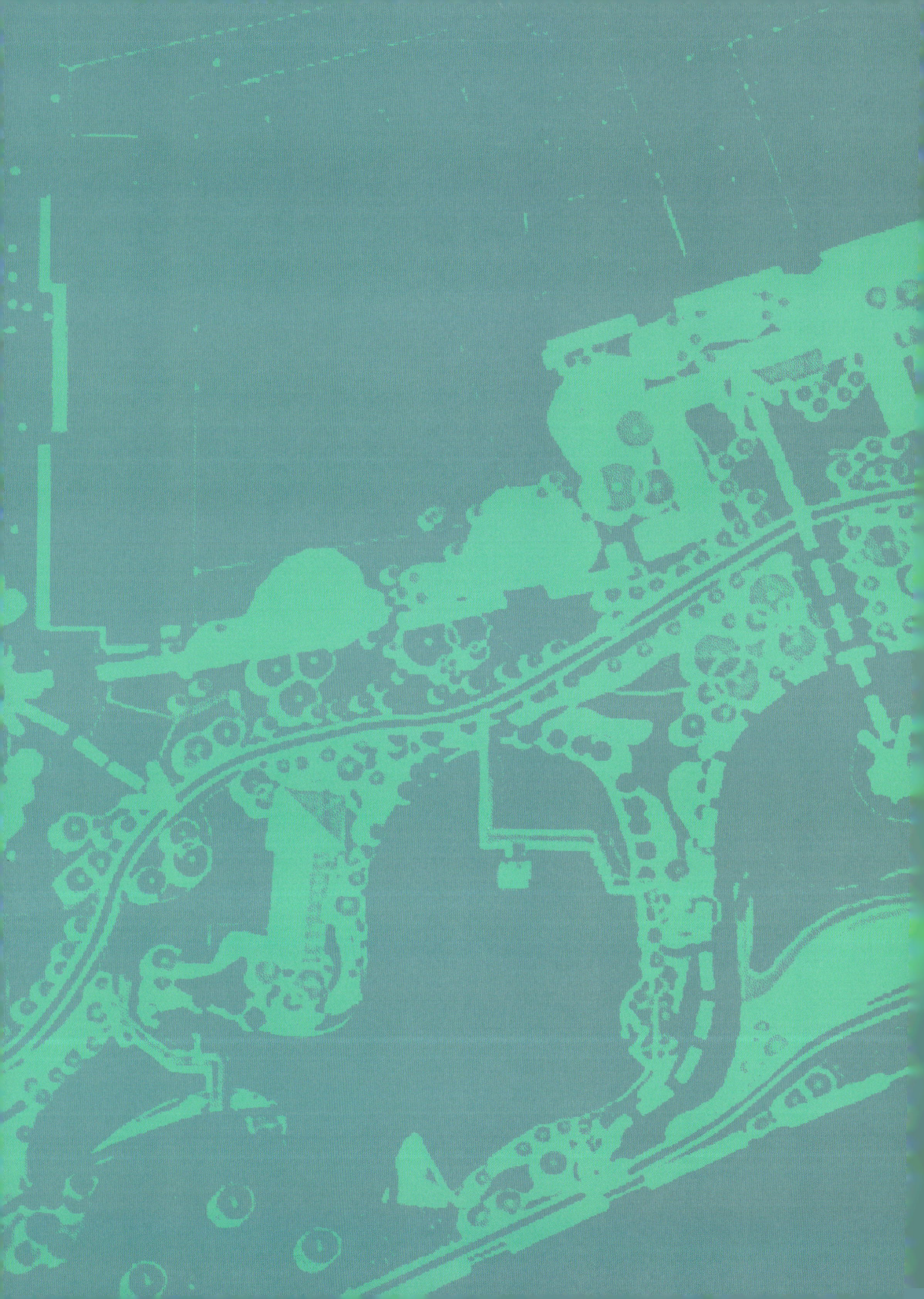

第四章

扬州现代城市公园的特点与优势

第一节　社会效应
第二节　经济效益
第三节　生态效益
第四节　设计内容
第五节　审美诉求

伴随着城市化进程的飞速发展，越来越多城市社会矛盾不断涌现，公园作为一种现代休闲娱乐的空间，逐步凸显其重要地位。公园既可以为老年人提供休闲娱乐的场所，还可以为年轻人提供释放压力的途径，又可以为城市提供绿色空间，早已成为市民生活中必不可少的空间。在主题丰富、风格变幻、规模不一的各类公园中，有一类公园，因其数量之庞大、分布之广泛、影响之深远而闻名中外，它就是扬州现代公园。

在西方国家，公园的兴起完全是为了解决城市改革运动所带来的问题，而扬州现代公园，以自己的模式屹立在世人面前，顽强地向世人彰显其存在的重要价值[1]。经过近百年的历史洗礼，扬州现代公园早已不是一个仅供人们休闲娱乐的公共空间，而且是一个承载社会记忆的载体，见证着中国现代公园的发展，它在中国历史上有着举足轻重的位置，具有巨大的研究价值。

然而从扬州现代公园诞生至今已近百年，对于扬州现代公园的研究还没有完全展开，特别是对于一个省区甚至全国范围的扬州现代公园研究较少。目前对于扬州园林绿化的研究以古典园林为主，如《扬州古典园林的传承与发展》《楹联文化在扬州古典园林中的应用》《园林之韵——扬州古典园林花窗研究》等。而对于扬州现代公园的研究只有零星报道，没有系统的研究成果。随着城市化的进程和风景园林行业的快速发展，"绿色城市""生态城市""海绵城市"的不断提出、园博园、专类园、风景名胜区的逐步火热，扬州现代公园能否顺应新时代潮流，接受严峻的挑战，是否还能体现当时的精神面貌和地域文化，在未来发展中又该如何立于不败之地？面对扬州现代公园面临的机遇和挑战，非常有必要对其进行深入系统的研究，挖掘其背后蕴含的历史文化意义和景观价值，补充扬州现代公园的研究内容，并探讨扬州现代公园未来的发展趋势。

作为悠久的历史名城，扬州具有深厚的文化底蕴，拥有诸多优秀传统建筑和园林，经过近百年的时光洗礼，扬州的现代公园早已不仅仅是提供人们休闲娱乐的公共空间，更是一处承载社会记忆的载体，见证着中国现代公园的发展。应当说，扬州公园的发展在中国历史上有着举足轻重的位置，具有巨大的研究价值。它既是一项服务于大众市民的、具有公益性的公共文化服务设施，又是城市景观建设的有机组成部分。扬州公园的设计发展不仅在各个方面取得了多样的、共赢的公共效益，也因其与古维新的创新发展使自身形成了一套比较成熟而完善的公园发展机制。本章主要从社会效益、经济效益、生态效益、设计内涵、审美诉求五个方面，分析扬州公园体系中具有代表性的案例，从多方角度综合评估扬州市现代城市公园的典型特色，总结其成功的因素。

第一节　社会效应

一、体现地域历史与文化

扬州是一座历史名城,当地文化底蕴深厚,拥有诸多优秀传统建筑和园林。故扬州的现代公园很好地体现了扬州名城的文化和地域历史。

如廖家沟城市中央公园为体现扬州地域文化内涵,在植物种植、景观色调、构筑物小品等景观设计方面都一定程度地挖掘了当地文化,并将其应用于设计中。植物种植中竹林、绣球花、桩景的应用,景观构造物、建筑及小品中灰白色系的控制,一定程度上呼应了扬州风韵的景观色调;竹园雅舍、清曲园等具有文化属性和韵味的特色建筑的植入,突出了公园文化的地域性。它的设计理念为"绽放的琼花",设计以路为路网、水系为脉为络、以重要节点为花,根据景观节奏逐步绽放,为传承上一个2500年的扬州文化,演绎下一个2500年的绿色展现精彩。

扬州现代公园的案例用其具有特色的元素,诠释着扬州特有的地域历史文化,对地域性的表达更重要的是要从地域的文化特征这个层面上进行。城市公园发展到今天,已经不再是最初的以单纯欣赏风景为主,而是具有丰富的文化内涵,使城市公园具有地域性、历史性和归属性且易于被人们接受和认同,这已成为现代城市公园设计的一个趋势。公园对地域文化的表达主要通过研究当地的传统园林、建筑、艺术文化以及当地的历史典故、民间传说、历史遗迹、民风民俗等,从中挖掘其人文属性,将其溶入设计之中,使公园具有地域文化内涵,富有独特的魅力。

二、多样性与亲民性

扬州现代公园整体具有丰富活动类型的多样化公园,如体育公园、休闲公园、主题公园、口袋公园等,其中部分公园的前期设计由当地居民参与设计方案，体现其为民设计的人本理念。

　　李宁体育园是一个很好的案例。它在规划设计上另一个成功特点是"产城合一"，即同时进行项目的空间规划跟业态运营规划，以保证它能够在使用的时候实现功能与形式的统一。除了在建筑类型上着力打造中国群众体育设施的典范，在业态规划上，公园建设部门也和李宁公司一起拓展体育健康活动的内涵，由以往相对单纯的体育活动拓展延伸，增加了休闲娱乐、养生康复、体育培训等功能，为社区创造一个更复合性的健康活动场所，为扬州人民创造一处大家喜闻乐见的潮点。

三、维护与管理

　　各类公园在安全与维护方面良好有序，同时在生物多样性保护、历史文化遗产保护、水土保持工程、植被修复改造方面均有不同程度的体现，下面以曲江公园和宋夹城体育休闲公园为典型案例。

　　曲江公园日常维护制度十分完善，管理部门组建一支24小时3班制12人的公园巡逻队伍，加强公园内设施等防盗管理工作。整个公园卫生保洁由专人负责，也组建了一支由水电工、机械维修、泥水工等巡查维修一体的养护队伍。

　　宋夹城体育休闲公园也体现了其良好的维护管理策略，从环境管理、园容卫生、景区安全、员工服务等方面为切入点，注重景区绿化的统筹管理：一方面对景区的服务人员实行严格的考核制度和奖惩机制；另一方面依靠景区员工和广大游客群体，强化景区的综合整治，加强与公安和执法部门的合作，对整体景区治理和社会的稳定有很大的贡献作用。

四、使用设施完善，免费向市民开放

　　纵观扬州现代公园，使用设施完善，免费向市民、游客开放，以下公园为典型：

　　来鹤台公园是西区较早建成的公园之一，位于文昌路邗江路西北角，承担着西区市民生活休闲健身的重要功能。2017年3月，在政府的监管下，公园管理部门开展实施对来鹤台公园的改造、提升，增加篮球场、环形步道

图 2-4-1 来鹤台公园儿童游乐设施

及儿童游乐设施等功能设施（图 2-4-1），以满足不同年龄层人群的使用需求，对现状设施也进行了维修提升，广场内的破损铺装和破损路面都进行了修缮更新，也增加了座椅、垃圾桶等设施。

第二节　经济效益

公园的经济效益体现可以追溯到中华人民共和国成立初期，公园是重要的社会主义文化教育阵地，游人通过游玩来进行社会主义思想文化教育。20世纪50年代中叶，由于受前苏联休息公园设计理论影响，我国公园普遍用于开展文艺、曲艺、音乐欣赏、电影放映、舞会等文化活动。"文化大革命"期间，由于无人管理，许多公园绿地被侵吞蚕食或被非法侵占。粉碎"四人帮"后，特别是十一届三中全会以后，城市园林事业得到重新认识和评价，获得了新的活力，出现了新的发展。20世纪80年代开始，随着商品经济的发展和人们消费观念的转变，单纯的文化休闲型公园已不适应形势的发展需要，特别是满足不了人们的消费心理，因此出现了集文化活动、休息、娱乐、游乐设施、服务设施为一体的多功能公园。闻闻花、看看草、照照相、来顿野餐，早已满足不了现代人的口味。现代人追求的是在回归自然、身心得到休息、放松的同时，还要尽情享受和体验新的乐趣。为满足游人这一新需求，公园在立足于"新、奇、特"等特点基础上，开始不断增加和更新游乐项目和服务设施，以满足不同年龄结构的需求。此外，"急游人之所急，帮游人之所需"，公园又设置和添加了各种商服网点来方便游客。这样，多功能体系公园便形成了。

在公园规模得到不断发展的同时，公园体制也发生了变化，多数公园已由原来的事业单位变成了"事业单位实行企业管理"形式。也就是说，上级每年不再拨给公园事业费或者只拨给一部分事业费，其余经费自行解决。这时就出现了"以园养园"理论，即以公园这块"宝地"去获得一定的经济效益。在取得最佳经济效益的同时，还必须注重环境效益和社会效益[2]。

公园与纯娱乐场所不同，在改革开放的形势下，只有环境效益而忽略社会效益和经济效益，公园就不能生存；反之，只注意经济效益而忘了环境效益和社会效益，就失去了公园的作用。为此，公园的发展应该建立在环境效益、社会效益和经济效益三者同步发展的基础上。由于城市环境的恶化，公园作为城市的主要绿色空间，在带动社会经济发展中作用明显。公园最显著的作用是能使其周边地区的地价和不动产升值，吸引投资，从而维持该区域的社会和经济的发展。

改革开放以来，随着经济的迅速发展，我国公园也在发生着改变，其中收费制度的改变是一个显著的特征。在改革开放以前，我国城市公园数量比较少，一方面处于保护的需要，另一方面则出于盈利的需要，我国大多数成熟公园多采用封闭式、售票式的管理模式，但各大城市公园的经营管理经费主要是依靠各级政府财政的差额补贴，用于员工的工资、福利、园林维护费用、建设和管理等，而门票的收入与园林部门的个体利益关系不是很大，仅在一定程度上起到投入资金的补足，但是也难以弥补经济投入不足造成的城市公园设施、绿化、维护的落后。

一、提升扬州旅游经济效益

从2015年开始，扬州全面展开了多层次的公园体系建设，既有面积超过1km²的生态体育休闲公园，也有数百平方米的"口袋公园"，这些公园，虽然大小不一，但都涵盖生态、体育、休闲元素，而且建在城市最好的地方。这些公园所带来的旅游收益是巨大的：扬州游客量屡创历史新高，旅游秩序和服务水平更是极具口碑。2017年，全市旅游接待人数超过6300万人次，同比增长超过12%；旅游总收入超过795亿元，同比增长超过15%。旅游接待人数增加750多万人次、旅游总收入增长110多亿元，创造扬州旅游最高纪录。2018年1—3月，接待国内过夜游客超过190万人次，同比增长13.4%[3]。统计分析显示，2017年扬州市产业结构不断优化，发展质态不断提升。分产业来看，第一产业实现增加值262.06亿元，增长1.9%；第二产业实现增加值2475.86亿元，增长6.7%；第三产业实现增加值2327亿元，增长10.1%，增幅全省排名第二；三产占比为45.9%，同比提高1.5个百分点。第三产业对GDP增长的贡献率为56.7%，拉动GDP增长4.5个百分点[7]。而在扬州市的旅游城市建设之中，主题公园的建设与投入使用吸引着更多的游客前来，可以说公园对于GDP的增加功不可没。

城市公园的经济效益不仅体现在其自身作为旅游资源在旅游业中获得的直接收入及木材、药材、苗圃和果树林的生产收入上，还间接来自遮阳和防风带来的能源节省、防震防火、蓄水保土、防御放射性污染和备战防空等安全防护所带来的损失减少，以及创造和改善环境而为其他行业所带来的经济效益等。旅游经济效益是在合理开发利用旅游资源和保护环境的前提下，旅游活动中生产要素的占用、投入、耗费与成果产出之间的数量对比关系。旅游经济效益可分为微观和宏观两个不同层面，一是研究各个旅游企业在其经营活动中所费和所得的关系，例如来鹤台公园旁的酒店直接收入（表2-4-1），它属于旅游微观经济效益方面；二是旅游活动的开展对全社会的经济、文化和其他方面带来的积极和消极影响，它属于旅游宏观经济效益层面。宏观旅游经济效益和微观旅游经济效益可以看成是全局和局部关系的体现。

表 2-4-1 来鹤台大酒店收益表

时间	工程进度	产权式酒店			写字楼			商业裙楼		
		销售进度（套）	销售比例（%）	回款金额（万元）	销售进度（套）	销售比例（%）	回款金额（万元）	销售进度（套）	销售比例（%）	回款金额（万元）
2004 年 10 月										
2005 年 1 月	出正负零									
2005 年 3 月		50	15.6	500						
2005 年 4 月		42	13.1	400						
2005 年 5 月		42	13.1	400				2000	12.5	480
2005 年 6 月		42	13.1	400						
2005 年 7 月		28	8.8	300	12	13.3	200			
2005 年 8 月	主体封顶	20	6.2	200	8	8.9	150	4000	25	1680
2005 年 9 月		18	5.6	200	10	11.1	200			
2005 年 10 月		17	5.3	4600	12	13.3	950	2000	12.5	1920
2005 年 11 月		16	5	1800	10	11.1	850			
2005 年 12 月		16	5	1200	8	8.9	650			
2006 年 1 月		4	1.3	500	3	3.4	300			
2006 年 2 月	主体竣工	4	1.3	500	4	4.4	200	4000	25	1680
2006 年 3 月		7	2.2	400	5	5.6	290			
2006 年 4 月		7	2.2	400	5	5.6	350			
2006 年 5 月		7	2.2	500	5	5.6	400	2000	12.5	1920
2006 年 6 月				500	4	4.4	338			
2006 年 7 月				600	4	4.4	400			
2006 年 8 月							550	2000	12.5	1920
合计		320	100	13400	90	100	5828	16000	100	9600

微观旅游经济效益可以看成是宏观旅游经济效益的基础，研究城市公园的旅游经济效益，应该先考虑如何提高它的旅游微观效益，把宏观经济效益建立在微观经济效益的基础上，即以加强城市公园的建设管理为出发点，通过良好的城市公园环境、完善的设施吸引更多的游客，带动整个城市旅游的发展和城市环境的改善。

李宁体育园综合体产业链以体育运动服务为基础，将体育培训、群众体育赛事、体育文化、体育休闲、体育配套服务相融合，涉及 32 种不同的活动与内容，并发挥其产业链的综合作用。在整个园区产业链中，以体育为杠杆，撬动体育产业的多方面发展，这样以体育园为核心，各相关体育产业和谐发展，形成互相促进、良性互动的发展平台，为城市的区域性经济注入了新的血液。同时这一多功能的发展路径，也将促进区域性城市经济结构的优化，为城市带来一定的经济与社会效益。李宁体育园还强势整合自身运动资源，通过体育明星运营等机制，发挥明星和品牌的示范作用，引导社会大众全员参与，打造集赛事、演出、场馆经营、培训、体育人才经营一体化的绿色产业链。

二、提升扬州城市文化效益

文化是扬州的最大优势，也是扬州城的根、魂和脉。作为国务院首批公布的24座历史文化名城之一，近7000年的文明史和2500年的建城史，造就了扬州深厚的历史文化底蕴，园林文化、盐商文化、佛教文化、饮食文化、休闲文化等各类特色文化享誉海内外，在旅游者心目中具有很大的吸引力。因此，扬州现代公园建设一定要向文化要效益，文化旅游资源是扬州现代公园经济竞争力的核心。

宋夹城体育休闲公园对扬州的整体文化效益提升起到了示范作用。2013年，扬州市政府决定在这块最美、最宝贵的地方打造一座供市民休憩的体育休闲公园。从设计之初就遵循保护、利用、发展原则，本着尊重真实历史和现有遗存依据的态度规划整个宋夹城考古遗址公园，一切的构筑物和建筑都为可逆设计，加以景观建设辅助，所有的设计和建设都勾勒出城池的元素。凡是来公园休憩的游客都可以在享受生态公园美好环境的同时，感受和了解到扬州深厚的历史文化气息，以此整体提升扬州城市文化效益。

三、提升公园周边地块经济效益

扬州现代公园对周边地块经济效益的影响有如下几种类型。

1. 公园的地理位置及对其区域交通发展的影响

扬州现代公园建设、发展的同时，城市交通业、公共交通制造业也在发展，这无疑为该区域提供了更多的与城市交通业、公共交通制造业相关的就业机会。与此同时，公共交通的使用，使城市的公共交通收入比例大大提高，加速了城市经济的发展。

2. 公园对餐饮业与酒店业的影响

在主题公园中游玩往往需要2~3天，大致会包括1~2天的过夜行程，因此公园对餐饮业、酒店业的拉动作用很大。

3. 公园对旅游购物业的影响

旅游商品即游客在旅游期间所购买的与旅游相关的纪念品、必需品等。拥有主题特点的公园，容易引发人们对其的购买欲望，或在周围购物者的带动下，常常会购买相关的纪念品，在园内游玩过程中，也会产生一些必要的商品购买，如水、面包、餐饮等，拉动了公园旅游购物业的发展。也有很多游客会在园外买水、饮料带入园中，因而刺激了公园附近的超市、商场的经济发展。

4.对区域房地产业的影响

　　作为一个公园，在拉动地方旅游业发展的同时，必将为其区域带来大量游客。游客在游玩公园的同时，能够体会到该区域房地产的环境、配套设施等情况，从而成为该区域房产的购买意向客户。同时更多的人为了投资而选择在该区域购置房产，或用于自家居住，或用于"一日房"等旅游出租，或进行买卖投资。这些行为都会促进该区域房地产业的开发与增值。

5.对文化产业的影响

　　大多数公园的成功与文化产业是分不开的，公园与地方文化产业互动，来扩大其在全国的影响力与吸引力。

6.对区域经济的其他影响

　　城市逐渐向服务业、旅游业转型，化工厂、钢铁厂等工厂外迁，使得城市空气质量得以改善，同时兴建旅游城市，大力开展城市绿化工作，使得城市的环境更加适宜人类旅游、居住。

7.增加就业机会

　　公园的管理与运行、维护需要大量的员工，同时公园周边的房地产业、酒店业的兴起也为待就业、失业人员提供着就业的机会。公园作为服务产业，整体上是一个知识和技能密集型较低的产业，所需的只是拥有基础知识水平的员工，这些员工在后期经过培训后便可上岗就业，同时公园中的专业游园队伍也为有着丰富经验、文化层次更高的劳动者提供就业机会。

第三节　生态效益

一、动植物种类丰富

大水湾公园的植物设计十分丰富，在整体上以自然、亲和、人性、健康为主旨；在空间上利用植物围合空间，创造适宜的公园空间；在设计上富于变化，注意各类植物的花期在时间上的连续性，注意秋色树在造景上的搭配，以做到四季常青、三季有花，形成良好的公园景观效果。

纵观整个公园，在生态修复的基础上，栽种适量绿植，搭配丰富的植物品种，对环境进行改造提升，让市民畅游在自然和谐的环境中，充分享受大自然的风光。同时，立足于城市的可持续发展，在节省资源、合理利用城市土地的同时，注意环境保护和生态平衡。公共空间的规划设计也将与居民的行为习惯相一致，突出健身休闲的公园特色，体现人文关怀与人文精神。

二、水体面积、水质、驳岸处理原生态化

（一）突出水系的连通性

1. 注重生物的多样性

公园的水体都是连通的。调研发现，通过城市公园与城市河道水系之间的联系来达到生态廊道与斑块的连接，可以使水体发挥更好的生态效益。通过营建曲折多变的岸线，为水生动植物创造各种适宜的生境，配置丰富多彩的水生动植物，可以增加生物多样性。通过公园水系的贯通，可以确保水质清洁。

2. 雨水收集与利用

大水湾公园使用了雨水收集技术，主要包括硬质地面、建筑屋顶和绿地中的雨水收集。硬质地面包括透水性和不透水性两类，渗水地面的雨水可通过下渗的方式汇入地下水，多余的水则通过透水毛管最终到达雨水收集池；

图 2-4-2 三湾公园海绵城市技术理念

不透水铺装则可以采用下凹式的绿地设计方案，将雨水汇集于周边的渗透型排水沟，最终到达雨水收集池（图 2-4-2）。

三湾公园规划通过两次全球招标，引进国际先进理念，充分利用特殊的地理位置和良好的生态基础，构建了圈层保护体系，运用海绵城市技术，实行雨污分流，充分发挥了城市南部生态廊道、绿色长廊和"绿肺"的功能。

公园建筑屋顶雨水的收集，主要通过屋顶花园的设计，将雨水截留就近使用，或将雨水通过管道引入滤水槽，并最终到达蓄水池，亦可让雨水最终与植物的种植槽相连，用于浇灌植物。公园中绿地具有面积大、植物覆盖广等特点，绿地能储存大量雨水资源。扬州许多公园中绿地结合地形的设计，将水汇集于地势低洼处（如宋夹城体育休闲公园），在低洼处设置坑塘或水系，配植水生植物形成雨水花园，或是在其地下设置蓄水池，最终用于补充湖水或浇灌植物等用途。例如李宁体育园，使用了雨水回收利用系统：收集屋面及室外硬地雨水，进入地下一层的雨水回收系统中，收集的雨水通过净化用于场地内的生活生产、满足植被灌溉需求、道路浇洒等,通过水雾空调营造适合运动场地的微气候。雨水回收系统可以为园区年节水量大约 17458m³。

3. 中水利用

中水是指废水经处理后达到某种使用要求的水,其在公园中还处于应用初期。近年来,也陆续出现了一些中水就近利用的实例,三湾公园为了保证水源的清洁,在水源处使用人工湿地系统将水逐级净化,丰富了公园的供水来源,克服了大多数公园面临的水景维护成本昂贵的问题。

4. 水质的控制

在水质的保持方面有物理法、化学法、微生物法和生态法,前三种虽然成效快,但不能达到持久的效果,需要经常反复;而生态法利用水生植物的净化功能,不仅具有景观效果,还能使水质持久清洁。目前公园中主要通过物理法和生态法的途径净化水体。物理法主要是通过人工泵站使水体流动,增加水中含氧量。生态法则主要采用人工湿地的方式,如三湾公园。人工湿地中表流型人工湿地维护成本低,但效率不高,适用于地广人稀的区域;潜流型湿地效率高但维护成本也高,在我国使用较少;而垂直流人工湿地综合了两者的优点,在公园中的应用最为广泛。在实际项目中这 3 种湿地类型可以叠加使用或与其他水质净化方式相结合,经过垂直流湿地深度处理后的水体,顺次流入跌水景观、表流湿地、植物氧化塘和生态氧化塘等将水质进一步稳定,然后应用于公园水体。

5. 节水型设计

调查发现,在公园的维护成本中,水占据了大部分比例,而在实际的项目设计中,做到因地制宜,例如在水资源缺乏的地区,水景可只起到点景作用,采用旱溪等形式。在大量使用水景的公园中,则需要设计水的循环利用系统,以提高水的使用效率,节约水资源。在植物的配置方面,应优先选择节水型植物进行群落的搭配。此外,还可以利用中央控制管理系统通过雨量传感器检测土壤的墒情,利用电脑设备调控喷灌、滴灌及微灌设备,从而节约水源。

(二)设计与施工层面

扬州现代公园的施工设计主要划分为下列部分:

1. 硬质设计

硬质设计主要表现为透水性铺装和管渠的使用。人工铺筑的雨水能透过铺装,直接渗入路基的铺装材料称为透水性铺装。常用的透水性铺装有:植草砖、透水沥青、透水砖、透水混凝土、嵌草石板、植草板和木塑地面等。透水性管渠包括硬质聚氯乙烯双螺纹集水暗管和 U 形透水渠,其管壁上的孔洞在不同情况下具有集水或渗水的作用。

2. 软质设计

软质设计主要包括水景形态、水生动植物、生态基底、生态驳岸和生态岛屿的设计。

在水景形态方面,主要利用生态学原理中的边缘效应及生物多样性观点,模拟自然界的水景形式,营造丰富多样的水岸空间,在平面上讲究曲折有致,在立面上追求层次丰富的水生植物景观。

生态基底设计是指让水体保持自然基底的蓄水性和渗透性，同时提供适宜水生动植物和微生物生存的场所。为使其具有一定的蓄水性和渗透性，在原始基底中加入膨润土防水毯。为了建立良好的水生生态系统，对池底种植土进行活性处理，并接种微生物。

公园驳岸尽量模仿自然界的驳岸形态，在维持公园正常水位、保证驳岸不受水侵蚀的同时，使水体参与到整个公园的水循环之中。目前扬州公园中常用的生态型护岸包括植物护岸、卵石缓坡护岸、块石护岸、覆土石笼护岸、山石护岸、生态砖护岸、生态袋护岸及仿木桩护岸。植物护岸因其坡度较缓，经受不住激流的冲刷，只适用于面积较大的水体；块石护岸和卵石缓坡护岸具有防冻、安全、利于动物出行的特点，常在景观中使用；新改良的山石驳岸能够减缓水对堤岸冲刷，并且能利用植物丰富水体景观，该类型的驳岸多应用于溪流和跌水等景观；对于具有防洪要求的公园河道可采用覆土石笼护岸、生态袋护岸和仿木桩护岸，既能满足大坡度的要求又能抵抗激流对水岸的冲刷作用。

生态浮岛又称为人工生物浮床，主要是利用无土栽培的原理，在由无机非金属和高分子材料组成的浮床中种植水生植物，然后置入受污染的水体，通过植物根系的吸收和吸附作用将水体净化。我国的生物浮岛技术目前尚处于试验阶段，材料还需要进一步改良，但大量的研究表明，生物浮岛的放置对水质的提高具有显著的作用，比如在水中栽植美人蕉、菖蒲、旱伞草和香根草能有效去除氮磷等营养物质。

三、地形起伏变化多样，较多保留原始绿地

从古代园林到现代城市公园，我国园林公园地形造景设计已经形成了一个比较成熟而完善的体系。对城市公园进行地形利用、塑造与处理前，设计师要先勘察建设基址，了解公园内外的自然特征、地形条件，勾勒出大致的地形轮廓，再进一步分析哪些可以借地形造景，哪些不可以，做到"去之糟粕，取之精华"。之所以这样，主要目的在于充分利用地形特征，以减少对原有的土地结构、绿化环境的破坏，维护生态平衡，保护植被，同时还可强化公园景观效应。完成勘察工作后则要进行地形造景规划设计，过程中首先要考虑城市公园的整体布局和空间的层次起伏，然后再推敲细部地形设计，综合考虑公园其他设计要素（植被、水体、建筑等），力求营造丰富的景观效应。如李宁体育园的景观打造，将景观步道结合地形一直延伸到屋顶，形成独具特色的地形景观，让人流连忘返（图2-4-3）。最后，将设计思路整体成多种设计方案，比较分析后择优选择，要坚持实用性与经济性并重的选择原则。

城市公园是自然艺术和人工艺术的结合体，园内地形既有平坦地、缓坡地，也有凸形地、凹形地，为了使地形造景科学合理，满足人性化设计需求，扬州现代公园对那些有碍于景观形成或景观视线的地形进行局部改造，然后再利用。如看似平坦的地形略加整理后，用作运动、休憩、娱乐的场所；凹地形用来营造水景；凸形地用来建造楼台、亭阁等；坡地形改造成阶梯，

图 2-4-3　李宁体育园的屋顶花园

便于游人行走。当然，为营建多样的景观效应，也可以不依附地形地势进行造景，利用土方工程重新建设新的地形景观。但是，进行地形塑造要有个度，不能以破坏生态平衡为代价而大兴土木，坚持保护与利用原则。

减少人为因素、尊重自然也是地形造景的重要因素。一方面，合理利用地形，认真分析公园选址的地形地貌，综合当地的自然情况，合理利用自然的地形，减少人为破坏地形。如本来是地势较高的位置，设计人员偏偏在这个地方建造人工湖，那么不仅工程量大，而且也破坏了自然环境，综合了解后，就可以合理规划，利用三维立体设计软件，模拟设计方法，然后选择最佳的方案，但也必须综合考虑建造的成本。另一方面，结合建筑设计的先进技术，将原有比较单一或者建造后过于普遍的地形加以改造，使其在保证环保的同时又具有独特性，但是一定要确保工程量尽量缩小，以此减少过多地破坏自然的环境和植物。

将不同地形景观合理统一起来。一方面，结合不同的园林景观，尤其是关于水的景观和路面的景观，如在凹地形区域也会有平坦的地形或者凸面的地形，可以利用凹面的地形建造人工湖，那么周围平坦的地形可以建造亲水楼台或者休息区，如果是凸面的地形没有自然植物，可以建造人工瀑布；另一方面，结合自然植物景观和人工景观，虽然城市公园是改善自然环境、为人们提供休闲场所的地方，但是不能忽视人对休息的需求。

现代城市公园一方面从传统园林演变而来，另一方面伴随着社会蓬勃发展而兴起。在城市绿地空间日益紧张的当下，城市公园受到了极大重视，许多工程类书籍都有关于园林景观设计的内容，而地形作为城市公园的基础和骨架，也开始被很多景观设计师所重视，出现了一些关于城市公园地形利用、塑造及处理上的研究文献。鉴于地形在现代城市公园中有着不可替代的作用，其造景设计是不能随意的，要遵守一定的客观规律和原则，确保规划设计科学合理。现代城市公园地形造景设计遵守的规律和原则如下：

1. 因景得宜

所谓的因景得宜，就是根据不同的地形条件和环境特点灵活组景，有山靠山，有水依水，尽量减少土方工程，既保留了自然气息，又有巧夺天工之感。

2. 因地制宜

多种景观效果的创造建立在对地形合理利用与塑造的基础上，合理的地形布局能为空间组织和视线控制提供基础和条件。处理公园地形时，要体现人与自然和谐相处的原则，尊重原有的地形地貌，充分利用原有地形进行整体布局和形态改造，同时加强与其他造景要素间的配合，从而形成一个自然、丰富的景观空间。如生态科技新城廖家沟城市中央公园，在充分考虑地域特色的基础上，结合定位开展详细设计。植栽设计在抓住春秋两季主打景观的同时，考虑四季风光特色。春之花堤，多年生籽播花卉的应用突出了堤坝的自然属性，风格野趣不失多彩；夏之荷韵，利用景观水系打造多处荷花塘、莲花塘，以供夏季观赏；秋之韵味，枫树秋堤、银杏林的打造为公园增添了秋天的韵味；冬之壮美，滨水区域保留成片的芦苇为冬景增添了壮美之色。

3. 地形与环境相协调

城市公园的各部分是相互联系、相互影响的，使地形具有连续性特质，这就要求公园的每个地形造景都要与周围环境融为一体，如植被、排水设施等，力求达到自然过渡效果。

4. 利用与保护相结合

自然景色为城市公园带来了生机，让城市居民有更多机会接触自然，设计师对地形的处理要坚持利用与保护相结合。说白了就是要注重建设地原有的地形地貌，顺应地势造景，不易进行大规模的土方工程，以免影响原有地形特征，影响其与周围环境的协调性、融合性。

5. 功能与造景并重

作为游人游憩的主要场所，城市公园地形造景设计既要考虑它的功能定位，又要具有一定的艺术气息，要坚持功能与造景并重的设计原则。既要有供游人游玩的娱乐场所，又要有优美的自然景色，通过各种功能安排突出公园主题。

6. 符合园林美法则

城市公园是人为的艺术加工和工程施工而成的，它的魅力源于自然又高于自然。扬州公园景观设计一直以来都崇尚自然，许多景观都是自然景色的艺术再现，为实现艺术和人工的完美融合，地形造景一定要符合园林美法则。如考虑视线的开与合，四周植被不易太茂盛，植被种植疏密得当，以免遮挡游人视线。再如，使空阔的水域、起伏的地形、丰富的植物，以及周围建筑物，共同形成层次丰富、柔和的天际轮廓线，给人舒适、自然的感受。

第四节　设计内容

在总结扬州现代公园时发现，有必要研究制定现代公园的设计标准。本节针对扬州现代公园的各项设计内容进行规范化阐述，以求探索标准体系，适用于未来城市现代公园的规划设计。

一、面积规模控制

"十二五"期间，扬州在城市公园建设中，进行了一系列的探索和实践，并取得了一定的成绩。期间扬州市区每年新增城市绿化面积 100 万平方米以上。截至 2014 年底，全市建成区绿地率达到 39.87%，绿化覆盖率达到 42.68%，市区人均公园绿地面积达 18.01m²。扬州市区面积超过 3000m² 的城市公园（包括开放式公园绿地）已达 140 余个。

"十三五"期间，扬州市进一步推进公园体系建设，形成公园体系建设的大格局和核心板块工程。市相关部门进行了公园体系研究，在征求各区意见基础上，结合布局的合理性要求，制定了全市主城区公园体系建设的详细规划，同时排定了"五年建设计划""三年行动计划"以及"2016 年突破计划"。截止目前，扬州建成了 309 个体育休闲公园、社区公园等开放式公园，总占地面积超过 26km²，相当于 20 个瘦西湖核心景区的面积。

位于蜀冈—瘦西湖风景名胜区核心地带的宋夹城，是扬州建成的第一个体育休闲公园，开园 3 年多来，累计接待市民和游客超过 600 万人次，成为有口皆碑的"城市客厅"。"逛公园"成为扬城百姓生活的新时尚。

在总结宋夹城体育休闲公园成功经验的基础上，扬州展开了公园体系建设，既有超过 2km² 的三湾公园，也有数百平方米的"口袋公园"。这些公园，虽然大小不一，但基本涵盖生态、体育、休闲元素，而且建在城市最好的地方。城市公园建一个火一个，成为宜居扬州的"标配"。

二、道路交通规划

（一）扬州十座现代公园道路的分类

1. 主要道路

主要道路的功能就是满足游客的交通需求，将游客引入景区。城市公园内的主要道路构成了公园的整体框架，是城市公园的骨架。公园的主要道路是大量游客、机动车、旅游大巴以及消防车通行的道路，对道路的要求就是耐磨，坚固和防滑。

城市公园的主要道路每天都会有大量的游客要行走，而且游客众多，这就要求主要道路的宽度应该在整个城市公园道路的设计中最宽。

五台山大桥公园的主园路即为典型的公园主要道路。环路穿插了公园内的各个景区，北起五台山医院入口，东起古运河沿河风光带，围绕五台山大桥北侧绿地、桥下空间、南侧绿地，整合现状闲置绿地，全长1km，宽2.5m。采用的材料为生态透水彩色混凝土，既是主园路，也是健康步道。

2. 次要道路

次要道路是城市公园中的支路，宽度仅次于主要道路，用于连接各个主要的景点。当游客根据主要道路的指引进入公园之后，再通过次要道路的指引方便地进入各个内部景点。次要道路在整个公园道路中所占的面积最大。

同样以五台山大桥公园为例，其二级园路从主园路分出，可以让游客进一步地深入园区的各个景点，对整个园区的交通系统起到了补充和完善的作用。

3. 休憩小路

休憩小路是在城市公园道路中宽度最窄、功能单一的园路。它位于公园道路系统的最末端，但是数量最多，可以延伸到公园的各个角落，如山上、水边等主次道路都无法到达的地方。休憩小路体现了公园道路互通性的特点，其道路形式规模千变万化。

（二）扬州城市公园道路人性化设计

1. 人性化设计的内涵

现代设计普遍强调人性化，即"以人为本"的中心思想。"以人为本"是人性化设计的最根本的要求和核心内容，它体现着以人为中心，理解人、关心人、注重人的一种思想理念。随着社会的不断进步，人们的生活节奏也在不断加快，在适应社会高速发展的同时往往容易忽略了人的需求。实际上，今天的人们对人性化设计的需求越来越迫切。"以人为本"就是在所有的设计过程中，考虑人的需求和生活环境，进行更加人性化的设计。它不仅能满足人们的物质需求，还能满足人们的精神需求。

扬州城市公园道路的设计也始终坚持以人为本的原则。在道路设计时，把人作为设计的首要因素，强调人与自然、社会的关系，使设计更能体现人性化的理念。大水湾公园在道路设计上就体现了人性化设计。公园设置了健身步道，长约1.1km，可以让居民和游客达到赏景健身的目的，而道路采用透水混凝土材质，充分解决雨天积水问题，也是从市民安全角度考虑。园区从整体功能上分为三个部分：北侧健身区、中间市民休闲及服务配套区、南侧林荫休闲区。这三个区域以健身跑道为交通流线，进行贯通连接。

2. 扬州城市公园道路人性化设计的原则

遵循以人的尺度为基本标尺的设计理念，所谓人的尺度，就是指人类的行为和心理感受的尺度。扬州城市公园以人的行为特征为根本出发点，了解人的行为活动和内心感受，充分发挥人性化设计的原则。

无论一个公园的知名度和规模是大或是小，园区里的道路规划都是必不可少的一部分，也简称园路规划。一个公园道路的规划如果设计合理的话，能够达到曲径通幽、步移景异的中国古典园林的效果，这也是很多中国古代园林惯用的做法和设计特点。

三湾公园的园路设计通过主园路、二级园路以及休憩小路的搭配，避免了一左一右的曲形道路和死胡同样式的单端路，不让游人走回头路，配上湿地的特有景观，让游客可以通过不同的视角去感受湿地美景，合理地引导人流流向，处处给游客留下惊喜和意外收获，以此增强游客体验度和参与度。

3. 因地制宜，依势而为

扬州城市公园道路注意与当地地形的结合，做到因势利导，与周围环境较好结合，形成特色园路，能够正确地引导游人在尽可能多地体验当地园区优美环境的同时又不会感觉到累，并且在园路合适的地方设置了一些休息座椅供人休息。

4. 重点处理园路交叉口和分叉口

扬州城市公园在进行道路的规划设计时，既做到了道路通畅，又正确处理好了分叉口和交叉口的关系，避免路口交叉混乱给游人带来方向感困惑和选择困惑，在交叉口和分叉口合理地布置指示导向牌，提示游人前进的方向和目的地，避免了交通和人流疏导混乱，影响游人内心的体验和满意度。

三、功能分区布局

对城市综合公园的功能分区和规划布局进行以下分析。

1. 扬州城市公园的规划布局

扬州城市公园规划布局采用了丰富的艺术处理手法：公园的布局有机地组织不同的景区，使各景区间有联系而又有各自的特色，让全园既有景色的变化又有统一的艺术风格。在公园的景色方面，尽量考虑其观赏的方式，分析清楚何处是以停留静观为主，何处是以游览动观为主。对待需要静观处理的点位，重点考虑观赏景点、观赏视线。有了景之后，组织公园景色的导游路线尤为重要，扬州城市公园的导游线是按照游人兴致曲线的高潮起伏来组织，引导游人借观赏程序游览。

五台山大桥公园有机地组织公园的景色布点与活动设施的布置，在适中的地段，如入口配套区，打造由建筑群、中心广场、雕塑、岛屿、"园中园"及突出的景点组成的在立体轮廓上起观赏视线焦点作用的制高点。在公园立体轮廓方面，通过地形、建筑、树木、山石、水体等远距离观赏的对象及其他远景的高低起伏打造。

三湾公园位于古运河三湾段，规划范围东至大学南路、南至新328国道、西至规划经八路、北至开发路，占地约1520亩，是扬州市公园体系建设五大核心公园之一，着力将其打造成集生态保护、自然野趣、科普教育、休闲观光、运河文化等功能于一体的城市中央公园。结合园区功能布局，将园区划分为龙阁揽胜、荷香听雨、津山远眺、溪径通幽等十二个景点，突出主题、分块打造。按照绿化、彩化、节约化、乡土化的要求，分区域、分节点、分层次科学布局，建成漫樱园、琼花园、梅香园、水杉林、香橼林等多个主体景观林。经过打造，生态中心树木繁茂，绿草如茵，亭台轩榭，碧水环绕，绿化覆盖率达83%，已经成为生物的百草园、鸟类的天堂。

2. 扬州城市公园的功能区划分

扬州现代公园从空间安排公园的规划内容，快速、有效地通过功能分区使各种活动互不干扰，使用方便。在功能分区上还细分为科学普及文化娱乐区、体育活动区、观赏游览区、老人活动区、儿童活动区、安静休息区、公园管理区等。

科学普及文化娱乐区的功能是向广大人民群众开展科学文化教育，使广大游人在游乐中接受文化科学、生产技能等教育。主要设施有俱乐部、游戏场、电影院、音乐厅、展览馆、画廊、文艺馆、阅览室、剧场、舞场、青少年活动室、动物角等。该区基本都靠近主要出入口处，地形较为平坦。工程设备与生活服务设施齐全，布局有利于游人活动和内部管理，同时为避免区内各项活动的相互干扰，利用树木、建筑物、山石等加以隔离。

体育活动区的主要功能是供广大青少年开展各项体育活动。增设各种球类、溜冰、游泳、划船等场地。布局上尽量靠近城市主要干道，因地制宜地设立各种活动场地。在凹地水面设立游泳池，在高处设立看台、更衣室等辅助设施；开阔水面上开展划船活动，码头设在集散方便处，并便于停船。游泳的水面和划船的水面严格分开，以免互相干扰。另外，结合林间空地，开展简易活动场地，以便进行武术、太极拳、羽毛球等活动。

观赏游览区主要以参观为主，扬州地处江南，山青水秀，往往结合历史文物、名胜古迹，建造盆景园、展览温室，或布置观赏树木、花卉的专类园，或略成小筑，配置假山、石品，点以摩岩石刻、匾额、对联，创造出情趣浓郁、典雅清幽的景区。为了达到观赏游览的效果，布置一些可观的景点如花园、亭子、水景、山石景等。

老人活动区是公园绿地中使用率比较高的。随着城市人口老龄化的速度加快，老年人在城市人口中所占的比例日益增大，公园中老年人的活动区越来越受到重视。扬州现代公园将老人活动区布置在安静休息区附近，这样的环境相对优雅、风景宜人。在活动区内还布置了一些合适老人活动的设施，如棋牌桌等。

儿童活动区是为促进儿童身心健康而设立的专门活动区，具有占地面积小（5%）、各种设施复杂的特色。宋夹城体育休闲公园的儿童活动区设施符合儿童心理，造型设计简洁明快、尺度小。如儿童游戏场有：秋千、滑梯、滚筒、

图 2-4-4 宋夹城体育休闲公园的自行车租借管理区

浪船、跷跷板和电动设施等，儿童体育场有涉水、汀步、攀梯、吊绳、圆筒、障碍跑、爬山等。

安静休息区的主要功能是供人们游览、休息、赏景、陈列，或开展轻微体育活动。在扬州的现代公园内，安静休息区广布全园，一半都设置在距出入口较远之处，设在地形起伏、临水观景、视野开阔之处，或设在树多、绿化、美化之处。与体育活动区、儿童活动区、闹市区分隔，但与老人活动区靠近。大部分的安静休息区选择在具有一定起伏地形（山地、谷地）或溪旁、河边、湖泊、河流、深潭、瀑布等环境中，原有树木茂盛，绿草如茵，可以开展垂钓、散步、气功、太极拳、博弈、品茶、阅读、划船、书法绘画等活动。

公园管理区的主要功能是管理公园各项活动，是为公园经营管理的需要而设置的内部专用区，具有内务活动多的特点。扬州现代公园的公园管理区多布设在专用出入口内部，内外交通联系方便，周围用绿色树木与各区分隔。其主要设施有办公室、工作室，方便内外各项活动。有工具房、杂务院，便于园林工程建设。有职工宿舍、食堂，方便内务活动。温室、花园、苗圃要求面积大，设在水源方便的边缘地。建筑小品、路牌、园椅、废物箱、厕所、小吃、休息亭廊、电话、问询、摄影、寄存、借游具处、购物店等设施要求配备齐全，以便于使用与管理（图 2-4-4）。

四、公共设施设计

（一）公共设施在公园中的重要性

公共设施是指城市、社区等公共空间的基本服务性功能设备，是顺应现代城市发展而产生的融工业与环境设计于一体的新型环境设计产品，是现代城市中不可缺少的基本构成要素。公园公共设施要给予市民提供生活、交流、工作和学习公共服务的设施，同时具有美化环境和改善环境作用，是体现现代城市公园人文关怀的基本"标尺"，是展示现代城市公园文明的重要标志。

（二）扬州现代公园公共设施设计方法

1.安全性原则

扬州现代公园的设计，考虑到是否存在安全隐患、是否安全，在公共设施中的建筑应将圆角化为钝角，避免出现尖锐利角。作为设置与公共环境中的公共设施，进行设计时考虑到使用者在使用过程中可能出现的安全隐患，从而进行修改调整，特别是儿童，因为儿童天生喜好玩耍嬉戏，儿童公共设施以儿童的身高作为一个尺度，低于此高度的公共设施应考虑到其材料、结构、工艺和形态的安全性。

2.系统性原则

扬州现代公园的设计在公共休息区内，或是在公共座椅旁边设置垃圾桶，垃圾桶的数量和座椅的数量是相对的。健身设施周围设置相对应的照明设施，起到方便人群使用的作用，在设计的时候考虑到自然匹配的关系。

3.自然生态和谐的原则

自然环境是地球内应力和外应力相互作用的结果，扬州现代公园公共设施的设计充分考虑到周围的自然环境，注意设施与自然环境的和谐统一。顺应自然环境，又有节制地利用和改造自然环境，通过具有人性化设计的公共设施这一中介，达到"天人合一"。如曲江公园，地处南方，要考虑到气候温热多雨的因素，所以公共设施材料多采用具有温暖质感的木材，色彩鲜艳醒目，同时也要注意防潮防锈，所以材料多以塑料和不锈钢加上亮色为主。

4.经济实用原则

公园公共设施以满足居民休闲、旅客游览为主，公园景观中的公共设施在保证使用功能的前提下，尽可能地降低成本。既考虑到景观环境美化的功能，也要考虑到经济成本，根据地形地貌适当修整。此外，还要考虑到后期的管理和养护费用。

5.易用性原则

易用性原则顾名思义就是东西好用，它能明确公共设施设计时必须考虑的原则性问题。如扬州现代公园的公交车站牌，既要让人们清楚明确地看到是公交站，又要把各路公交路线表现出来，让人们更加直观地看出来他们应该乘坐哪路公交到达目的地，这就是公共设施设计中的易用性原则。

6.审美性原则

公共设施设计的审美性是不可小视的。一个公园的公共设施齐全美观了，它就会更加好看漂亮，这样不仅可以增加使用的频率，还能促使人们更加爱护和珍惜，增强使用者对城市的归属感和参与性。文明的公共环境同样也应该是美的公共环境。三湾公园注重西方开放空间与东方文化内涵的结合，做到既有传统的延续，又有创新的元素。亭廊榭阁、小品、叠石、抱柱、楹联等全面叠加融入扬州古典园林的核心元素，以再现"青山隐隐水迢迢"，峰回路转、步随景移的意境。

7. 公平性原则

公共设施强调参与均等和使用公平，主要表现为公共设施不受性别、年龄、文化背景与教育程度等因素的影响，大家都是公平平等的使用。公平性原则在扬州现代公园设计中被表现为普通设计原则和广泛设计原则，较多表现为无障碍设计。对儿童、行为障碍者、老年人和女性人群有特殊的关照。

8. 合理性原则

合理性原则主要表现分为功能舒适度和材料合理。功能舒适度是指公共设施单体在满足自身的基本功能的同时，不宜诱导使用者赋予其他功能。材料合理主要是指公共设施的造价应与民众的普遍收入成正比，优先考虑使用那些价格低廉、加工比较简单但又耐久实用的材料，避免通过堆积昂贵材料的办法取得炫耀性的视觉效果。这两个方面总地体现了公共设施设计中的合理性原则。

9. 环保性原则

就目前来看，地球母亲在一天一天的衰老，保护地球是人类共同的目标，所以环保也成为每个人心中的理念。在设计中，应倡导"绿色设计"。"绿色设计"的三个原则就是减少、再利用和再循环。它要求要考虑到材料的选择、设施结构、生产工艺、设施的实用和废弃处理等各个环节。如三湾公园充分利用特殊的地理位置和良好的生态基础，构建了圈层保护体系，运用海绵城市技术，实行雨污分流，充分发挥了城市南部生态廊道、绿色长廊和"绿肺"的功能。

（三）公园公共设施设计的发展和趋势

1. 多元化和专业化

对于不同阶层，不同年龄的人对公园公共设施设计的需求是不同的。随着科技的发展，公共设施设计由单一化走向了多元化，同时新产品的发明也带动了与之配套的公共设施的开发。公共设施设计已从传统意义上单一的几种产品向多品种、更加专业化的方向发展。

2. 智能化

每一次的科技技术进步都给世界各个领域带来巨大的变革，设计领域更是如此，公共设施设计也伴随着一场一场的变革而不断向前发展，并进一步地向智能化迈进。技术生产方式的进步使以前不可能实现的变成了现实，计算机和网络的发展带动了自助系统的兴起。

李宁体育园便将智能化很好地融入了规划建设体系中。其中有光导照明系统：游泳馆、综合馆顶层分别设置12套、64套DS530导光管采光系统，能够很好地改善室内自然采光，间接减少灯光照明，一年可节省电力照明424860度。也有太阳能光伏发电系统：训练中心屋顶设置太阳能光伏发电系统，装机容量为建筑配电容量的 2%，可节约资源。还有太阳能热水系统：游泳馆生活热水热媒采用太阳能光热系统及热水锅炉联合供应，700m² 太阳能集热器设置在训练中心屋顶，太阳能设备机房设在地下室，利用太阳能热水系统，最大可能地实现节能环保。还有室内新风监控系统：羽乒球馆及艺术体操馆等人员活动密集的场所，设置空气质量监控系统，并与新风系统联动控制，改善室内环境。李宁体育园还有能耗分项计量及数据远传系统：采用能耗监测及上传系统，空调、风机、电梯、照明等能耗分项计量，定期采集数据功能，并可通过互联网上传至江苏省建筑能效监测数据中心，接受主管部门的监管。经过数据分析，采取相应的措施，极大地降低大楼的能耗。

除此以外，李宁体育园智能化建设还有：安全防范系统（视频监控、门禁系统、巡更系统、停车场管理系统）、室外照明控制系统、通信网络系统（宽带网络、语音通信、无线WIFI）、信息发布、屏幕显示系统等。综合馆室外 106m² 的 LED 大屏为体育园增添了一道靓丽的风景线，为园区信息发布、直播体育赛事、宣传美丽新城、魅力扬州发挥了很好的作用。智能化、高科技的智慧健身步道更是李宁体育园一大亮点。李宁体育园全部建成后，将拥有"全民智道系统"，即智慧健身步道网络，以新型生活方式管理与健康促进服务系统来干预运动，对市民运动、体质等关键指标进行动态跟踪评估，及时提示用户保持或调整方案，为市民健身运动提供科学化建议。

3. 人性化

以人为本是工业化设计的出发点，也是公园为人提供设计的出发点。人性化的设计主要体现三个方面：满足人们的需求与实用安全、功能明确和方便；对自然生态的保护和社会的可持续发展；从使用者的需求出发，提供有效的服务，省时、省力的设计，将是今后公共设施设计发展方向之一，使用者不但可以有效地使用，同时在设计上避免使用者因粗心或错误操作而受到伤害。

4. 工业构件标准化与模块化

工业化是工业设计产生和存在发展的必然条件，现代公共设施设计的工业构件标准化与模块化趋势主要是从三个方面考虑：降低成本考虑；生态环保考虑；时代性考虑。

5. 艺术化和景观化

现代公共设施设计不只是孤立单一化的产品设计，也越来越融入环境的整体设计之中，越来越重视单一产品设计后的规划与组合，每一件产品设计也不仅限于一种形态与色彩，而是形成一个系列。

城市公园作为城市的休息地，是市民的另一种生活方式，也是日常生活越来越不可缺少的"平常景观"。城市公园设计不仅仅是一块孤立的绿色块，而是弥漫于整个城市用地中的绿色液体。而园林设计中更需要融入历史底蕴与新时代的创新构想，作为公园之中的公共设施是园林设计的非常重要且复杂的组成部分。

以大水湾公园为例，功能区划与公共设施

配置公共交通系统，涵盖了交通警示、路障、公交站台、停车场、车站、收费站、加油站、自行车停放点、警亭、人行护栏等。公共卫生系统包括了垃圾桶、垃圾房、垃圾处理站、公厕、洗手饮水池等。公共照明系统包括了公路照明灯、泛光灯、嵌地灯、射灯等。公共信息系统包括了电话亭、邮箱、导视牌、广告牌、示牌等。公共休息系统包括了休息亭、休息廊架、休息桌椅等。公共活动系统包括了健身器材等。

北侧健身活动区最大亮点在于利用场地原有的长约60m、宽约40m、深约3m的水塘打造儿童活动场地，首次引进新型环保沙池，并且配有七彩滑梯和儿童嬉戏设施，颇具特色。其南侧是儿童嬉戏草坪，作为儿童奔跑游戏的绿色空间，同时增设篮球场2个、羽毛球场2个，满足青少年的健身活动需求。还设置了18个机动车停车位。总体布局上充分结合了场地的现状，又丰富了公园的活动内容。

南侧林荫休闲区的一大设计亮点是改造原有4m高的垃圾土堆，设计成坡地景观，在此基础上利用地形设置了看台景观，满足市民及社区活动需求。在看台下方设置雨水收集池，作为公园内的绿化灌溉使用。另外该区域还设置了林荫步道、2片篮球场、2片羽毛球场及31个机动车停车位及非机动车停车场，充分满足停车需求。

五、小品建筑设计

随着社会生活水平的提高，人们的知识水平得到了提升，相应的，随着集娱乐、文化休闲、集会为一体的现代公园在城市中异军突起，带有艺术性、时代感和功能性的园林小品备受欢迎，活跃在城市公园中，起着点缀园林环境、活跃景色、烘托气氛、加深意境的作用。现如今，人们对生活的追求不再仅仅是舒适，而更加注重内涵的提升。在人们的日常生活中，城市公园起到了非常重要的作用，人们在公园中休息、娱乐等，城市公园中一系列设施的存在意义都是为人们提供服务。园林建筑小品在园林整体环境中所表现出来的功能性、观赏性，使园林建设中的各个要素巧妙地组合起来。

（一）园林建筑小品的概念

园林建筑小品是指建设在园林之中的，体积小巧、功能简单、造型别致、富有情趣、选址恰当的精美建筑物，这种小品式的建筑物安置在公园的不同位置，会对公园的景色有不同的修饰作用，天然的公园景色因为有园林小品的存在而变得更加富有人文气息，起到修饰自然景观缺陷，强化自然景观美感的作用。

（二）园林建筑小品的类型

中国古代的园林建筑追求自然意境。在殷周时期最早出现关于园林的文字记载，在古代有很多叫法，如园、囿、池馆、山庄、别业等。中国古代园林小品中最常见的有石龙、石狮、石龟、铜牛、铜钟、碑刻、华表、假山石等；西方园林建筑风格偏向于人工美，强调几何造型，常见的园林小品则是花钵、雕塑、船锚、日晷、凉亭等；现代园林则出现了时钟、园灯、电话亭、垃圾箱等具有现代化特征的园林小品。以下是采用常见划分方式对园林小品

图2-4-5 廖家沟城市中央公园的景观小品

进行的两种分类：

1. 纯观赏性园林建筑小品

纯观赏性园林建筑小品包括艺术类小品及装饰类小品。艺术类小品，如雕塑小品、石景小品、水景小品、绿植小品等，是为了提升园林的艺术品位、满足人们视觉享受的需求。装饰类小品指的是可移动或固定的瓶饰、雕塑、假山石等小品，如为体现扬州地域文化内涵，廖家沟城市中央公园景观设计在植物种植、景观色调、构筑物小品等方面都一定程度地挖掘了当地文化，将其应用于设计中：植物种植中竹林、绣球花、桩景的应用；景观构造物、建筑及小品中灰白色系的控制，一定程度上呼应了扬州风韵的景观色调；竹园雅舍、清曲园等具有文化属性和韵味的特色建筑的植入，突出了公园文化的地域性（图2-4-5）。

2. 实用性较强的园林建筑小品

实用性较强的园林建筑小品是为了满足人们在园林中休息、娱乐等需求，同时也是为了便于园林管理而建设的现代园林必不可少的建筑小品，主要包括休息类、服务类、展示类及管理类小品。休息类小品主要是在向游人提供休息的场所建设的桌、椅、凳，以及遮阳用的凉亭、走廊或者花架等建筑小

图 2-4-6　宋夹城体育休闲公园的救助电话亭

品。服务类小品主要包括免费为游客提供服务的公共设施，如公用电话亭、洗手池、夜间照明灯及时钟塔等建筑小品。展示类小品指的是向游人进行宣传或指示作用的宣传牌、指路牌、解说牌等建筑小品（图 2-4-6）。管理类建筑小品是为了配合园林管理人员的工作，保护园林所建设的护园小品，如为保持园林清洁的废物箱，为保护园林设施建设的栏杆、园门、园墙及花池等，还有为游人停车所建设的停车场及自行车架等。

六、标识指示系统

公园标识系统主要由信息标识、指示导向标识、管理标识和形象识别标识构成。

信息标识顾名思义，信息量最大，是公园环境和游人之间的沟通载体。公园平面图、景点分布图、公园简介、历史人文故事解说等都是信息标识的范畴。游客通过信息标识可以了解公园的文化故事，陶冶情操，起到宣传和科普作用。

扬州现代公园在两个或多个空间相互转换交叉的地方，为游人指明方向。并且一般在路口处设置平面图，让游客看了平面图对公园路线有大致了解，之后再利用指示导视牌给予游客清晰的方向。

管理标识则是针对不同的环境和人群而使用的标识标牌。管理标识多以明示、告知、禁止为特征，起到规范游园行为、预防事故发生、保护公园设施等作用。如在湖边会有禁止下水的警示牌；无障碍通道标识方便身体功能障碍人士游园；公园里有的娱乐设施有低于1.2m的儿童不能玩的标识提醒；还有禁止攀爬、小心触电、不要踩踏草坪等标识。

公园标识系统在实现了系统化、规范化以后，最重要的还是人性化设计。扬州现代公园在设计公园标识时，考虑到老年人的视力问题，会把公园标识牌字号尽量放大；公园里经常会有儿童出入，标识标牌的边角设计得圆润可以防止儿童撞伤；经常有外国友人出入的公园采用双语甚至三语翻译；为方便身体功能障碍人士游园，还会适当降低标识标牌的高度，甚至加入浮雕盲文元素等。

公园标识系统的人性化设计反映了公园甚至整个城市的人文关怀和文化气质。促使人们在游园时更加方便和愉悦，是公园标识系统的最高价值体现。

扬州现代公园在制作标识系统时，一般都能做到：

1. 选材合理

公园里的标识标牌使用的材料主要有石料、木料和不锈钢等。具体选用哪种材料需因地制宜，选取的材料保持与公园周边环境相适应，注意与周围环境的协调性。

2. 避免过分标新立异

进行标牌设计时，注意标牌避免过于突出，免得对周边的温馨环境造成破坏；分清主次，为游人提供导向，却不至于设计过于新奇，致使喧宾夺主，得不偿失。

3. 与环境相协调

每个公园都有其特殊的、不与别处相同的地方。公园标志标牌在进行设计时也应当因地制宜，在一些宽阔的商场等地，标牌设计得大一些，与环境相对称；而在幽静小道中，则设计制作小一点的标牌，以便更好地衬托公园环境。

4. 定期维护

公园标识标牌都是长久性的设施，扬州现代公园定期进行维修护理，使之减少受风吹雨淋的外在损坏。

第五节　审美诉求

一、整体城市公园发展体现对城市景观的审美诉求

在扬州城市公园的具体景观设计中，应根据公园所在地域的现状条件，对公园空间、景观等进行合理的组织和布局，使得景观具有深厚的城市文化底蕴和鲜明的地域特色。每个城市都有唯一的历史文化，是不可被重复或复制的，它是与一个地区、民族的发展历程相联系的，并且由于所处地理位置的差异，也就产生了不同的景观。公园是传承城市文化的重要载体，它通过特定的景观元素或符号将历史文化中的传统内容以现代的形式表现出来，既满足了人们缅怀历史的情愫，又符合现代人的审美情趣，使公园的设计既尊重历史文脉，又不乏现代感。

然而，城市公园设计中的文化传承与文脉延续并非要求城市发展一成不变。随着时间的推移、历史的变迁、社会经济生活的改变，城市及城市公园必将发生变化，但这种变化不是切断历史的盲目变化，而是有史可依、有据可查的。变化始终在发生，但无论怎样变化，都应该体现地方特色和地域特点，这样城市公园才能在城市的发展中起到画龙点睛的作用，使城市具有自己的风貌和特色。

在城市公园的景观设计中注重场所精神的表达就是要充分了解场地的社会因素，包括历史事件、历史人物，还要尊重当地的民风民俗。了解场地的社会因素有助于在规划设计中把握历史文化。而民风民俗是一个地方最富有地方特色、体现当地风俗习惯的地方文化，它的存在是人类在自身发展过程中对历史文化传承的表现。俗话说，一方水土养一方人。每个地方的人都有属于自身的生活方式和生活习惯，也正是这些民风民俗反映着一个城市原汁原味的历史文化，这也是一个城市的特色所在。在具体的规划设计过程中，为了体现场所精神，可以使用本土材料，这也是设计地域特色的一个重要方面。同时还应了解当地的自然因素，依据场所中现有的土壤、植被、地形、

气候、文化等，将这些自然要素融合在设计之中，从而设计出适合现代人需要的生存空间，促进场所的健康发展，并使场所精神得以延续。现代人生活形态的变化速度之快使得城市公园的建设也要不断满足人们的需求，人们在物质生活极大满足的时候更需要的是精神上的满足，于是，创造内涵丰富、地域特色鲜明的公园景观成为城市公园建设的当务之急。城市公园是城市历史文脉的体现者，寻找一种既能继承和延续城市历史文脉，又能满足社会发展和文明进步的城市环境，就对城市公园的景观规划设计提出了更高的要求。于是，在公园的规划设计中要注重场所精神的延续，挖掘城市自身的文化内涵，以人为出发点，探寻人与城市历史、人与自然环境之间的共鸣，让人能够感受特定时间、特定场所特有的场所感。

二、具体设计与布局呈现传统园林风格的现代再现

传统园林是人类历史文化的重要组成部分，现代园林设计的发展必定是以传统园林为基础。中国古典园林一直是古人精神层面上最完美的家园，它承载着祖辈对自然、人类的认识和理解，体现着中国古代"天人合一"的哲学思想，表现出人与自然的完美和谐，而这也正与现代人追求亲近自然、生态健康的理念相吻合。

对传统园林的借鉴与继承，首先表现在园林风格上。借助于传统的形式或内容，使作品与历史文化联系起来，体现出某种特定的风格，使人们联想或回忆起某种过去，体会到其中的历史内涵。如三湾公园的设计整体体现了扬州古典园林风格，营造了古典园林"城市山林"的艺术氛围。对传统园林的借鉴和继承，更多的是在设计中引用历史片断。这种手法和后现代建筑中的复古主义和历史主义手法相似，通过历史片断的抽取组合，以达到与传统园林相似的效果。如中国古典园林中的叠石、日本园林中的枯山水、西方古典园林中的水景等经常在现代城市公园中被引用，这在福泉两地的公园中都有所体现。对传统园林的借鉴和继承不应该是敷衍地"借鉴"传统，或简单地仿古、复古，而是根据诸多人文因素和人文环境对传统观念作出的反映，在精神层面上对传统文化的理解和继承。在借鉴中国古典园林艺术时，要更注意意境的营造，使园林诗情画意的气息、自然而然地流露出来的，体现古典园林的精髓。避免机械地抽取传统园林中的片断，而不加分析地进行拼贴组合。要考虑时代的需求和特征，对于那些不能满足当代地方需要的"历史引用元素"，应完全抛弃[4]。

传统园林中的传统建筑风格也是应当重视的一部分。传统建筑是地域文化的重要组成部分，它是人类活动与自然环境相互作用的结果，反映了所处区域地理、气候等自然环境特征，同时它又深受当地社会文化、经济条件及营造技术的制约，反映了所处时代、使用者的文化等社会背景，它体现一个城市的历史文脉。吸收、借鉴传统建筑文化是城市公园表达地域文化的重要途径之一。建筑是公园的重要组成要素之一，在城市公园设计中，通过富有地方特色的园林建筑和设施，可以使公园表现出明显的地

域差别。

在城市公园设计中对于传统建筑的借鉴，主要通过建筑物本身的布局、形式、某些片断、装饰、色彩、肌理等给予表达。方式可以是直接引用这些传统形式，也可以把传统形式中最有特色的部分提炼出来，经过抽象、集中提高并蕴以新意，创造性再现传统。如宋夹城体育休闲公园的门楼等建筑再现了当地传统建筑，使建筑表现出既有传统韵味又具现代感，体现了时代特征。传统建筑通常都是就地取材，充分利用本地自然资源。地方材料有造价低廉、可持续发展等优点。此外，长期生活在一个地方的人对于某种地方材料的认识不是仅仅停留在物质层面上的，这些材料的质地、肌理、色彩甚至气息与他们的日常生活水乳相融，构成了他们记忆和情感的深层内容。因此，公园设计中，也常通过运用本地材料和工艺，来体现地域特点。如石砖的运用就是一个典型，体现了当地富有特色的历史文化。

三、与扬州整体城市景观构成有机整体、传统与现代的和谐互动

城市公园自诞生之日起，就注定了它的有机整体性、传统与现代的多样性特征。之前说城市公园要有地域性和地方特色，这是不是与多样性相矛盾呢？答案是否定的，地域性和多样性并不矛盾，两者是辩证统一的，多样性是城市公园的活力之源，保证了城市公园的稳定发展。城市公园作为城市的重要组成部分，它所提供的宽松的氛围和对各种文化、艺术的包容，使得许多城市公园呈现出多元文化并处的格局。城市公园也正因为这种多元化的文化格局，在发展中能够兼容并蓄、永葆活力，开创出自己的发展空间。当前，我国的城市公园建设应以地域性为本，在沿袭自身文化惯性的同时，吸收外部乃至外国文化中的有益元素，避免盲目崇洋，更要防止固步自封，坚持独立自主、对外开放的原则，丰富城市公园多元色彩，以此改变"千园一面"的局面。

有机整体性指的是要根据现代公园因地制宜，创建地域特色的现代公园生态环境。城市公园的建设规划要因地制宜，要充分利用有利的自然因素和生态因素，适当保留有景观特色的自然地形地貌，结合当地的风土人情，使园林景观各具特色，美不胜收，实现天、地、人三者的和谐统一。公园景观规划设计中所用的材料（如植物、石材）也要选择富有地方特色和乡土气息的，通过对其进行科学合理的搭配，创造生态功能健全的生境，营造富有特色的空间环境。根据城市自身发展和公园现有条件及使用者的需要，合理利用土地，既要满足人们休闲娱乐的需要，还要改善城市生态环境，美化市容。对城市公园进行设计从本质上来讲就是对户外空间的生态设计，运用生态学原理和可持续发展理论，最大程度上保护城市公园的生物多样性，提高自然资源的利用率。在地形地貌的处理上，要合理利用原有地形，尊重自然，以自然山水为骨干，创造出优美的环境。植物选择方面更应根据公园特色，因地制宜地对其进行选择，以丰富植物的品种，建设特色的生态公园，注重乔、灌、草的合理搭配，形成具

有地方特色和意境悠远的植物生态群落，实现生态平衡。

传统与现代的结合，则也是体现了现代设计中要秉承传统文化，并提炼其中的精髓部分。一个有特色的城市公园是城市对外宣传的窗口，也只有主题突出的城市公园才更具有存在意义。因此，城市公园要有统一的主题才能更好地彰显其特色。于是，在城市公园规划设计的方方面面都要考虑到公园所在城市的发展、历史文脉，尊重场所精神，以人为本，主题鲜明，突出特色。而公园小品、设施等则成为能够高度凝练和体现公园主题的首选途径和手段，因为它们能最直接地表达公园主题。对它们的精心设计可以展现城市特有的地域文化和历史文脉，从而提升公园的品质。公园小品是凝练城市文化内涵、突出地方特色的代表，对其进行合理设计既可以实现其功能性，又能给自然景观增添几分魅力而成为公园的"点睛之笔"，在保证公园具有鲜明主题的同时，丰富景观意境。

城市公园应当是我国园林艺术在城市的集中体现，以其独特的表现形式和审美情趣为广大游客所青睐。但是目前我国大部分城市公园在园林的意境营造上明显缺乏深度，有单一追随西方几何造园艺术之嫌，对民族园林文化缺乏继承，并且部分人工景点和娱乐设施缺乏及时更新，大大破坏了公园的整体形象。现在大多数城市公园的建设模式相似，公园的功能始终停留在生态绿地和日常休憩等方面，就连兴建的游乐项目都是基本雷同，本地居民都很少光临，更何况是外地的游客？城市公园的建设要在准确把握地方内涵、尊重历史的基础上采用现代科技、新园艺和规划理念更好地展现园林民族特色，更要依据公园自身的优势，建设特色项目，培育公园精品，才能吸引更多的游客以增加旅游经济效益。如天津的月秀公园依托月季花这一特色产业，开展销会、赏花会；重庆市的活水公园，把水体景观和环保知识推广结合在一起；厦门市的体能公园集体育锻炼和娱乐活动为一身，这些都是很值得借鉴的方向。

参考文献

[1] 王冬青. 中国中山公园特色研究 [D]. 北京：北京林业大学，2009.

[2] 由胜. 浅谈城市公园发展前景 [J]. 内蒙古科技与经济，1999（S1）：67.

[3] 扬州旅游总收入创最高记录 实现"四季旺游"，2018，4.http://js.people.com.cn/n2/2018/0406/c360311-31428940.html.

[4] 徐小华. 城市公园的地域特色景观塑造 [D]. 长沙：中南林业科技大学，2014.

[5] 中海运河丹堤加推信息，2015，5.http://www.yzkdfcw.com/news/19890.

[6] 2017年扬州GDP总量突破5000亿元大关，2018. http://js.people.com.cn/n2/2018/0119/c360301-31161527.html.

第五章

城市公园评价标准体系研究

第一节　扬州城市公园的主要特征分析及分类

第二节　研究区域现状

第三节　城市公园评价目的

第四节　城市公园评价理论及在扬州的实践

扬州城市公园作为扬州城市公共绿地的一种，有着公共性的特征，服务对象包括居民与旅游者，对城市生态、社会有着多方面影响。本章对城市公园的特征进行梳理，比较不同国家、地区城市公园的分类标准，结合扬州十个具有代表性的城市公园进行案例分析，总结了扬州城市公园的建设理念：其一是以功能作为载体，发展活动项目；其二需要对公园运营的经济来源进行拓展。笔者认为对城市公园进行评价的主要目的在于保护生态环境、降低经济成本、传承历史文化、满足功能需求、采用先进技术，在此基础上提炼了扬州公园评价的核心指标群，分别为环境功能指标群、经济功能指标群、社会功能指标群、文化功能指标群、游憩功能指标群、技术功能指标群，以及其下的 24 个评价因子。

第一节　扬州城市公园的主要特征分析及分类

一、城市公园的特征

城市公园是城市绿色基础设施的重要组成部分。

现代意义上的城市公园起源于美国，美国景观设计学的奠基人弗雷德里克·劳·奥姆斯特德（Frederick Law Olmsted）（1822—1903年）与沃克斯（Calbert Vaux）共同设计了纽约中央公园，并提出在城市兴建公园的构想。

蒙·劳里（M.Laurie）在《19世纪自然与城市规划》一书中，第一次发表了关于城市公园的现代概念——"作为工业城市中的一种自然回归"[1]，蒙·劳里从城市公园的产生原因定义了城市公园。瑞典景观建筑师布劳姆则从公园的属性出发，他认为公园的基本属性为公园是自然的，要有大量的植被；公园是民主的，体现了人与自然的辩证关系以及对文化的传承和积淀，提出"公园是在现有自然的基础上重新创造的自然与文化的综合体。"除了从公园属性入手，他还从功能的角度给城市公园赋予更多期望："能打破大量冰冷的城市构筑物，作为一个系统，形成在城市结构中的网络。为市民提供必要的空气和阳光，为每一个社区提供独特的识别特征公园；为各年龄段的市民提供游憩空间公园；是一个聚会的场所，可以举行会议、游行，甚至宗教活动……"同样从功能入手定义城市公园的还有美国景观建筑学之父奥姆斯特德，他把城市公园定义为"城区非灰色地带的功能性的公共绿色空间。"[2] 在这里，他强调了公园的功能性、公共性和绿色性。

城市公园被法国管理者理解为"高程度覆盖的花园"（Brunon 和 Mosser，2006年）。Boutefeu（2005年）将城市公园定义为"一个公共空间，范围 5~3000hm^2，为休闲目的而建造，包括休闲草坪、装饰树木和花坛，通常是为了私人或公共目的"[3]。

我国一些规范标准比较客观地对城市公园进行了定义。《现代汉语辞海》中的释义是"城市中供公众游览休息的园林"[4]。《中国大百科全书》对城市公园的定义是"城市公共绿地的一种类型，由政府或公共团体建设经营，供公众游憩、观赏娱乐等的园林。"《公园设计规范》中定义"公园是供公众游览、观赏、休憩、开展科学文化及锻炼身体等活动，有较完善的设施和良好的绿化环境的公共绿地"[5]。

国家行业标准《园林基本术语标准》定义"公园是供公众游览、观赏、休憩、开展户外科普、文体及健身等活动，向全社会开放，有较完善的设施及良好生态环境的城市绿地"[6]。

综上可见，不同时代、不同人物、不同的关注角度都会引出不同的关于"城市公园"的定义界定。虽然学术界对城市公园尚且没有固定统一的定义，但通过国内外学者对从城市公园的这些从生态、环保、休闲、政治、文化意义等各个角度的、大同小异的概念中，可以大致总结出：扬州城市公园作为扬州城市公共绿地的一种，有着公共性的特征，主要服务对象是城市居民，随着城市旅游的开展，城市公园也将服务于旅游者；它不仅影响着市民生活质量，更具有美化城市、调节城市小环境、改善城市空气质量、维系城市生态平衡和防灾减灾等多种生态效应。

二、公园与城市公园的起源和发展

世界造园的历史已经存在了6000多年，但真正意义上的公园的历史只有近百年。

17世纪中叶，在英国爆发资产阶级革命、宣告资本主义社会制度诞生之后，法国随即也开始了资产阶级革命，至此，革命的浪潮席卷了欧洲。在"自由、平等、博爱"的口号下，新兴的资产阶级没收了封建领主及王室的财产，将大大小小的宫苑和私园都向公众开放，并统称之为公园（Public Park）。

城市公园是指向公众提供浏览、休憩、娱乐的城市公共绿地，为公益性城市基础设施，包括综合性公园、动物园、植物园、儿童乐园、居住区游园等。城市公园的景观面貌标志着一座城市的整体文化修养和精神文明水平高低。其起源可追溯到远古时代的城市公共园林。文艺复兴时期，意大利人阿尔伯蒂首次提出建设用于市民娱乐及休闲的城市公园[6]。

奥姆斯特德设计的纽约曼哈顿中央公园掀起了"城市公园运动"。公园运动带动了世界范围内大量城市公园的建设高潮，同时园林学科与其他学科之间的交流也开拓了一片崭新的现代公园新天地。奥姆斯特德曾多次论述城市公园的社会作用：改善市民身体与精神健康的同时，更能改善其审美能力。他在中央公园落地后写道"必须看到，一个真正优美的大型便捷的公园发挥了及时而显著的教育作用。"继中央公园后，奥姆斯特德设计的众多城市公园散布在美国各地，他更开创了"公园路"（Parkways）的概念，用林荫道将这些公园与居民区串连。在19世纪后期，许多美国城市掀起了建设公园的高潮。

在《公园设计的政治学：美国城市公园的历史》（马萨诸塞州剑桥：麻省理工学院出版社，1982）一书中，Galen Cranz教授确定了美国公园设计的四个阶段。19世纪后期，城市政府在郊区购买了大片土地，形成"游乐场"：

半开放，迷人的景观区域，其主要目的是让城市居民，特别是工人能够放松。随着时间的推移和城市区域在公园周围增长，这些公园的土地被用于其他目的，如动物园、高尔夫球场和博物馆，这些公园不断吸引来自该地区的游客，并被视为区域公园，因为他们需要比本地小型公园更高的管理水平。20世纪初，美国城市建造了带游泳池、游乐场和公民建筑的社区公园，其目的是美国想要移民居民。20世纪50年代，"二战"结束、经济复苏时，新的公园开始把重点放在室外娱乐服务设施建设上，比如建设球场和体育馆等，将规模较小的公园建在居民区，并试图开始提供适用于老年人、成年人、青少年和儿童的方案，以服务所有居民。此时，绿色空间是次要的[8]。

我国造园历史悠久，中国古典园林更是世界园林的瑰宝。但是，由于我国古典园林大都是皇室或私人的，所以很少有类似"公园"性质的、公共开放的花园或城市绿地。因此，我国早期园林在功能和形式上都与现代城市公园相去甚远。在西方文明传入我国后，即清朝末年，我国才开始有了具有民主性质的"公园"。然而，在成为半殖民地半封建社会后，我国某些公园的一些古代延续几乎消失。朱钧珍曾经考证过我国近代公园，他认为甘肃酒泉的公园（建于1795年，1880年向公众开放）是中国最早的自建公园[9]，1868年建于上海的黄浦公园也是最早的一个，它有大面积覆盖的草坪并且建筑占地较小，造园思想类似欧洲的造园理论。自1949年以来，特别是20世纪80年代以后，由于国家对民众的文化娱乐活动日益关注，对城市园林绿地日益重视，在全国各个城市都开始扩建、重建、新建各类公园。

三、国内外城市公园的分类

（一）国外公园分类

关于城市公园分类，日本相继颁布了《都市计划法》《国立公园法》（1931年）、《都市公园法》（1956年）等法律法规，对公园的定义、种类及建设进行了补充与规范[10]。根据李永雄等人整理出的日本公园分类系统表可以看出：日本公园的分类系统主要依据其城市公园的构成功能及规划要求进行划分，它由自然公园和城市公园构成。其中，自然公园相当于中国的各级风景区，涵盖国立公园、国定公园和都、道、府县设立的自然公园，而城市公园则类似中国现时所称的公园，涵盖了儿童公园、近邻公园、地区公园、综合公园、运动公园、广域公园、风景公园、植物园、动物园、历史名园十种类型。并且，日本对城市公园前六种类型公园规模分别制定了更为具体的规定，对城市公园前三种类型公园规定了服务半径与人数：儿童公园服务半径250m，每万人设2.5个；近邻公园服务半径500m，每3万人设1个；地区公园服务半径1000m，每10万人设1个[11]。

同样以使用功能划分公园的国家还有新加坡和美国。新加坡公园按功能分为地区公园（占地面积最大，提供康乐和运动场所，创造接近自然的环境，有利于鸟类等动物的生存繁衍）、城镇公园（服务城镇居民）、社区公园（一般在0.2~0.5hm²）、城市公园（包括市中心的广场和小型开放绿地)。美国城市公园系统分为儿童公园、近邻娱乐公园、运动公园(包括运动场、田径场、高尔夫球场、海滨、游泳场、营地等)、教育公园、广场公园、市区小公园、风景眺望公园、水滨公园、综合公园、林荫道与公园路[12]。

(二)国内公园分类

根据中国《城市绿地分类标准》(CJJ/T 85—2017)对城市绿地进行的系统分类,这也是目前中国城市公园分类的唯一国家标准。其中 G1 公园绿地是分类重点。对公园采取了两级分类法:第一层次将公园绿地划分为四种类型,分别是 G11 综合公园、G12 社区公园、G13 专类公园、G14 游园。第二层次为具体公园亚类。具体见表 2-5-1。

表 2-5-1 城市建设用地内的绿地分类和代码

类别代码			类别名称	内容	备注
大类	中类	小类			
G1			公园绿地	向公众开放,以游憩为主要功能,兼具生态、景观、文教和应急避险等功能,有一定游憩和服务设施的绿地	—
	G11		综合公园	内容丰富,适合开展各类户外活动,具有完善的游憩和配套管理服务设施的绿地	规模宜大于 10hm²
	G12		社区公园	用地独立,具有基本的游憩和服务设施,主要为一定社区范围内居民就近开展日常休闲活动服务的绿地	规模宜大于 1hm²
	G13		专类公园	具有特定内容或形式,有相应的游憩和服务设施的绿地	—
		G131	动物园	在人工饲养条件下,移地保护野生动物,进行动物饲养、繁殖等科学研究,并供科普、观赏、游憩等活动,具有良好设施和解说标识系统的绿地	—
		G132	植物园	进行植物科学研究、引种驯化、植物保护,并供观赏、游憩及科普等活动,具有良好设施和解说标识系统的绿地	—
		G133	历史名园	体现一定历史时期代表性的造园艺术,需要特别保护的园林	—
		G134	遗址公园	以重要遗址及其背景环境为主形成的、在遗址保护和展示等方面具有示范意义、并具有文化、游憩等功能的绿地	—
		G135	游乐公园	单独设置,具有大型游乐设施,生态环境较好的绿地	绿化占地比例应大于或等于 65%
		G139	其他专类公园	除以上各种专类公园外,具有特定主题内容的绿地,主要包括儿童公园、体育健身公园、滨水公园、纪念性公园、雕塑公园及位于城市建设用地内的风景名胜公园、城市湿地公园和森林公园等	绿化占地比例宜大于或等于 65%

续表

类别代码			类别名称	内容	备注
大类	中类	小类			
G1		G14	游园	除以上各种公园绿地外，用地独立，规模较小或形状多样，方便居民就近进入，具有一定游憩功能的绿地	带状游园的宽度宜大于12m；绿化占地比例应大于或等于65%
G2			防护绿地	用地独立，具有卫生、隔离、安全、生态防护功能，游人不宜进入的绿地，主要包括卫生隔离防护绿地、道路及铁路防护绿地、高压走廊防护绿地、公用设施防护绿地等	—
G3			广场用地	以游憩、纪念、集会和避险等功能为主的城市公共活动场地	绿化占地比例宜大于或等于35%；绿化占地比例大于或等于65%的广场用地计入公园绿地
XG			附属绿地	附属于各类城市建设用地（除"绿地与广场用地"）的绿化用地，包括居住用地、公共管理与公共服务设施用地、商业服务业设施用地、工业用地、物流仓储用地、道路与交通设施用地、公用设施用地等用地中的绿地	不再重复参与城市建设用地平衡
	RG		居住用地附属绿地	居住用地内的配建绿地	—
	AG		公共管理与公共服务设施用地附属绿地	公共管理与公共服务设施用地内的绿地	—
	BG		商业服务业设施用地附属绿地	商业服务业设施用地内的绿地	—
	MG		工业用地附属绿地	工业用地内的绿地	—
	WG		物流仓储用地附属绿地	物流仓储用地内的绿地	—
	SG		道路与交通设施用地附属绿地	道路与交通设施用地内的绿地	—
	UG		公用设施用地附属绿地	公用设施用地内的绿地	—

公园绿地系统因开发内容、区位条件与现况使用等的差异，可以提供的机能也有所不同，中国台湾学者蔡佰禄以服务半径为考量因素对公园进行分类[14]。

邻里公园：为提供邻里居民日常游憩、休闲、运动或交谊场所，或为老人、家庭主妇或幼儿白天休息去处，服务半径为800公尺，面积约为20000平方公尺。

社区性公园：为提供社区居民日常游憩之用，如居民下班、放学或节假日游憩运动、交谊之用，服务半径为1600公尺，面积约为20000~40000平方公尺。

全市性公园：为提供全市居民于节假日的运动、游憩、观光之用，其面积及服务半径依该市镇规模大小而定。

中国台湾地区相关部门则根据公园地的功能、空间形式与潜在环境资源条件等因素将公园绿地分为三种层级[15]，见表2-5-2。

表2-5-2　中国台湾地区相关部门公园地定义

类别	定义
自然公园	通常是跨区域、面积广大、形成地景特色或蕴含珍贵资源而经主管部门指定者，包括国家公园、自然保留区、生态保护区、水库集水区保护带、水源水质水保护区及特定水土保持区，以及具备重要国土保安功能的森林地区
区域公园地	指跨越都市可发展地区与非发展用地的各式公园地，依其主要功能划分为专用（军方、机构）、生产、缓冲、保育、交通、水岸及风景等类型公园地
都市公园地	指的是位于都市发展地区内，经都市计划指定或依建筑、道建设取得的公园地或绿带。公园依其规模及服务范围划分为都会公园、中心公园、社区公园与特殊公园、绿带等。特殊公园地涵盖范围较广，将古迹、动物园、植物园、美术馆等因特殊目的开发建设而可取得的公园地全都纳入。此外，如机关用地、广场、行人徒步区等亦可能形成公园地，故亦纳入特殊公园地。至于带，则包括道、林荫道、园道、水岸绿带（沿水岸形成的带状绿地，有别于河滨公园）、自专用道、铁道带等

中国台湾地区相关部门认为："绿地系统的分类需要一种可以符合多种尺度与功能的架构，针对每种范畴域定义其内涵、形式与原则。"因此，在《公园绿地系统规划设计参考手册》[16]中将公园绿地系统划分成：栖地生态系统、社区生活场域、水资源网络、人本绿色交通廊道与低碳绿能系统，其中任何一种系统都是由多种的构成元素所组成（表2-5-3）。这些元素彼此之间是相互关联的，甚至有些元素本身就具备多种的功能，无法简易归类；也有的元素只有特定的功能和价值。

表 2-5-3　《公园绿地系统规划设计参考手册》中的绿地分类

	分类说明
栖地生态型的公园绿地系统	区域自然景观及生态资源，包含动植物栖息地、自然排水通道、地表水资源、地下水补助区、地质地形敏感地区和生产地等都应该先行保护起来。地景生态道在较大的空间尺度上串连成网络，其生态系统服务功能的运作会产生较大的环境效益。因此总结策略与实施原则如下： （1）连续的廊道（Corridor）会比断裂的廊道更容易发挥环境生态效益。 （2）廊道的宽幅越大越佳。 （3）廊道组成结构越多样越佳，生态系统和物种族群差异化越高者优先保育。所谓多样性是指水平的地景结构功能组成与垂直层级和高度的植被种群组成的多样性。 （4）节点（Node）和斑块（Patch）之间道连接的方式越多样越理想。自然的连接性能应该予以保持或复原。
社区生活场域型的公园绿地系统	都市生活空间紧密，公园地面积规模有限，住社区及高层建筑的垂直面或屋顶、露台等绿化奖励措施，推动都市建筑生态屋顶的示范计划。同时，推动树木银行与保存自然表土方案，改公园地覆土，有效提升优质的公园景观和植物生化质量。推动设置街角农夫市场或家庭菜圃的观念，结合在地化的有机农业栽培、绿色餐厅、无毒农产品与食物、市民农园菜圃或都市公园地计划等，一方面供应市民安全而新鲜的食物，催生色市场，另一方面也就近保护在地近郊小农，推广慢活生活，实现健康色生活的理想。或基于健康游憩生态鼓励市民运动与主动的户外游憩生活型、提供户外活动空间、创造独处与休息的空间、连接人与自然、连接社群、提供色交通的替选方案。或基于文史资产的保存与活化再利用，针对史 / 考古基地、教学 / 教育基地、城乡开放空间 / 公有土地，保育自然与文化资产的连接，透过"自然教室"的教育促成自然资源、文史遗产、与在地生活场域的保存管理
水资源网络型的公园绿地系统	主要是水系与绿地之间网络，针对河滨域内相关的自然排水通道、土地、湿地、滩地、地下水补给区，落实生态城乡发展的潮流与因应策略，配合当前重要计划项目，如自行车道系统建设计划、市区污水下水道计划、河川域治理和水质净化等基础公共建设的推动，城乡地区应该积极保育和塑造亲水的生活空间和环境资源条件，结合河川溪生态、埤塘水圳、生产地、开放空间、自然栖地等地景构成元素，建构城乡生态道网络
人本色交通型的公园绿地系统	近人口高龄化、全球均重视无障碍生活环境、永续发展及绿色交通网的发展趋势，以及都市空间与运输环境的规划由以往强调效率转而以人为本的建设思维，落实人本色交通运输的潮流，配合当前重要计划项目，如自行车道系统建设计划、市区道无障碍环境、学校通学步道及通学、通勤型自行车道的建置等，期望于在现有交通建设技术基础上倡导人用权益与交通运具间彼此尊重的观念，并以"以人为本"及"节能减碳"政策思维，提升人道、植栽绿带、自行车道于道建设的比重，以创造都市环境中另一种"生活氛围"，提升民众环保意识，使"节能减碳"成为一种民众生活的时尚与新的文化，加速我国迈向"低碳社会"的步伐
低碳绿能空间型的公园地系统	因应清洁能源、能源效率和低碳排放的节能减碳趋势，都市建成环境和地景设计应该鼓励使用健康材料与再生能源，如抗都市热岛效应的浅色铺面和硬质地景、鼓励各景观和营建资材的回收再利用等，进而将相关基地设施连在一起。或在都市近郊发展具有生态经济功能的产业地景，如林地、生态牧场有机农场、与具有自然特质的栖地复育，提供鱼类与野生动物栖地、保护水资源的价值（滩地、湿地）、建构生态网络链接 / 缓冲的廊道、保护健康土壤生态，以维持和修复自然地景资源风貌

四、公园评价体系梳理

（一）国外公园评价体系

由美国绿色建筑委员会开发的LEED是识别、实施和测量绿色建筑和邻里设计、建筑、运营和维护的框架。LEED评级体系涉及商业、机构和住宅建筑以及社区发展。它基于可持续设计的量化指标，如能源消费、用水量和回收材料含量，其认证由第三方审核小组决定为绿色建筑业主提供环境验证。经过两年的试点计划，在2009年美国绿色建筑委员会为邻里发展推出LEED，旨在鼓励智慧、可持续的评级系统在社区范围内发展。LEED-ND认证的标准分为五大类：精明选址和联动、邻里模式和设计、绿色基础设施和建筑、创新和设计过程及地域优先，每个类别都有几个先决条件，每个项目必须满足才能获得认证（表2-5-4）。在每个贡献类别中都可以获得额外的分数到项目的最终点总数。根据在达到的点数上，一个项目可以达到基本的认证（40~49分）、银认证（50~59分）、黄金认证（60~79分）或铂金认证（80、110分）[17]。

表2-5-4 LEED-ND认证标准

1. 精明选址与连接性		分数
先决条件	精明选址	必要项
先决条件	濒危物种和生态社区	必要项
先决条件	湿地和水体保护	必要项
先决条件	农业用地保护	必要项
先决条件	涝原规避	必要项
得分点	优先场址	10
得分点	褐地改良	2
得分点	优良公共交通连接	7
得分点	自行车设施	2
得分点	居住和工作地点邻近	3
得分点	陡坡防护	1
得分点	场址设计——栖息地或湿地和水体保护	1
得分点	栖息地或湿地和水体恢复	1
得分点	栖息地或湿地和水体长远保护管理	1

2. 社区形态与设计		分数
先决条件	可步行街道	必要项
先决条件	紧密型开发	必要项
先决条件	关联和开放的社区	必要项
得分点	可步行街道	9
得分点	紧密型开发	6
得分点	邻里土地混合使用	4
得分点	住房类型和可支付	7
得分点	停车面积减量	1
得分点	关联和开放的社区	2
得分点	交通设施	1
得分点	交通需求管理	2
得分点	城区及公共空间的连接	1
得分点	康乐设施可达	1
得分点	可接待和全局通用设计	1
得分点	社区拓展和参与	2
得分点	食物本地生产	1
得分点	树木带和遮阴街道景观	2
得分点	邻近的学校	1

3. 绿色基础设施与建筑		分数
先决条件	绿色建筑认证	必要项
先决条件	最低建筑能源表现	必要项

续表

先决条件	室内用水减量	必要项
先决条件	施工污染防治	必要项
得分点	绿色建筑认证	5
得分点	优化建筑能效	2
得分点	室内用水减量	1
得分点	室外用水减量	2
得分点	建筑再利用	1
得分点	历史资源保护和适应性再利用	2
得分点	场址侵扰最小化	1
得分点	雨水管理	4
得分点	降低热岛效应	1
得分点	日照朝向	1
得分点	可再生能源生产	3
得分点	区域供热和供冷	2
得分点	基础设施能效	1
得分点	废水管理	2
得分点	基础设施循环再利用	1
得分点	固体废弃物管理	1
得分点	降低光污染	1
4. 创新与设计流程		**分数**
得分点	创新	5
得分点	LEED® Accredited Professional	1
5. 地域优先得分点		**4**
得分点	地域优先得分点：地域定义	1
得分点	地域优先得分点：地域定义	1
得分点	地域优先得分点：地域定义	1
得分点	地域优先得分点：地域定义	1

除涵盖了新建建筑、改建建筑、绿色社区的LEED评价体系，世界上各种其他根据不同项目性质参考的专项绿色评价体系应运而生，但是目前绝大部分的绿色认证体系均是针对建筑本身，在这个大环境下，SITES认证体系作为场地外环境的专项可持续评价体系被提出。

2006年，SITES项目被美国景观设计师协会，德克萨斯大学奥斯汀分校的夫人伯德约翰逊野花中心和美国植物园的协作性跨学科合作开发，被景观建筑师、设计师、工程师、建筑师、开发商、政策制定者和其他人用来协调土地开发和管理与创新的可持续设计。SITES系统地对风景园林的可持续性进行评估，有助于建设具有生态恢复能力的社区，有利于环境、业主以及当地和地区社区经济体。SITES项目由绿色商业认证公司（GBCI）管理，重点关注场地的景观属性，适用于场地的开发项目，评估对象涵盖开放空间、植物园、广场、商业零售和办公区域、企业校园、住宅区或独立院落、公立和私立校区、博物馆、医院、基础设施、政府、军事、工业等。

SITES认证体系的评估分级方法总体分为10个总体目标：①场地设计（重点关注项目所处位置和发展的背景）；②设计前的评估与规划（关注现有条件进行规划设计，规划团队中除了需要有建设和维护的专家以外，还需要包含社区代表、业主代表以及未来地区使用者代表）；③场地设计：水资源（鼓励用水项目最大化利用降水）；④场地设计：土壤和植物；⑤场地设计：材料选择；⑥场地设计：人体健康感受；⑦施工管理；⑧运营管理；⑨公共教育和监测（关注宣传和教育公众方面，创建了具有监控记录现场可持续性的网络）；⑩创新

（鼓励在满足先决条件和创新方面进行创造性和创新，并提供开发创新项目奖励支持）。评价体系中，包含先决条件项和得分项。先决条件是申请SITES认证的前提，类似我国《绿色建筑评价标识》中的控制项，先决条件总共有18项。通过先决条件项的项目才能得到后续根据具体得分项要求的重要性及难易程度获得得分（表2-5-5）。

表 2-5-5 SITES评价等级表

SITES v2 评价等级	总分：200分
认证级	70分
银级	85分
金级	100分
铂金级	135分

美国风景园林基金会（LAF）在2011年出台了"景观绩效系列"（LPS），与采用分项打分、多因子权重法、分级认证的LEED-ND和SITES这样传统的评估系统不同，LPS从生态、经济、社会三方面逐一分项，针对可持续设计建成项目进行景观绩效的量化。LPS专门搭建了包括快速检索库、效益工具包、案例研究简报、收藏夹四个部分的网络平台[18]。在LAF的网页上将景观绩效类型分为七类。①土地：交通，土地节约利用，土地修复；②水：雨洪管理，涵养水源，水质控制和防洪；③生境：生境保护，生境的形成和修复；④碳、能源和空气质量：能源使用及排放，空气质量，气温及城市热岛效应，碳储量和固碳量；⑤材料及垃圾：回收、再利用的材料，本土材料的使用和降低垃圾产量；⑥经济：土地价值，节约养护管理费用，经济开发和提供工作机会；⑦社会：休闲及社会价值，公共健康与安全，教育价值，减轻噪声，食物生产和景观质量。这七类可以总结成三大类：生态绩效、经济绩效、社会绩效，这三大类也是当下可持续风景园林开发建设的主要关注点。

致力于在拓展其经济、社会与生态永续性的西雅图也推出过开放空间计划（Open Space 2100 Seattle），这项绿色计划的指导原则大致有八个评价原则[19]，见表2-5-6。

日本城市环境绩效评估工具委员会开发了建筑环境效率综合评估系统（CASBEE），它是评估建筑物环境性能和建筑环境的一种方法，由学术界、工业界和国家以及地方政府合作于2001年成立的一个研究委员会发起的。"CASBEE for Cities"（以下简称"CASBEE城市"）是一种利用"环境""社会"和"经济"三重底线方法综合评价城市环境绩效的系统，对已经建成城市的综合品质及其对周边区域的环境负荷进行评价。它将"城市的环境负荷"和"城市的环境质量与性能"两个相互制约的指标区分并进行分别评价，从而更加关注了对城市品质的提高。

在评估一个城市时，CASBEE城市设定一个假设的边界来包围城市（图2-5-1），它可以评估城市的建筑环境效率（BEE），环境质量和活动的改善（简称"质量"或"Q"），并减少对环境的负面影响（称为"负载"，或"L"），在边界以外的区域导致更高的BEE值，从而更好的评级[20]，见表2-5-7。

表 2-5-6　西雅图开放空间计划

原则	内容
反映地方脉络	融合生态、经济与文化：西雅图位于其中一个世界级的优秀河湾，并且坐落在引人注目的山区范围内；它是两个主要域（Cedar and Green/Duwamish）的关键起点；还有其与经整个城市的咸淡水体间的关系
整合性并具有多功能性	在一个联合并且连贯的结构中，整合各种类型的开放空间。使街道、河溪、公园、栖息地、都市森林、小道、排水、海岸线、商业与市民空间、后院与房屋的考量具体化。考量叠合绿色空间内的多种功能与使用，以创造高功能性、高价值的开放空间
公平与可行度	在一个开放空间网络中，提供所有人达到各种户外游憩体验的公平使用性。分配合适的开放空间形态至每个邻里，目的为满足同人口族群的需求
连接度	创造促进非机动交通的完全连接的系统，透过连接性提高栖息地价值并连接邻里，便于导航。将城市内的设施连接到周围的社区、小道与公共用地
质量、美质、认证并且牢不可破	利用很多西雅图的自然去创造一个示范的、识别性开放空间系统。建于内在质量、自然与文化者上；反省、回应，并诠释地理、生态、美学与文化的脉络；满足感情与精神上的需求；激励出场所的深度连接
生态功能与完整性	扩大城市中自然系统的质与量：借由一个特别对水体边缘的强调，提供所有合适物种的优质栖息地。为水文健康（水温、水质、水的管制、暴雨）做设计，并且考量合宜的水与资源保育政策。达到完整性、恢复力与生物多样性，以面对气候变迁，并连接到地方生态系统
健康与安全	在改造与处理先前已受害地点的同时，减少自然危害（崩塌、泛滥、地震、水土污染）的风险。提供运动、生物活动的多样机会与一个对自然的连接，以整合进入日常生活当中
可行性、弹性与管理工作	这个计划要借由一套互补的近程式政策包括可达到增值并随时间调整的公司投资机制（如规范、基金来源与奖励），以达到持续且可行的境界。这应该在公共代理机构、私人企业与个体市民间是可维护的

（二）国内相关评价体系

我国目前并没有出台官方、明确的公园评价体系，但是在一些已经出台的评估手册、评价标准里，对城市建设中的室外环境等有所涉及。早在 1994 年，我国政府就颁布了《中国 21 世纪议程：中国 21 世纪人口、环境与发展白皮书》[21]，并提出要"加速改善城乡居民居住环境""增加绿化覆盖面积"。在 2012 年出台的《关于加快推动我国绿色建筑发展的实施意见》中，首次出现了"绿色生态城区"，鼓励城市新区按照绿色、生态、低碳理念进行规划设计，并鼓励集中连片地发展绿色建筑，中央财

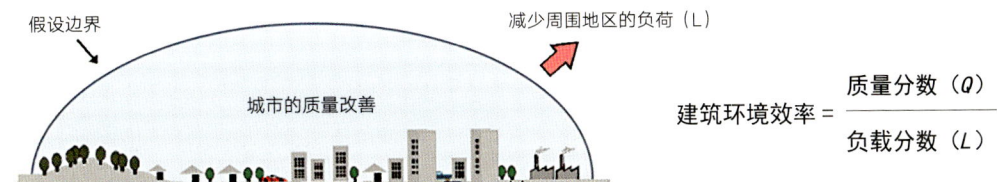

图 2-5-1　日本 CASBEE 评估系统

表 2-5-7　日本 CASBEE 评估系统

主要分类		子分类	
Q类	Q1 环境因子	Q1.1	自然保护
		Q1.2	当地环境质量
		Q1.3	资源回收
		Q1.4	CO_2排放量
	Q2 社会因子	Q2.1	人居环境
		Q2.2	社会服务
		Q2.3	社会活力
	Q3 经济因子	Q3.1	产业活力
		Q3.2	财政活力
		Q3.3	排放交易
L类	L1 能量来源的二氧化碳排放量	L1.1	工业部门
		L1.2	住宅部门
		L1.3	商业部门
		L1.4	交通部门
	L2 非能量来源的二氧化碳排放量	L2.1	废物处置部门和其他
备注	后续的 CASBEE-City "专业版"还包括评估项目，如噪声，化学品，努力改善环境和生物多样性的政策，提供充足的公园和休憩用地，充足的污水处理系统，为身体功能障碍人士提供的服务，朝向信息社会的进展，振兴社会的努力和政策，员工人数的变化率，相当于访问城市的人数的指标以及公共交通的效率		

政也积极支持绿色生态城区建设[22]。绿色生态城区与传统城区建设相比，更强调土地节约、环境友好、能源资源充分利用、污染少并且能给人们提供健康、高效可持续的城市发展模式。

我国首个绿色生态住宅技术评估体系是2001年出台的《中国生态住宅技术评估手册》[23]，它的评估指标体系融合了国际上发达国家的绿色生态建筑评估体系（美国绿色建筑理事会颁布的《绿色建筑评估体系》和我国《国家康居示范工程建设技术要点》《商品住宅性能评定方法和指标体系》有关内容，它分五个子项：小区环境规划设计、能源与环境、室内环境质量、小区水环境、材料与资源[25]。

我国《绿色建筑评价标准》[26]第 4 章 "节地与室外环境关键技术"中也涉及有关景观绿地等户外评价内容，旨在推行尊重自然、保护历史文化遗产、保障人民财产和人身安全与健康、保护环境等发展理念；坚持以人为本，倡导低碳生活，鼓励建设项目更多地关注规划布局、建筑设计、场地利用、交通组织、公共服务配置、景观绿地设计与生态修复等先期设计工作，力争通过整合综合、高效利用土地资源、优化设计，为建筑的节能、节水、节材、环保创造更好的"先天条件"，促进建筑运行达到低碳、环保的目标。

结合《中国生态住宅技术评估手册》和《绿色建筑评价标准》，可以总结出：我国对室外环境的评价大多以节约资源、保护环境、推动可持续发展和规范绿色建筑为主要目标。

第二节　研究区域现状

一、扬州自然地理概况

扬州，在古代称之为广陵、江都、淮扬，依托其境内的运河发展，具有两千多年的可考历史。地处江苏省中部，位于长江北岸、江淮平原南端，与镇江市隔江相望，东部与盐城市、泰州市相邻，西部与南京市、淮安市、滁州市分别接壤。京杭大运河与长江的交汇处是扬州的城区所在地，有着"中国运河第一城"的美誉，又被称为"淮左名都，竹西佳处"。京杭大运河的扬州段和高邮段双双入选了世界遗产名录，同时也是8个申报中国海上丝绸之路世界遗产的城市之一。扬州市属于亚热带季风性气候，四季分明，日照充足，雨量丰富。春夏季节盛行东南风，气候湿润，秋冬季节受到西北风的吹拂，较为干冷。扬州市境内地形西高东低，地势最高点是仪征市境内丘陵山区，以海拔149.5m的铜山为最高峰。整体从西向东呈扇形渐渐降低，高邮市、宝应县与泰州兴化市交界一带的浅水湖荡地区为最低点，平均海拔2m。境内长江沿线长达80.5km，沿岸有仪征、江都、邗江、广陵等一市三区；京杭大运河纵穿腹地，由北向南沟通白马湖、宝应湖、高邮湖、邵伯湖，汇入长江，全长143.3km。

二、扬州城市公园建设概况

随着城市的迅速发展，城市中的生态环境逐渐恶化，市民们的生活质量也随之下降，这就迫切地要求政府部门对城市公园体系进行深入研究，对已建成和未建成的公园进行科学的评价，从全局把控，充分发挥公园的生态效应和生活服务功能。扬州是中国园林城市，是一座有着2500年历史的古城，湖上园林的代表瘦西湖是一幅卷轴画，向人们展示着人与天地的和谐关系。私家园林个园、何园等则散落在古城深处，向今天的人们诉说着古人退隐的妙处。这些传统的扬州园林都是私家园林,现在虽然对外开放,但仍实施封闭管理,主要作用还是供游人欣赏的景点,不适合健身锻炼。随着社会发展水平的不断提升,市民对休闲放松、健身运动的需求也越来越高。如果说私家园林是有钱人的园子,那么现在建的公园则是所有人的园子。公园姓"公",强调对公众的免费开放、无门槛开放,是向市民开敞的、无障碍的、全天候的公共活动空间。建立起市级、区级、社区和各专类公园构成的大、中、小合理搭配的"城市公园体系建设目标[27]。

现阶段的扬州城市公园建设成果,不仅仅是停留在公园面积以及数量上的增长,更是体现在每一个公园的规模、类型、分布以及功能的合理规划上,基本都涵盖了生态、体育与休闲元素。扬州围绕城市特色,在强调保护城市生态基底的基础上,以规划为引领,因地制宜推进公园建设(图2-5-2)。一是强化顶层设计;二是坚持整体联动;三是注重彰显特色。公园建设时注重将文化、生态、园林园艺与公园建设有机融合。综合性公园体现扬州历史遗存、造园艺术、宗教文化,打造城市生态和文化高地;社区公园突出"宜居性",以满足各年龄段人群的需求;"口袋"公园做到"小而精",充分利用桥下空地、边角地带,安置乒乓球台、小型篮球场等健身设施,满足周边居民的体育锻炼需求。

目前,扬州的城市公园主要可以分为以下几类:社区公园、生态公园、文化遗址公园、体育公园、综合性公园及主题公园。扬州市免费公园一览表详见文后附录一、附录二。

1. 社区公园

社区公园主要位于城市的居民区之中,周边居民触手可及,是一种规模较小的绿地系统,具有休闲游憩、防灾减灾和平衡生态的功能,但是科普教育的意义不大。社区公园以点状的形式分布在各个居住区中,具有先天的位置优势。在附近居住的居民们能够直接步行到公园,并且在茶余饭后的空闲时间在此开展锻炼、休闲、游憩、聚会、舞蹈等活动。老人们可以在这里下棋、散步,家长们可以带着孩子到公园里来玩耍、郊游,节假日期间也可以举办一些集体活动,如露天电影、唱京剧、扭秧歌等。人们在公园里共同参与户外活动,帮助社区居民相互了解,积极交流,有利于增进邻里之间的友谊。社区公园作为人们日常活动的主要区域,需要充分考虑老年人、儿童及特殊人群的使用需求,在公园内需要布置小型广场、座椅廊道等基础设施,并且加强体育锻炼设施的建设,让居民可以在离家500m范围以内就能享受到体育锻炼带来的快乐。除此之外,绿地需要具有一定的植被覆盖率,改善和维护周边社区的生态环境。以蝶湖公园、荷花池公园、大水湾公园为例。

蝶湖公园(图2-5-3、图2-5-4)毗邻金轮星城雅居乐世纪家园及骏和国际公馆和静安阳光花都。公园的规模不大,中央大片的水池是整个公园的景观核心,园内的植被覆盖率很高,数量繁多,一共栽种了一百多种植被,乔木中以香樟、广玉兰等为主。公园南侧与道路之间有一个广场,市民们可以在这里开展集体活动,广场的入口处还建设了无障碍通道,方便特殊

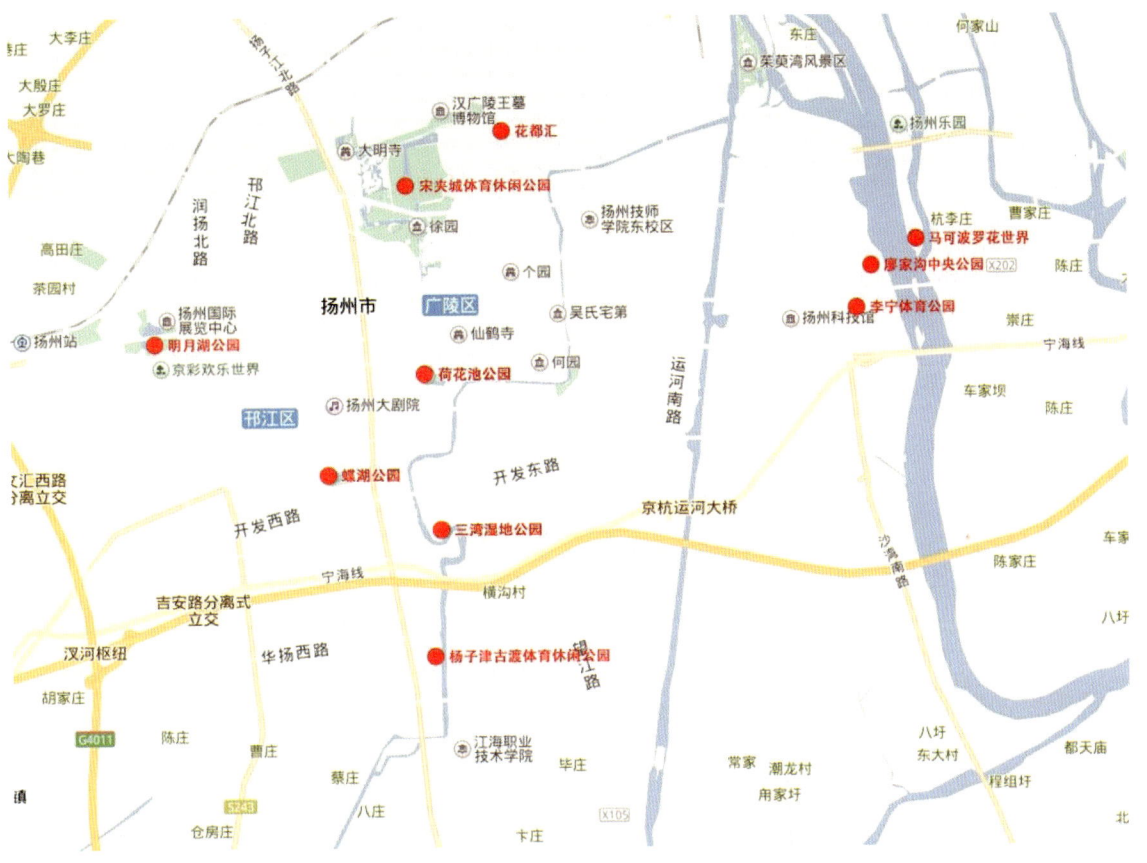

图 2-5-2　扬州部分城市公园位置图

图 2-5-3　蝶湖公园内景

图 2-5-4　蝶湖公园内景

人群使用。在湖面的北岸设计了两个亲水平台，周围被草地包围，人们在这里可以听着水声，感受自然的清新。人与环境产生充分的互动，形成一种回归自然的亲切感。蝶湖公园东南角邻近水面的区域，被打造为一片沙滩，一片非常壮观的鹅卵石滩从岸边一直延伸到水里，全是由大小不同的鹅卵石堆叠而成，面积达上千平方米，视觉效果不亚于海边的沙滩美景。

荷花池公园（图2-5-5～图2-5-7）同样也是位于居住区中心，面积较大，地处扬州市荷花池路西侧，原名南池、砚池，园内的池塘中种植了许多荷花，故又名"荷花池"。公园主要由九峰园遗址构成，清朝初年，扬州盐商汪玉枢在池边建有别墅，名南园，为当时扬州八大名园之一。园临砚池，隔岸有文峰塔，景名"砚池染翰"。1981年在荷花池建南郊水上公园，即荷花池公园。公园在荷花池的北面，呈半鸟形，绿树成荫。厅房三楹，三面回廊，飞檐翘角。六角风亭居西北高埠，檐下六面饰精雕花板。公园内植物种类繁多，并且重视季节性植物的种植，春季的代表性植物有杜鹃、山茶、迎春花、茉莉；夏季的代表性植物有栀子花、昙花、木槿、夹竹桃、睡莲；秋季的代表性植物有桂花、银杏、枫叶、一串红；冬季的代表性植物有腊梅、风信子、天竹等。人们在一年四季都

图2-5-5 荷花池公园锻炼处

图2-5-6 荷花池公园景色

图2-5-7 荷花池公园休息处

图 2-5-8　大水湾公园游乐区

图 2-5-9　大水湾公园河岸风景

有花可赏，有景可看。四季常绿的植被有铁树、五针松、南洋杉、龟背竹等。园内陈列大量盆景，树种有黄杨、雀梅、榆桩、罗汉松、刺柏等。花房内置小型湖石假山，旁有水池。荷花作为公园内的主要观赏植物，经过精心的培育和养护，已经连续获得全国碗莲栽培技术评比大奖近二十次。公园的西北角为影园遗址，据记载曾是明末郑元勋的私家园林。除此之外，公园内还设置了体育锻炼设施，以及一些休息座椅和亭子，提供给居民使用，完善了荷花池公园作为一个现代城市绿地的功能，不仅有极佳的观赏性，也增加了公众的参与性。

大水湾公园（图 2-5-8、图 2-5-9）位于江阳东路与施井路交汇处的古运河沿线，将曾经荒废的老工业品市场改造成城市绿地向市民开放。公园以"自然和谐、人文关怀、可持续发展"为设计理念，利用古运河风景优美、历史悠久的地域特色，设置多种健身设施和配套服务供市民使用，打造成大水湾区域的核心城市景观带。

2. 生态公园

生态公园是指以生态学和生态文化为指导思想，结合了传统城市公园和主题公园各自的特点而建立的一种新型的城市公园，具有极高的生态价值，这包括了森林公园和湿地公园。与其他城市公园不同的是，生态公园完整地保留了地域性的原生生态景观，可以给市民提供大量的林地、水体等自然景观，具有多样性和系统演替的生态系统，并且通过低干预的设计手段，在其中铺设步行道，建设休息区域，满足人们旅游观赏功能的需求，同时有着一定的生态科普教育意义。

3. 文化遗址公园

文化遗址公园主要是通过公园的形式对当地历史文脉进行传承，具有极高的社会价值。公园内部主要可以满足旅游休闲以教育科普的功能，生态功能相对较弱。文化遗址包括了人类的生产遗迹、生活遗迹或者历史遗迹，将其尽可能地保留之后，能够给人们传递特定的历史文脉，丰富当地的文化内涵。现有的遗址公园大多将历史文化内容与现代旅游活动相结合，有着较高的旅游观光和文化教育价值。

4. 体育公园

体育公园主要以城市现有的自然及人文景观为基础，以体育运动为主题，建设锻炼设施，达到体育锻炼的目的。

5. 综合性公园

综合性公园相比社区公园，其规模更大，功能更加均衡全面，不仅可以满足旅游休闲的需求，在城市的生态价值、防灾减灾和教育科普方面更是起到了重要的作用。由于其规模较大，拥有大面积的绿地和开敞空间，非常适宜人们来此进行户外活动。同时，大型的综合公园可能距离城市的居民区较远，这就要求它具有很高的可达性，应当位于交通的主干道附近，便利的交通条件可以缩短人们前往公园的时间，让人们更加愿意来到公园体验自然。

如位于新城西区明月湖的明月湖公园，总面积达 25.1 万平方米，是一个综合型的文化休闲公园，周边有居住、商业和行政用地。园区内主要分为四个板块：湿地生态环境板块、商业活力板块、体育运动板块、休闲游憩板块。明月湖周边坐落着国展中心、京华城生活广场、双博馆、文化艺术中心等城市生活综合体。采用自然与人文相结合的设计手法，因地制宜，在保留现有湿地的同时，梳理区域内的植被绿化，并且通过设置亲水平台、硬质广场、健身步道、锻炼器材，营造丰富多样的户外活动空间。公园的设计将明月湖和周边的城市环境有机地连接起来，丰富文昌西路的景观层次，成为扬州城市绿地系统中的重要一环。

6. 主题公园

主题公园主要是为了满足旅游者多样化休闲娱乐需求和选择，按照特定的主题来建造的一种具有创意性活动方式的现代旅游场所。通常以一个中心主题为基础，多个副主题辅助为特色。它比普通的城市公园和游乐场更为精致，并且提供适合不同年龄阶层的景点和活动设施，通过高新技术的手段塑造贯穿整个公园的主题式游览体验。

如马可波罗花世界乐园（图 2-5-10、图 2-5-11），以花卉旅游文化为主题，位于扬州市生态科技新城自在岛度假区最南端的小南圩上，是扬州市 30 项重大城建项目之一，占地约 0.53km^2，于 2016 年 4 月正式向游客开放。园内建设了 7 个各具特色的主题花园：东方花园、奇迹花毯、海底花园、波斯花园、精灵花园、威尼斯花园、地中海花园，并且拥有五大花卉奇迹、魔幻东游之旅、挑战勇敢者游戏、环球美食之旅等不同的观光景点，景区还设有完善的配套设施和服务，致力于打造一所集观赏、

图 2-5-10　马可波罗花世界

图 2-5-11　马可波罗花世界

图 2-5-12　花都汇展馆内

图 2-5-13　花都汇外部景色

游览、餐饮、购物、娱乐、休闲为一体的综合性花卉文化主题乐园。

花都汇（图 2-5-12、图 2-5-13）也是一个以花卉园艺为主体的城市公园，位于宋夹城体育休闲公园的东北方向。南起上方寺路，北至肖庄路，西起瘦西湖路，东至鸿福二村及玉人路，园内包含了4个大型展馆、3个小型展馆和1个游客服务中心，主要是以展示、体验和售卖的方式，向游客介绍花卉园艺的魅力。花都汇曾经是一个垃圾填埋场和一座黄土山，在经过生态修复之后，因地制宜地将原有的垃圾厂房改造成展览馆，曾经的垃圾掩埋山也被重新设计成了滑草坡道，合理开发成为一个完美的城市宗地修复范例。

三、扬州城市公园建设理念

（一）开放性理念

奥姆斯特德（Fredrick Law Olmsted）在进行纽约中央公园设计时提出公园设计的四原则：远离城市噪音的"绿色屏障"；提供玩耍的开放空间；提供不同阶层共同使用的空间；划分土地、投资土地，并从中获得巨大的经济回报。国家标准《园林基本术语标准》（CJJ/T 91—2002、J 217—2002）对公园的定义则是："公园是供公众游览、观赏、休憩、开展户外科普、文体及健身等活动，向全社会开放，有较完善的设施及良好生态环境的城市绿地。"这两个对公园的定义中，"开放空间"和"向全社会开放"的区别在于第二个定义中的公园并不一定是开放空间，而可以是具有封闭的形式，可以选择是否对外开放的空间。从对公园字面的定义上可以看出，不同的城市社会背景和城市公园的发展阶段下，城市公园的存在和运行状态也有着不同的表现形式。

当人们漫步在扬州街头，常常已置身于风格各异的城市公园而不自知，为数众多的社区公园、体育公园并没有被高低不一、形式各异的围墙包裹，相反便捷的亲民设施，貌似无心设计的游览道将居民从工作空间自然引入到设计师精心设计的公共交互空间中，使得城市公园融入公众的生活之中，仿佛公园已成为城市人生活不可缺少的部分。

（二）增长极理念

增长极理论最初由法国经济学家佩鲁（Francois Perroux）提出，是指优先培育有活力的高度联合的一组产业，它不仅能迅速增长，而且能通过乘数效应推动其他部门的增长，这些增长点或增长极通过不同的渠道向外扩散，对整个经济产生不同的最终影响。增长极理论提出以来，被许多国家用来解决不同的区域发展和规划问题，这是因为它具有其他区域经济理论所无法比拟的优点。对于增长极的空间落实，1933年，德国地理学家克里斯塔勒提出了中心地理论，克氏从市场、交通、行政三方面提出了中心地（增长极）布局的关系。1944年，德国经济学家廖什在城市内部中心地理论的基础上，充分考虑了交易成本的问题，提出了廖什景观。两位学者对增长极的布局构思影响着当前的城乡发展。在城市尺度下，增长极的应用是培育城市各级中心。如扬子津古渡体育休闲公园、三湾公园的建设对公园周边地价产生的推动效应。

（三）文脉延续理念

城市中的历史遗迹、空间格局、建筑风貌等传承着城市文化，体现着城市地域特色。因此，在城市中新建或改建城市公园，要严格保护历史遗迹，尽量保持城市原有肌理和格局，妥善保留和发扬具有传统地域风貌的建筑。这并非是要求城市发展一成不变，随着历史的推进，社会经济生活环境的改变，城市及城市公园必将发生变化，但这种变化是有据可依的、有史可查的，而非切断历史的盲目建设。

作为国务院首批公布的24座历史文化名城之一，近7000年的文明史和2500年的建城史，造就了扬州深厚的历史文化底蕴，园林文化、盐商文化、佛教文化、饮食文化、休闲文化等各类特色文化享誉海内外，在旅游者心目中具有很大的吸引力。以宋夹城体育休闲公园、扬子津古渡体育休闲公园为代表的城市公园既是对扬州文化根基的追溯，又是新时期精神文明建设的有力举措，让居民"文起来、动起来、乐起来"，增加相互交流，更好地享受到经济社会发展和城市建设的最新成果。

四、扬州城市公园建设战略

战略是为未来的工作指出发展方向。扬州城市公园在未来的发展，既要配合城市化的进程，也要满足城市居民休闲和生活需要。有关扬州城市公园的数量和分布问题，本次的调查结果显示大多数人对此表示满意。市民最关心的问题是公园免费开放以及能否发挥各种功能。因此，未来扬州城市公园的发展方向是要全面实现免费开放，同时在逐步免费开放的过程中及开放之后都能保证各种功能的发挥。

为了实现城市公园的发展目标，公园的发展需要完成两件相辅相成的事：其一，为功能做载体的活动项目的发展，公园需要致力于改变城市居民的休闲文化观念，引导市民正确使用公园，以提高市民的生活质量；其二，对公园运营的经济来源的拓展。把经济效益当成公园经营和管理的主要目的有悖于公园的属性和定位，但是没有经济来源又不能保证公园的正常运营。单纯依靠政府投入会让公园的经营陷入被动，因此在公园为实现功能而努力之际，开辟生财之道是城市公园发展的必然之路。需要积极地探索管理与经营的新方法，以保持公园的活力及多样性。对收费公园，建议实行收费改革，包括年卡改革、降低收费、定时免费等，开辟专用税收作为缓解公园资金问题的措施。

五、扬州城市公园建设规划

目前，扬州城市公园的建设已经成为城市公园体系建设中的重要一环，并且成绩显著。在城市的总体规划框架中，从整体出发，统筹布置城市生态空间格局，合理安排城市游憩空间，完善城市生态网络。注重推行老城"+公园"、新城"公园+"的理念，形成"公共空间+公共服务+居民住宅"的格局。公园体系的建设实现了"园在城中、城在园中、城园一体"，并且从"城市公园"向"公园城市"改变。

扬州城市公园的多层次规划、多样化发展、多功能建设，体现了扬州城市公园规划中先进的公园建设战略与理念。扬州已经初步形成了"以中央活动区为核心，建立起市级、区级、社区和各类专类公园的大、中、小合理搭配"的公园体系。

从规模大小来区分，扬州的综合公园、社区公园及口袋公园层次分明，在城市界面上既相互独立又互为补充，直接惠及市民这些城市公园形成了城市绿色网络中的重要节点，与园林城市的发展形态紧密结合。公园的品质与公园的数量同等重要，小型的公园、绿地将会更加高效便捷地被市民使用，也会有更大的社会效益。

从公园规划的多样化来看，扬州城市公园在规划中注重各类公园大、中、小合理搭配，同时又注重彰显特色，社区公园、生态公园、体育公园、文化遗址公园的建设丰富了公园类型，避免千园一面。

随着社会的发展，扬州城市公园承载的大众需求和需要解决的城市问题将会变得越来越复杂，这就要求公园的构建必须是多功能性的，它既能面向公众开放，又要具有文化特性，同时拥有良好的生态效益。当然也应该拥抱城市，面向城市开放。在快速城市化进程中，城市新区往往规划有集中的大面积公园绿地，这些绿地许多都是依托原有场地丰富的自然资源与城市形态紧密结合，更具开放性。首先，现代扬州城市公园的建设充分发挥为公众服务的功能，将以往园林的"可观"转变为现代公园的"可游""可玩"，设置健身步道、体育运动器材，让市民们可以积极地参与到户外的活动中。其次，公园在规划过程中也有机地融入了当地的地域特色、历史文化与自然景观，突出公园的文化特征，如宋夹城遗址公园。最后，像是廖家沟城市中央公园和三湾公园，在规划之初就充分考虑了公园建设用地周边的环境状况。在生态保护和开发利用中做好权衡，利用当地的生态环境、自然景观、乡土树种，依靠大自然做功，营造出具有生态效益的城市绿地。

在未来，扬州的城市公园体系还会不断地发展和完善，主要完成"一片两廊多点"的体系建设，打造"城园一体"的格局。

六、扬州城市公园建设原则

习近平总书记在党的十九大报告中指出，我们要建设的现代化是人与自然和谐共生的现代化，既要创造更多物质财富和精神财富以满足人民日益增长的美好生活需要，也要提供更多优质生态产品以满足人民日益增长的优美生态环境需要。城市公园正是可以给市民带来优美生态环境的城市绿地系统重要部分。扬州城市公园建设原则正是基于这样的思考，用景观生态重塑城市形态，提供公共空间惠及广大市民，它的建设原则可以总结为以下三点：

（一）城市公园建设应该尊重地域特色

扬州作为拥有诸多传统建筑、园林的历史名城，它的城市公园建设应该要尊重地域特色。譬如宋夹城体育休闲公园，整个公园对外免费开放。其中东南西北四个大门都是具有扬州特色的城楼，公园更借助良好的生态环境、自然的水系、成荫的树林和丰富的历史遗存，使市民在此健身锻炼的同时享受自然的清新和历史的积淀。

（二）城市公园建设应该注重多样性

多样性涉及建设公园的布局均衡、规模匹配，要把城市公园体系作为城市建设规划的重要组成部分，作为城市重要的基础设施、功能性设施优先规划、建设。多样性也是基于不同场地建设规划要点：在城市新区建设中，优先定点规划建设，再在周边布局建设公共服务设施、市民生活区、商业区等。而在古城区和老城区，则按照城市双修的要求，充分利用工厂迁移、沿河绿道甚至桥下空间，因地制宜地添加城市社区公园、口袋公园。

扬州城市公园建设更强调包括树木、步道、厕所和小卖部等的"十要素"，有树、有高杆灯、有长条凳、有高低篮球架或标准篮球架、有300m^{2}的橡胶平地的"五个有"，细节设施的多样性更是为了尽可能地满足市民不同类型的绿色活动空间需求。

位于扬州市东部的曲江公园为了满足市民体育休闲需求，增设乒乓球馆、智慧健身步道、健身测试小屋、棋牌桌椅、篮球场、气排球场、太极区、跳舞广场、儿童游乐场、风雨长廊等基础设施，让老百姓真正地参与到全民健身活动中。来鹤台公园也及时对设施维修提升，对广场内破损铺装、西侧破损路面进行修缮更新，并在广场中增加坐凳、垃圾桶等设施。

（三）扬州城市公园建设应该尊重生态系统

城市公园作为城市绿地系统的重要环节，应该要尊重生态系统，在生态修复的基础上，栽种适量绿化，对环境进行改造提升。让市民畅游在自然和谐的环境中，享受自然生态。并立足于城市的可持续发展，在节省资源合理利用城市土地的同时，注意环境保护和生态平衡。公共空间的规划设计也将与居民的行为习惯相一致，突出健身休闲的公园特色，体现人文关怀与人文精神。

大水湾公园在植物设计上坚持"适地种树、经济美观"的原则，灵活运用乡土树种。公园植物设计在整体上以自然、亲和、人性、健康为主旨；在空间上利用植物围合空间，创造适宜的公园空间；在设计上富于变化，注意各类植物的花期在时间上的连续性，注意秋色树在造景上的搭配，以做到四季常青、三季有花，形成良好的公园生态系统。

第三节　城市公园评价目的

一、保护生态环境

城市在发展的过程中，难免会忽视生态环境的保护，城市的"热岛"和"雨岛"效应频繁发生，很容易催生出一些城市灾害，损害市民的利益。湿地被称为地球之肾，城市公园则是城市之肺，并且在城市环境的保护中发挥着至关重要的作用，主要体现在维护城市生态系统、保护生物多样性以及营造生态环境等方面。首先，城市公园可以调节微气候，缓解热岛效应，调节空气湿度，促进局部地区的气体环流；同时也可以吸收噪音，净化水体和空气。其次，城市公园可以给城市里的野生动植物提供生存的场所，保护生物群落，各个物种之间相互依赖、彼此制约，形成稳定的生存系统。最后，城市公园可以营造健康的生态环境，城市中的绿色植物可以通过光合作用释放氧气，提供更加清新的空气。

城市的生态环境与市民的生活质量息息相关，城市公园在建设之初就要进行合理的规划和设计，确立以生态优先的指导理念，妥善处理好土地开发和生态保护之间的平衡。从宏观上来说，城市绿地系统要和周边的林地、山区相沟通，从微观上来说，城市内每一个绿地都有各自的生态职责，可以净化空气、水体以及一些城市的污染物。使得城市绿地之间可以按照一定的科学规律沟通、连接，组成一个有机的整体。这些绿地各司其职，形成了一个完整的城市绿化系统，充分发挥维护城市生态平衡的作用，使其生态效益最大化。

二、降低经济成本

降低经济成本从字面上理解就是尽量减少前期建设以及后期维护的成本，形成"节约型城市公园"。高造价的景观设计元素，如植物、路灯、铺地、栏杆等并不能提高人们游园的满意度，相反，与造价无关的造景元素更能吸引市民。因此，并不能直接断言造价越高的公园带来的社会和经济效益就越高。

节约型的城市公园尽可能用最低干预的设计手段，用尽可能少的土地、水以及财力，对场地内部以及周边的生态环境尽可能少的干扰，来美化我们的城市[30]。目前，中国的城市公园设计大部分都是采用"高投入，低养护"或者是"低投入，高养护"的建设模式，这在一定程度上受到了古代造园理念的影响，因为古时的私家园林和皇家园林都是为社会上层人士服务的，他们有能力负担整个园林建造和养护的费用。而城市公园是面向公众开放的，因此在建设上应当另辟蹊径，寻找"低投入，低养护"的建设模式。这就需要公园的设计者遵循地方特性，师从自然，更多地选用乡土的植物、本地的材料，来营造一个更加和谐的人地环境。

在公园建设的实际过程中，可以分为"短期节约型"和"长期节约型"。

短期节约型即在公园建设的初期，利用新的技术和工程手段对硬景和软景两个方面进行干预，在满足居民日常使用需求和改善城市环境的前提下，降低建造的成本。

长期节约型即在设计和施工的过程中，选用适合于场地环境的乡土树种，以及使用生态材料、废物利用、雨水收集、自然净化等设计手法，让自然做功，形成自循环的生态系统，降低后期的维护成本。

在公园的建设中，运用短期和长期相结合的节约型设计手法，形成全面完整的节约型公园建设理念，降低建造和维护的成本，促进城市公园的可持续发展。

三、提升社会价值

城市公园作为绿地系统中的一环，在满足人们日常生活需要的同时，要在防灾减灾和科普教育这两个方面提升其社会价值。

1. 防灾减灾价值

在城市的综合防灾减灾体系中，公园作为具有一定规模的绿地区域，是地震、洪水、火灾等严重灾害的重要避难场所。防灾性质的公园在灾害预报后或者灾害发生时起到临时安置受灾群众的作用，这就需要公园提供安全的避难场所，减少、消除居民的危险性，提高居民的安全、保护性。因此，应当对防灾公园的安全性进行科学评价，得出满足避难疏散安全性要求的确切结论。如果防灾公园不具备更安全的条件，也就失去了到防灾公园避难的必要性。影响防灾公园安全性的因素很多，主要通过四个方面来对其进行评价：环境安全、规模安全、设施安全以及道路安全。

环境安全：需要对公园的地质、自然和人工环境进行衡量，消除环境在灾害期间带来的潜在安全隐患。

规模安全：公园的规模决定了人群有效避难面积以及服务半径的大小。规模越大，容纳避难者的能力就越高；服务半径越大，避难者到达防灾公园的时间就越长，中途遭遇后续灾害的可能性就越大。

设施安全：防灾设施是防灾公园具有防灾

功能的基础与保障，也是确保避难者安全避难的重要条件。公园内应该设置通讯设施、卫生设施、能源设施，救灾物资确保在紧急情况发生时，可以维持居民的基本生活需求。

道路安全：在道路的规划上，应当设置避难道路、消防通道，在道路两侧的建筑物倒塌之后不会阻挡疏散线路，同时也要有防火设施[31]。

除此之外，防灾公园需要从宏观上进行把控，合理地布局，才能从整体上提高城市公园的防灾功能，从而形成高效合理的防灾系统。不同规模的防灾公园在避难时发挥不同的作用，分级配置。在灾害发生时，先将人群疏散到临时防灾公园，再以集体为单位转移到规模较大的中心防灾公园进行安置。合理布局的防灾绿地可根据人的实际需要形成快速、方便、安全的逃生通道和避灾场所，使人们在灾难中的逃离行动有序快速地进行，避免混乱，更增强了在灾难发生时对人的保护。

2. 科普教育价值

早期的公园大多以单纯的旅游休闲功能为主，近年来在城市公园的基础上不断拓展其功能，目前已经逐渐形成了具有爱国教育精神和科普教育意义的城市公园。具有纪念意义或者历史文化价值的城市公园和绿地，可以在场地中设置展览馆、陈列馆、宣传廊等，以文字、图片形式宣传相关的历史文化知识。这些绿地空间中可以定期举办相关主题的社区活动，激发公众的参与热情，通过有趣的活动、寓教于乐的方式来拓展知识。此外，市民也可以通过城市公园绿地接触到生活在自然中的各类动植物，观察它们的形态样貌和生态特征，认识到人类也是自然中的一部分。亲身参与城市的生态文明建设，更有利于增强人们的环境保护意识[32]。

四、传承历史文化

我国的历史悠久，地域广阔，每个城市在历史的长河中都受到环境因素的影响，形成了各自不同的特点。在步入现代社会以来，城市的发展迅速，快速地和国际接轨，这也带来了城市同质化的不利影响，在中国的许多城市中都出现了"千城一面"的现象。一条商业步行街、一栋摩天大楼成为了每个城市的特征。所以，在城市公园的发展中，如何打造个性鲜明的城市特征是迫切需要解决的问题。现代城市绿地系统布局应尊重地方的地脉、史脉和人脉，共同营造每个具有个性和文化内涵的特色城市。除在植物配置上强调乡土树种和市树、市花的作用外，应从景观学和景观生态学的角度，来挖掘、强化和塑造城市自然景观特色、历史文化特色，以形成独具特色的城市景观[33]。扬州作为一个历史名城，有长达2490年文字可考的历史。城市历史遗存十分丰富，拥有扬州八怪、扬州画派、扬州园林等深厚的文化底蕴。在扬州市各个区域内的现状特点、绿化条件、场地性质也不尽相同，所以城市公园的规划布局必须结合当地特点，因地制宜，从实际出发，合理布局，体现城市特色。

五、满足功能需求

人类是城市的主要使用者，在城市公园的建设中要围绕以人为本为指导理念，满足人类日益增长的各方面需求。人类建设公园的初衷就是可以改善环境，营造美好的家园，可以世世代代在这里生存下去。所以，公园的基本功能建设就需要放在第一位来考虑，它在建成后可以为多少人提供服务，并且又可以提供怎么样的服务，这些都需要根据公园基地的性质、面积大小以及所处位置来决定。城市公园在建设前需要进行科学、合理的布局，能够使城市绿地的分布具有清晰的整体性、协调性和有序性，可以让身处其间的人们产生熟悉感和条理感，营造更加舒适的城市环境，提升人们在城市中生活的幸福感。

长时间在城市里生活的人，都会对自然景观产生美好向往。在购置房产的时候，小区内的绿化情况和外部的环境状况都是重要的评价因素，人们希望自己有一个理想的生活环境，住宅周边最好配有庭院、小区绿地、街边绿地、社区公园等。在周末，可以去离住宅较远的森林公园、生态保护区、风景度假村等。公园的设计应把人类对环境的需求体现出来，既满足城市与自然和谐发展的美好愿望，又满足人类回归自然的野趣追求，给人们带来福祉。作为从宏观上指导城市公园建设的城市绿地系统，要贯彻生态先行、以人为本的设计理念，使其在达到防尘、降温、增湿、减噪等生态效益的同时，考虑人们的使用需求，让最广大的人们感受到绿地的人文关怀，并尽量提高绿地的可达性、观赏性、互动性，供人们休闲、游憩、娱乐、活动，提高居民的生活品质，给人们的生活提供便利。在布局上要准确分析居民需要，注重城市绿地的服务半径，并设立必要的步行道和环线道路，使市民能够充分、便捷地使用绿色空间，得到绿色空间的生态服务，提高和完善生理素质，促进人们相互交流，放松身心，缓解在工作中产生的压力。

六、采用先进技术

城市公园的建设会受到科技水平的影响。从理论上讲，在景观设计的建设过程中，重视高新技术的开拓与应用，将国内外先进技术与地区的实际相结合，推动技术的进步，这是非常必要的。时代的快速发展，海绵城市、LID等新规划设计理念的出现，生态修复、雨洪管理、垂直绿化等新技术的不断进步和创新，都源源不断地注入城市公园的建设当中。以此为依托，大力推广新材料、新工艺、新技术的开发。因此，在未来的城市公园设计中，以减少各种废弃物的产出、减少对环境造成的不良影响为目的，充分利用环保型材料、地方材料和先进工艺，减少使用生产过程中耗能大、污染大的材料，并且能够利用施工过程中形成的废料进行二次利用，确保每种材料的价值都被充分挖掘。合理地利用施工简单、技术成熟和环保的材料，可以有效地降低建造成本，同时又可以突出公园的地域特性[34]。

第四节　城市公园评价理论及在扬州的实践

一、使用后评价理论

（一）使用后评价理论的概念

POE（Post Occupancy Evaluation）理论即使用后评价理论，它是从使用者的角度出发，对经过设计并正被使用的设施进行系统评价的方法理论[35]。POE通过一定的标准程序，需要考察的参数包括建筑的功能、物理性能、生理性能、环境效益、社会效益以及使用者的心理感受等，评价的结果作为信息反馈可以对未来的建筑、景观设计，尤其是重复率比较高的通用建筑类型，如学校、住宅与公园等产生有益的影响。建筑性能的优、缺点都将作为评价的内容，而这一工作能够通过提高建筑质量和投资效益使业主或建筑的使用者受益。使用后评价与其他的设计阶段一起在建筑整个生命周期中呈现出这样一种顺序：规划—建筑策划—设计—施工—投入使用—使用后评价，这是一个完整的产品链，同时这个链又是首尾相连，循环反复的[36]。使用状况评价最初只是推广和应用于评价建筑设计领域中的一种方法，后渐渐外延扩大为一种对建成环境评价的研究方法。使之适应使用后评价、设计后评价和设计理论研究等多种目的，把环境评价充分结合到设计过程的各个阶段中，发挥评价的价值实现的功能。这样就把建筑领域中这种从使用者需求角度出发的环境评价，作为建成环境评价学来研究，推广为更大领域范围内的评价理论和方法[37]。

（二）使用后评价理论的发展历程与研究现状

在公共建筑场所的设计中，一直存在着非正式的或者主观的场所评价。许多学者注意从文化方面来探讨人们对环境的评价，提出了不少新的理论。20世纪60年代西方兴起的人类行为与建筑设计关系的研究，导致了新的建筑领域——环境设计研究的产生以及环境设计研究机构的出现。这些机构人员一般由建筑师、规划师、室内设计师、机构管理人、心理学家、社会学家、人类学家和地理学家组成[35]。在POE实践上，评价类型从早期的宿舍、老人公寓、医院，到后来的办公、商业、娱乐设施，直至城市空间和整个城市环境（建筑、公园、广场）范围，已经涉及可持续发展建筑和生态建筑的评价，并且开发了相关的计算机软件，如GIS、虚拟现实技术等。POE研究方法的成熟主要体现在为项目设计和使用服务的到位，POE的研究已经成为项目生命周期中必不可少的内容。POE开始正式纳入设计过程，形成了策划—设计—反馈（POE）不断循环的设计模式。旧金山公共图书馆在1996年4月建成投入使用，次年4月，市长提出进行POE的动议，讨论图书馆服务的便捷性，1999年正式进行POE，由专家对图书馆运转状况做出评价，不仅要陈述现有环境的缺点和优点，还包括列出改建的开支预算。POE评价提供了大量的调查数据，形成报告，并修改了使用后评价的研究范围。

国外POE经过四十余年发展已经趋于成熟，评价体系也已经成型，POE服务机构大量涌现，POE理论和方法已经规范化并呈现多样化的发展局面；POE研究范围和内容不断扩大、深入。20世纪60年代，主要是大学的学者进行小范围（大学宿舍、学校医院）的个案研究；70年代，研究范围扩大至公共住宅、老人院等，调查对象也扩展到官方办公室工作人员和军队成员；80年代，POE在各地实施，范围扩大到一般企业的办公室、政府建筑、各种公共建筑和城市开放空间；90年代以来，POE研究理论和方法日趋成熟，研究内容从使用者的心理和行为扩展到场地状况、业主情况、周围环境、设计过程和社会历史背景；后来又出现了专门的POE研究机构和公司，POE成为一种职业，许多人员从事的工作就是POE研究或实践，POE已经完全商业化、市场化；Internet技术、虚拟现实技术、GIS等计算机信息技术的发展开始影响POE的评价程序和手段，这些新兴的科学技术如何促进评价方法是当前的主要课题。另外，由于POE理论源于建筑使用状况评价的研究，主要的研究领域很多还是集中在建筑空间的研究上。近些年POE研究范围环境科学中的环境质量评价学发展起来后，也逐渐影响到建筑、景观等城市科学，相继引入了城市环境质量评价和建设项目的环境影响评价，但其评价因素仅限于物质环境质量指标，如大气、土质、水、噪声等，后来才开始考虑包括社会生活因素在内的综合评价。

我国的使用状况评价（POE）始于20世纪80年代初，是随着环境心理学及环境行为学等学科的发展展开的。许多学者所做的研究没有直接指明是POE，但其研究工作的性质和范围属于POE领域。90年代后，一些学者尤其是青年学者涉足此领域，并在理论和实践上均有不同角度的探索。常怀生在1982年开始介绍建筑环境心理学并开始在国内传播环境评价理论。到1992年，他先后调查了全国9个城市123户住宅，4个城市7家医院近60间病房，以及深圳6栋办公楼近40间办公室，其评价的实践侧重于研究人与微环境的心理互动关系。另外，常怀生在他的《室内环境设计与心理学》（1999年）一书中系统地介绍了POE的基本原理和操作程序、方法。杨公侠对视觉环境进行了许多环境评价研究，并在环境评价理论和实践方面做了大量工作。他重点介绍了英国学者D.Canter的"目标场所评价理论"和"块面"评价法，指导研究生参与环境评价实践并因地制宜地做了一定范围的评价方法探索，有《环境心理学的理论模型和研究方法》《上海居住环境评价》等研究成果。

二、条件价值理论

（一）条件价值理论的概念

条件价值理论CVM（Contingent Valuation Method）是指在假想对象的情况下，以调查问卷为工具来评价被调查者对缺乏市场物品或服务所赋予的价值方法。CVM最初是针对环境问题进行经济学分析的一种量化分析方法，由王翠普（S.V.Ciriacy-Wantrup）提出，通过询问人们对于环境质量改善的支付意愿（Willingness to Pay，WTP）或忍受环境损失的受偿意愿（Pillingness to Accept，WTA）来推导出环境物品的价值。1963年，美国学者Davis将它应用在宿营、狩猎的娱乐价值评价，其后应用的领域逐步扩及环境以外的公共资源或者其他公共产品和准公共产品。1984年，美国加州大学的汉纳蒙教授奠定了CVM的经济学基础，提出了CVM与随机效用最大化原理和支付意愿等概念的联系。个人的效用受市场商品x、环境物品q以及个人偏好s的影响，假定个人偏好s不变，则个人效用函数可表示为$u(x, q)$。在收入y和市场商品价格p的约束下，个人消费效用（u）最大化可以通过求解方程（2-5-1）实现：

$$\text{Max } u(x, p) \quad s.t \sum p_i x_i \leqslant y$$
$$(i=1, 2, 3, \cdots, n) \quad (2-5-1)$$

通过方程式2-5-1可求得一组需求函数：$x_i = h_i(p, q, y)$，在此基础上可定义间接效用函数$v(p, q, y) = u[h(p, q, y), q]$。假设$p$不变，环境物品和服务$q$从$q_0$变为$q_1$，如果这种变化是环境的改进，则个人的效用会提高，即$u_1 = v(p, q_1, y) \geqslant u_0 = v(p, q_0, y)$。可以用间接效用函数来表示这种效用的提高：

$$v(p, q_1, y-C) = v(p, q_0, y) \quad (2-5-2)$$

式（2-5-2）中的收入补偿变化量C就是指当环境改善，由q_0变化到q_1（假设是一种环境改善），个人为保持效用不变所愿支付的金钱数量。CVM方法就是通过问卷调查的方式引导出被调查者的补偿变化C，C表示的就是个人的WTP。则总价值（T）为：

$$T = \sum_{i=1}^{N} WTP_i = N \cdot E(WTP) \quad (2-5-3)$$

式（2-5-3）中N是假想市场的大小（人口数、家庭数量等），$E(WTP)$是被调查者WTP的期望值。至此，CVM得到了迅速发展和完善，目前已成为一种评价非市场公共物品与资源经济价值的最常用和最有效的工具[38]。

（二）条件价值理论发展历程与研究现状

在空间规划中，钱欣等研究发现，城市街头公园对个人的收益随居住地与公园之间的距离增加而迅速递减；城市街头公园改造的使用者与投资者差异不仅是居民使用与政府投资的分离，还有甲地居民使用，乙地政府投资式的错位[39]。杨惠惠对橘子洲景区游憩价值及其影响因素进行条件价值评估研究，发现价值评估可以为景区内自然资源的保护、规划和管理（如保护性、维护性投入费用的多少）提供科学的依据；同时，游憩价值的评估结果还可以作为旅游地门票价格制定的依凭，也可以辅助分配不同利益主体间的资源保护预算和游憩收益，并且也是进行有效的旅游开发的成本—效益分析的基础[40]。綦非认为使用者支付意愿的影响因素主要是使用者使用公园的情况和个人的社会经济背景，尤其是与使用频率和收入水平显著相关；公园对周边住宅价格的影响主要表现为公园视线的有无，有公园视线的住宅会增值7.68%，而与公园的距离因素并没有显著关系。城市公园存在巨大的潜在价值，其量化结果超过了建设和管理所投入的费用，并且公园的价值在城市中发挥着积极作用；公园的价值是可以借助于以上方法进行量化的，且两种方法结合所评价的公园价值更加全面和可靠；公园的价值与使用者的使用情况和个人社会经济背景显著相关，也与公园的景观视线有关[41]。在以古典园林为主的城区，空间的开放性成为衡量社区价值的重要测量指标，孙剑冰研究发现，苏州主城区居民对公共空间的支付意愿（WTP）为每月5.94元/户，中间值为每月5元/户，对以五峰园为代表的中小型苏州古典园林空间开发，提出了政策建议[42]。李会民等将条件价值评估法与数理模型双变量 Pearson 相关性和 Logit 相结合，对汉口江滩公园的社会经济价值进行评估。成功地估测了汉口江滩公园在2012年的经济总量，达到了37057万元，结果表明，居民的支付意愿与其到江滩公园的频率、对江滩的印象、依赖程度、居住地、职业、月收入显著相关，总体上居民的环境支付意愿不足，环境保护意识亟待增强[43]。

三、特征价格理论

（一）特征价格理论的概念

特征价格理论。即 HPM（Hedonic Pricing Method）。Hedonic 原意是"享乐"，以享乐命名是因为商品价格取决于商品属性的系数值以及属性带给消费者的愉悦和满足感，其实质是从产品的异质性出发，把产品价格分解为特征价格，并通过市场交易数据估计出产品特征的隐含价格。显然，构建公共空间特征价格模型的第一步是识别影响公共空间的使用功能和效用，从而决定公共空间价格的各种特征。在分析环境属性与房地产价格之间的关系时，它与旅游成本法（Travel Cost Method）、条件评价法（Contingent Valuation Method）等揭示性评价法和陈述性评价法以及生活满意度方法（Life Satisfaction Approach）一起作为自然环境经济价值评价的核心方法。这是因为，由于自然环境要素的非市场性，使其无法通过市场交易机制来反映其具有的经济价值。然而，根据大量国外相关文献研究，已有文献大都集中在单一的旅游资源景区或游憩活动的定价问题；如度假区的价格、旅游短租价格、饭店餐饮的价格等。

（二）特征价格理论发展历程与研究现状

为深入分析大型城市公园绿地对住宅价格的外部效应和影响肌理，量化公园绿地作为公共物品的空间配置价值，陈庚等采用半对数特征价格模型，以北京市奥林匹克森林公园为研究对象，从不同方向、不同距离分析大型城市公园绿地对住宅价格的定量影响。研究发现，奥林匹克森林公园对周边住宅的外部效应存在方向异质性，具体表现为不同方向上的住宅增值系数、影响范围、边际价格等方面存在较大的差异；奥林匹克森林公园对周边住宅的外部效应存在距离异质性，住宅增值系数整体上与到公园距离成反比，且在不同距离范围内分化明显；因公园绿地的组成要素、可达性及周边区域条件的不同，不同方向、不同范围的公园绿地作为公共物品所提供的功能效用互有差异，住宅增值效应也随之改变[44]。颜佳一运用地理信息系统中的克里格插值法，对昆明市小区住宅情况进行研究，最后应用一般特征价格模型和空间特征价格模型从住宅和小区两个层面研究昆明城市公园对居民满意度的影响，研究发现住房价格走势，以公园为中心，向四周呈下降趋势。其中翠湖公园周边房价圈层最为明显，月牙塘公园次之，龟龙湖公园再次之，居民距公园越近享受公园服务越便捷，满意度也越高[45]。余建辉等利用特征价格模型，研究了出让土地区域的社会属性特征，出让土地中的城市公共绿地具有多方面的服务功能，表现为正向外部效应，因而具有其经济价值。在快速城市化背景下，城市居民对公共绿地日益增长的服务需求加剧了公共绿地与建设用地争地的矛盾，城市居民对公共绿地质量的需求也日益提升。研究显示：①居住用地价格存在显著的空间依赖效应，轨道交通和公园绿地便利性及合理的土地混合利用能够显著提升地价。②人口密度、租用公共住房比例和居住用地开发强度等地块所属社会经济属性对价格影响显著。③居住用地的空间依赖效应、周围商业办公用地溢出效应、轨道交通和公园便利性的特征价格随着就业可达性、教育状况、租用公共住房比例、犯罪率和居住用地出让比例等地块所属社会经济属性特征的变化，存在较大的分异。

四、城市公园评价研究范式

范式概念是库恩范式理论的核心，而范式从本质上讲是一种理论体系。库恩指出："按既定的用法，范式就是一种公认的模型或模式。由于不断受到相关学科理念和新思潮的影响，加上实践应用中目的各不相同，形成了五种城市公园评价研究范式：行为主义范式、认知范式、绩效评价范式、社会性范式、现象学整体评价范式。

（一）行为主义范式

行为主义范式比较注重研究外显行为，社会行为的研究范式特别关注个人行为，以及影响个人行为的增强作用与惩罚。行为主义者认为，运作于环境之中的个体之行为，是行为主义者的研究题材，他们专注于行为与行为者的环境之间的互动关系,认为通过对环境和行为互动关系的研究,可以预测和控制个人及社会的行为,达到控制社会的目的。认为只有可观察的行为才是客观的,因此研究时大多使用观察法收集人的行为信息。在评价过程中大量运用标准化或开放式的问卷来了解环境使用者的行为方式和规律。研究环境中特定行为的工具有:活动日志、行为地图、行迹分析图、行为活动分类记录表、建筑使用行为核查表等。

(二)认知范式

认知范式比较重视对使用者心理内驱力的研究,认为主体的内在需求以及他们对环境的态度和心理感受影响着环境取向与行为方式。近年来意识研究已开始向实验科学靠拢,但对意识和无意识的实证研究几乎都是以"是什么的"相关分析为推测依据,而无法进行"为什么的"因果关系的解释性揭示。国外很多评价将重点置于获取使用群体对外部环境的综合感知信息上,以此推论人们的环境价值状态。认知范式重视研究意象,将心理模式与设计环境联系起来,如林奇(Lynch)的认知地图方法。主要研究方法有:认知地图法、模拟法、口语报告法和住宅单元平面游戏法等。

(三)绩效评价范式

绩效(Performance)评价范式是一种带有管理倾向的研究范式,追求建筑产品的综合效益,带有实用主义的色彩,是美国使用状况评价中颇具影响的取向之一。该范式在评价中较重视综合指标的考察,把环境的综合性能作为第一位因素,重点考察客观物质环境和设备运行状况。在理论假设上,倾向于将客观指标与主观指标综合起来考虑,并多以客观标准作为最后评价的判据。例如普莱塞(W.F.E.Preiser)认为绩效评价的要素主要有技术性能元素(防火结构、暖通等)、功能性能元素(适用性、空间容量、安全感、可达性等)和行为性能元素(私密性、领域性等)。此类范式在建筑评价中用得较多,它重视实证主义,并有一套系统的评价程序与方法。

(四)社会性范式

社会性范式研究的中心议题和评价的主导因素是社会经济地位、私密性、领域性、邻里关系、社会气氛、生活方式、家庭与家庭活力、社区管理等方面。其特点是,注重从大范围的社会背景出发去研究环境对象,重视社会因素对人群主观环境取向的影响。该范式的研究方法有三种方式:①倾向于调查研究法,多用问卷和访问法揭示环境的社会属性和物质品质;②采取人类学的田野模式,对场所文化和物质特性进行个案研究,运用文化比较法理解场所的意义和价值;③倡导社会互动的理念和民主化意识,让使用者参与到评价过程中。

(五)现象学整体评价范式

现象学整体评价范式在理论假设上强调使用者在评价中的主观作用。注意研究建成环境对使用者的生活意义,关注人们对环境物质状况的整体知觉,注重探索人们对环境卫生的直觉见解。格式塔的心理"场论"是这类研究的重要理论基础,该范式反对从"元素"出发去推论人们对环境的取向,认为应整体地、自由地、公正地描述人的环境经验。

以上五种主观评价范式,最大的区别在于对物质环境的态度以及主客关系的认识上有所不同。它们的区别是相对的,最大的特点还在于相互补充,共同解决实际问题。

本课题研究成果综合运用了行为主义范式、认知范式、社会性范式和现象学整体评价范式四种研究范式。

五、城市公园评价的方法

城市公园评价方法包括数据收集的方法和按数据采集的方法,有如下10类:

①问卷法即运用问卷调查法收集使用者意见、态度和行为等方面数据进行用后评估的方法。问卷调查是社会学基本调查方法之一,是调查者使用统一设计的问卷,向被选取的调查对象了解情况,或征询意见的调查方法。有封闭式和开放式两种形式的问卷。

②访问法又称访谈法,"访"即探访、寻找,"问"即询问、追究。访问调查就是访问者有计划地通过口头交谈等方式,直接向被调查者了解有关评价意见或探讨相关问题的社会学调查方法。

③行为观察法调查者根据研究课题的需要,有目的、有计划地利用工具,直接考察研究对象,能动地了解处于自然状态下使用者的行为现象的方法。行为观察法有行为地图观察、非参与性观察、摄像重点观察三种类型。

④参与性观察指调查者加入被观察对象群体中并成为其中的一员,运用自己的感觉器官,直接以被观察者的身份收集有关资料的一种调查方法。

⑤量表法是采用量表测定和收集使用者的态度与评价意见,有"语义差别"(Semantic Differential)(简称SD法)和李克特(Likert Scale)等量表。如SD法是运用"言语"尺度进行心理测验,定量地记录使用者的评价意见。

⑥准实验法是利用自然试验(Natural Experiment),由于试验在真实的建成环境中进行,要控制试验几乎是不可能的,因此研究不设定控制组,提出假设,然后直接通过实验组研究环境、设施和景观对使用者行为、心理的影响。

⑦影像分析法是通过让评价主体结合心理环境意象,对研究者所拍摄的录像和照片进行比较和评价,以了解主体意识中景观环境的优劣程度。

⑧认知地图法是调查者与使用者进行长时间的交谈,引出他们对自己所处的形体环境的印象。让他们叙述、确定方位、勾画草图以及作假设的行程,从而可以知悉场所环境的可意象和可识别程度。

⑨行为痕迹分析法是指研究者在考察公园时要仔细观察环境中人们留下的行为痕迹或线索(如长椅旁留下的果皮、烟头),并用符号将这些情况在草图上标出来。在不能直接对行

为进行观察时，这些痕迹有助于理解在环境中发生的情况。

⑩文档资料分析法是对文档中某些特定信息内容进行分析和研究，了解当时当地人们的风俗、文化和生活习惯等及其发展变化趋势，分析在建成环境中人们的思想、感情、态度和行为习惯等内容，掌握评价主体和客体背景情况。文档资料分析法有定性和定量两种分析类型。

扬州城市公园面向的服务对象是广大市民与游客，受众范围广泛，且公园种类丰富，建设与布局上都存在各自的特点，适合开展问卷法、访问法、观察法、文档资料分析法等数据收集方法，因此本次课题研究主要采用上述数据收集方法。

六、城市公园评价原则

分析评价城市公园是一个十分复杂的问题，宏观上扬州城市公园一方面体系丰富，主要可以分为以下几类：社区公园、生态公园、文化遗址公园、体育公园，综合性公园以及主题公园，另一方面也涉及某些不足，表现在：①城市公园数量不足，尤其缺少区、社区级公园绿地。②城市公园空间位置分布及配置不均衡，集中在主干道及河道两侧及新建城区。③全市绿色廊道未形成系统，存在城市公园与郊野休闲游憩地未能贯通等现实问题。要做到城市公园评价的多层次、多目标，构建指标体系必须遵循以下原则。

（一）系统性原则

评价指标体系要求全面、系统地反映扬州城市公园的特征和各要素之间的关系，并能反映其动态变化和发展趋势。各指标间应相互补充，充分体现城市公园的一体性和协调性。

（二）科学性原则

具体指标的选取必须建立在对相关学科充分研究的科学基础上，评价指标的物理及生物意义必须明确，测量方法标准，统计方法规范，较客观和真实地反映扬州城市公园建设的主要目标实现的程度。

（三）层次性原则

城市公园是一个复杂的系统，对其进行综合评价的指标体系应具有合理而清晰的层次结构，评价指标在不同尺度、不同级别上都能反映和识别城市公园的属性。

（四）独立性原则

项目后评价的一般原则通常包括客观性、公正性、科学性、独立性等。其中独立性原则被认为是客观性和公正性的保障，往往被特别强调。独立性原则依其本意而言，指独立评价，不受干扰和影响，评价指标不能相互代替、包含和相互换算。

（五）真实性原则

真实性原则。是指通过现场实施所收集的数据必须能真实、客观地反映扬州城市公园的实际情况。首先，真实性是指数据和资料是可信的，即与实际相吻合的；其次，真实性是指数据和资料是有效的，即用同样的方法和程序可以重复测得。离开了真实性，现场调查也就失去了存在的意义。现场调查是一个系统、复杂的数据收集过程。多种多样的干扰因素会影响现场实施的进程和数据的精度。因此精心地、全面地规划实施工作，统筹安排现场实施所涉及的各个环节，是保证城市公园现场调查成功的关键。

（六）实用性原则

作为公园实证评价的重要组成部分，评价指标选择对于厘清公园现状、评价发展水准、指导后续开发中发挥着重要作用。因此，扬州城市公园评价，首先应该遵循实用性原则。评价指标应简单明了，含义确切，数据计算和测量方法简便，较易获取，可操作性强，具有较强的可比性和可测性。

七、城市公园评价框架

构建城市公园综合评价模型，关键是要确立合理的概念框架和能够反映城市公园综合质量水平的具体指标。城市公园作为城市公共空间的重要组成部分，随人类社会的发展而发展，成为社会生活交往的物质空间实体，根据城市社会学理论，强调公共空间服务主要是通过为公民服务来实现公共利益的最大化，而公共利益的基础在于公民价值。要合理评价公共服务的质量，关键在于了解公民对公共服务的满意程度。通过预调研，扬州城市居民对公园的服务需求主要体现在：①保护公园周边生态环境继而影响城市大格局；②较为合理的财政支出避免难以为继；③提供社会交往的场所；④提供教育宣传的场所；⑤提供绿地、运动设施以服务周边社区；⑥传承扬州传统造园文化的同时利于维护。本次课题研究以此次预调研的结果作为城市公园综合评价的模型框架。

八、扬州城市公园评价指标构成与意义

扬州城市公园的评价指标是对扬州城市公园的基本特征的进一步延伸和拓展，使其具体化、定量化、可比化。本研究对扬州城市公园的评价体系的设计思路是：把扬州公园评价指标体系分为若干层，由上至下，将宏观、抽象的指标逐步过渡到微观、具体、可度量的指标。最上层为总体评价对象，即扬州城市公园；第二层根据扬州城市公园的建设特征，将其综合评价问题分为公园的环境功能建设、经济功能建设、社会功能建设、文化功能建设、游憩功能建设和公园的技术功能建设；第三层为特征指标层，即将扬州城市公园的评价因子列入该层，作为下一层指标设计的依据。通过查阅文献及专家咨询，确定了与城市公园效果相关的24个评价指标，同时以功能为主导，将评价指标归纳为6个功能指标群，分别为环境功能指标群、经济功能指标群、社会功能指标群、文化功能指标群、游憩功能指标群、技术功能指标群。具体见表2-5-8。

表 2-5-8　扬州城市公园评价指标

目标层（总体评价对象）	准则层（建设特征）	因子层（特征指标）
城市公园评价	环境功能指标	城市公园内的珍稀濒危动植物（C1） 植被类型数量（C2） 景观多样性（C3） 生物多样性（C4） 保护设施设备的完善度（C5）
	经济功能指标	城市公园内及周边社区的经济发展（C6） 周边社区物业价格（C7）
	社会功能指标	社区功能和结构（C8） 公园服务范围覆盖率（C9） 公园服务重叠度（C10） 单位面积公园服务人口数（C11） 社区交往满意度（C12）
	文化功能指标	宣传展示内容的多样性（C13） 解说载体的多样性（C14） 宣传教育方式的多样性（15） 宣传设施的完善度（C16） 扬州传统文化延续性（17）
	游憩功能指标	环境容量（C18） 游憩资源的等级（C19） 游憩服务设施完善度（C20） 旅游目的地的可达性（C21）
	技术功能指标	资源的合理利用（C22） 城市公园建设成本（C23） 城市公园养护成本（C24）

（一）环境功能指标群

随着城市化进程的加快，城市的动植物多样性不可避免地受到城市化的各种影响，城市绿地、近郊湿地、滩涂是现代城市公园的重要补充，其中往往具有高度多样化的环境，并保存着某些自然植被片段和动物物种。扬州市区每年新增城市绿化面积 100 万平方米以上。全市建成区绿地率达到 39.87%，绿化覆盖率达到 42.68%。2017 年全市完成新增植树 500 万株、成片造林 2 万亩，林木覆盖率 23.4%，市区新增绿地 100 万平方米。可见，公园环境的保护是扬州城市公园建设的一个非常关键的环节。因此对环境功能进行评价时，所确定的指标主要包括：城市公园内的珍稀濒危动植物（C1）、植被类型数量（C2）、景观多样性（C3）、生物多样性（C4）、保护设施设备的完善度（C5）等五个指标。

（二）经济功能指标群

扬州城市公园的建设对周边社区经济、社会、文化和环境的协调发展具有带动作用，通过与广大社区紧密合作，实现了社区间的有效组合，并发挥这种组合的规模效益。城市公园的经济发展功能的评价主要包括：城市公园内及周边社区的经济发展（C6）、周边社区物业价格（C7）等指标。

（三）社会功能指标群

扬州城市公园在评价其社会服务功能的同时需考虑服务的公平性和有效性。包括以下五个指标：社区功能和结构（C8）、公园服务范围覆盖率（C9）、公园服务重叠度（C10）、单位面积公园服务人口数（C11）、社区交往满意度（C12）。

（四）文化功能指标群

城市公园由于服务对象的广泛，是开展宣传与教育的天然的重要场所，在建设过程中，扬州城市公园有机地融合了地域特色、历史文化、自然景观等，突出公园文化内涵和地域特色。为了充分了解文化教育功能发挥的效果，以下指标可被用以测量：宣传展示内容的多样性（C13）、解说载体的多样性（C14）、宣传教育方式的多样性（C15）、宣传设施的完善度（C16）、扬州传统文化延续性（C17）。

（五）游憩功能指标群

扬州城市公园可以为公众提供娱乐游憩机会，满足人们身心健康需求。为了考量游憩功能在城市公园的建设中是否得到充分的体现，确定了环境容量（C18）、游憩资源的等级（C19）、游憩服务设施完善度（C20）、旅游目的地的可达性（C21）等4个指标进行评价。

（六）技术功能指标群

城市公园的建设是一项有步骤、有目的、长期性的工程，近年来，扬州以廖家沟城市中央公园、宋夹城体育休闲公园和三湾公园等为核心，构建了众多服务市民、功能多样化的室外活动场所，基本保证了500m范围内居民可到达一处社区公园或滨河带状公园；2000m范围内居民可到达1个面积不小于10hm^{2}的区级公园；每个城市片区有1个面积不小于20hm^{2}的市级公园。但是，在成果丰富的同时，仍需对公园的建设成本与维护成本充分考量。以下指标，包括城市公园可持续性指标——资源的合理利用（C22）、城市公园建设成本（C23）、城市公园养护成本（C24）被用于衡量公园是否在技术上可行。

参考文献

[1] 弗朗西斯科·阿森西奥·切沃. 城市公园 [M]. 南京：江苏科学技术出版社，2002.

[2] 陈艳. 城市公园景观空间特征分析研究 [D]. 合肥：安徽农业大学，2012.

[3] Sirina N, Hua A, Gobert J. What factors influence the value of an urban park within a medium-sized French conurbation？[J]. Urban Forestry & Urban Greening, 2017, 24 (2017)：45-54.

[4] 刘家丰. 现代汉语辞海 [M]. 北京：新华出版社，2002.

[5] 中国大百科全书出版社部. 北京：中国大百科全书 [M]. 北京：中国大百科全书出版社，1994.

[6] 北京市园林局. 公园设计规范 [M]. 北京：中国建筑工业出版社，1993.

[7] 刘菲. "城市公园"：新型社会公共空间的构建及其意义 [D]. 杭州：杭州师范大学，2013.

[8] The Politics of Park Design：A History of Urban Parks in America，(Cambridge, Massachusetts：MIT Press, 1982)

[9] 朱钧珍. 中国近代园林史 [M]. 中国建筑工业出版社，2012.

[10] 杨秀娟. 日本的公园绿地系统 [J]. 绿化与生活，2007（03）：36-37.

[11] 李永雄，陈明仪，陈俊. 试论中国公园的分类与发展趋势 [J]. 中国园林，1996（03）：30-32.

[12] 江俊浩. 城市公园系统研究 [D]. 成都：西南交通大学，2008.

[13] 徐波，等起草. 城市绿地分类标准：CJJ/T 85-2002[M]. 北京：中国建筑工业出版社，2002.

[14] 蔡佰禄. 台湾地区国家公园法令与管理体制探讨 [G]// 台大环境工程学研究所等. 自然环境与保育问题研讨会论文集：151-162.

[15] 公园绿地系统规划设计手册暨操作案例研究成果技术报告 [R]

[16] 公园绿地系统规划设计参考手册 [M].

[17] LEED 2009 for Neighborhood Development Rating System[M]. America：U.S. Green Building Council, 2009.

[18] 福斯特·恩杜比斯，希瑟·惠伊洛，芭芭拉·多伊奇，等. 景观绩效：过去、现状及未来 [J]. 风景园林，2015（1）：40-51.

[19] ND Rottle, B Maryman - Open Space Seattle 2100 Green Infrastructure for a Smart City, 2007.

[20] 赵格. LEED-ND 与 CASBEE-City 绿色生态城区指标体系对比研究 [J]. 国际城市规划, 2017, 32（1）: 99-104.

[21] 本社. 中国 21 世纪议程：中国 21 世纪人口、环境与发展白皮书 [M]. 北京：中国环境科学出版社, 1994.

[22] 财政部, 住房和城乡建设部. 关于加快推动我国绿色建筑发展的实施意见 [J]. 建材技术与应用, 2012, 40（8）: 45-46.

[23] 聂梅生. 中国生态住宅技术评估手册 [M]. 北京：中国建筑工业出版社, 2001.

[24] 美国绿色建筑委员会. 绿色建筑评估体系 [M]. 北京：中国建筑工业出版社, 2002.

[25] 史文清. 我国生态建筑评估现状及发展 [J]. 上海房地, 2006（8）: 24-25.

[26] 中华人民共和国建设部. 绿色建筑评价标准 [M]. 北京：中国建筑工业出版社, 2006.

[27] 耿玉石. 推进民生工程建设幸福扬州——扬州城市公园体系建设特点 [J]. 现代园艺, 2017（2）: 149-149.

[28] 李宁, 祝遵凌. 古韵·绿野式古运河湿地植物景观营造——以扬州三湾公园为例 [C]// 中国风景园林学会 2011 年会论文集（上册）. 2011.

[29] 季文彬, 倪萌, 金蕾. 扬州宋夹城考古遗址公园的保护与利用 [J]. 中国园林, 2012, 28（7）: 52-57.

[30] 俞孔坚. 节约型城市园林绿地理论与实践 [J]. 风景园林, 2007（1）: 55-64.

[31] 马亚杰, 苏幼坡, 刘瑞兴. 城市防灾公园的安全评价 [J]. 安全与环境工程, 2005, 12（1）: 50-52.

[32] 陶晓丽, 陈明星, 张文忠, 等. 城市公园的类型划分及其与功能的关系分析——以北京市城市公园为例 [J]. 地理研究, 2013, 32（10）: 1964-1976.

[33] 徐英. 现代城市绿地系统布局多元化研究 [D]. 南京：南京林业大学, 2005.

[34] 张凤玲. 城市公园节约型景观设计初探 [D]. 广州：华南理工大学, 2011.

[35] 克莱尔·库珀·马库斯, 卡罗琳·弗朗西斯, 弗朗西斯, 等. 人性场所：城市开放空间设计导则 [M]. 北京：中国建筑工业出版社, 2001.

[36] 韩静, 胡绍学. 温故而知新 -- 使用后评价（POE）方法简介 [J]. 建筑学报, 2006（1）: 80-82.

[37] 张妤. 哈尔滨市城市公园使用状况评价初步研究 [D]. 哈尔滨：东北林业大学, 2006.

[38] 吴伟, 付喜娥. 城市开放空间经济价值评估方法研究——假设评估法 [J]. 国际城市规划, 2010, 25（6）: 79-82.

[39] 钱欣, 王德, 马力. 街头公园改造的收益评价——CVM 价值评估法在城市规划中的应用 [J]. 城市规划学刊, 2010（3）: 41-50.

[40] 杨惠惠. 基于 CVM 的橘子洲景区游憩价值评估及其影响因素研究 [D]. 长沙：湖南师范大学, 2012.

[41] 綦非. 基于 CVM 与 HPM 的城市公园价值定量评价 [D]. 重庆：重庆大学, 2011.

[42] 孙剑冰. 苏州古典园林作为街区开放空间的价值评估——应用 CVM 价值评估法 [J]. 城市发展研究, 2009, 16（8）: 64-68.

[43] 李会民, 熊岭, 曾忠平. 城市滨江公共开放空间价值评估——以武汉江滩公园为例 [J]. 资源开发与市场, 2013, 29（8）: 823-827.

[44] 陈庚, 朱道林, 苏亚艺, 等. 大型城市公园绿地对住宅价格的影响——以北京市奥林匹克森林公园为例 [J]. 资源科学, 2015, 37（11）: 2202-2210.

[45] 颜佳一. 昆明市主城区城市公园对住宅价格影响 [D]. 昆明: 云南财经大学, 2015.

[46] 耿玉石. 推进民生工程建设幸福扬州——扬州城市公园体系建设特点 [J]. 现代园艺, 2017（2）: 149-149.

第六章

扬州现代城市公园提升建议

第一节　当前使用层面的不足与提升策略

第二节　政府层面的压力

第三节　当前设计层面的不足与改进策略

本章针对扬州现代城市公园主要的使用者的反馈信息进行了搜集，结合实地调研，采用定量研究与定性研究相结合的研究方法，对数据进行科学分析，寻找当前扬州现代城市公园使用过程中存在和潜在的问题，并针对性地提出提升建议。研究表明，在功能与管理层面，扬州现代城市公园需要进一步增强、突出公园的历史文化宣传与教育功能，完善部分公园的无障碍设施与功能，丰富公园活动场所的功能并提高活动场所的互补性，以及完善扬州现代城市公园的防灾功能；在政府层面，提高政府对 PPP 模式的理性认识、完善法律法规和政策、完善相关 PPP 项目的立项决策机制、设立专门机构加强项目评估和监管、加强人才队伍建设，有助于扬州现代城市公园建设 PPP 模式的合理、可持续发展。而在具体设计方面，研究认为，避免过度古典园林化，进一步强化生态效益，并适度增加用户体验设施三项措施，可以在现有基础上提升使用者在扬州现代城市公园中的体验，打造更具影响力的扬州公园城市名片。

第一节 当前使用层面的不足与提升策略

正如前文所述，扬州现代城市公园已经发展出独具扬州地域文化特色的城市公园形态与相应的管理机制，并在社会效应、经济效益、生态效益、设计内涵、审美诉求五个方面取得了多样、共赢的公共效益。当前，江苏省首部开放式公园的法规《扬州市公园条例》已经省人大常委会批准通过，并于2017年12月1日正式颁布实施[1]。同时，扬州于2018年再建65个生态公园、推进中央公园第四期建设、继续布局10家以上的城市书房等，以进一步实现扬州新时代提出了推进新城"公园+"、老城"+公园"的建设目标[2]。可见，在扬州现代城市公园体系的深化推进和管理机制进一步完善的背景下，全城的城市公园已经并将继续处于一个动态发展的时期。

从设计学理论的角度来看，除了受上位（城市绿地）规划的指导外，城市公园还属于建成环境（Built Environment）的范畴，因此，一个现代城市公园及其体系的发展必然遵循建成环境的发展规律，符合建成环境学科的基本理论。其中，动态性、复杂性是建成环境的主要特征[3]。显而易见，如果以城市公园为讨论对象，动态性体现于城市公园的历时性、呈动态特征的发展过程中，而复杂性则体现在城市公园及其体系的发展、提升与重塑的并存态势中。

扬州现代城市公园体系的逐步建立，促使扬州市民的生活方式在不经意间发生了巨大改变。近5年来，扬州城市棋牌室减少30%，常年体育锻炼人口比例达38.2%，人均期望寿命达到79.2岁，医保经费开始出现节余，这个良好的趋势正持续下去[4]。但是，随着越来越多的市民（尤其是老年人与儿童群体）进入公园中，对公园的承载荷度与使用功能提出了多样化、个性化的更多要求，使得已建成的扬州现代城市公园在功能、设计与管理方面仍有提升、改进的空间。更重要的是，随着扬州城市公园成为一张城市名片，已在全省乃至全国形成示范作用。据统计，2017年扬州市实现旅游总收入796.72亿元，比去年增加105.12亿元，同比增长15.2%，超过全省增幅1.6

个百分点；旅游业增加值占全市 GDP 比重达到 7.7%；全市接待国内外游客 6297.38 万人次，同比增长 11.9%；接待过夜游客 771 万人次，同比增长 17.6%；游客满意度在全省排名上升 1 位，名列全省第 4 位[5]。国内外游客数量的迅速增加在推动扬州旅游业发展的同时，也同样给开放式的扬州现代城市公园提出了更大的挑战。

针对目前的情况，扬州已建成与投入使用的城市公园虽然得到了人民群众与社会各界的普遍认可与支持，但在动态发展的进程中，其在使用层面、设计层面，以及政府、管理方或资助人在维护运营等方面都值得进一步提升，为市民提供更优质的环境与生活空间服务。

一、研究准备

为了考察分析当前扬州现代城市公园在使用层面上的不足之处，课题组通过将使用者对扬州现代城市公园的使用反馈信息进行科学有效地分析[6]，然后再和先前该项目的设计初衷、政府建立扬州现代城市公园体系的工作目标进行比对，从而得到设计前和建成后是否达到相同的设计目标，并对已建成的项目满足使用者需求的程度进行充分评判。由此，通过这种评价方法得出目前扬州现代城市公园使用层面的不足或尚未得到注意的问题，为以后现代城市公园的新建与提升提供参考，从而促进扬州现代城市公园体系的可持续发展和完善。

2017 年 8 月至 2018 年 3 月期间，课题组先后对扬州中央公园二期、曲江公园、明月湖公园、三湾公园、宋夹城体育休闲公园、扬子津古渡体育休闲公园、邗上冯庄公园、半岛公园、师姑塔、秀水湾、揽月河体育休闲公园、竹溪休闲公园、滨河生态体育公园、夹桥河公园、三汊河公园、蜀冈体育公园、蜀冈生态中心三期公园、养志园社区公园、樱之园、玉盛公园等公园，以及东岳巷与盐阜路交叉口东南角（红园对面）、文昌路南石塔寺对面、史巷东侧旌忠巷北（旌忠巷西门）、三义阁 66 号、扬中院士广场、毓贤街两侧（文昌百汇东，阮元广场）等口袋公园，共计 31 个扬州城市公园进行了实地调研。

课题研究成果以上述考察的扬州主要现代城市公园为研究对象，运用本课题组建立的扬州现代城市公园评价指标体系，对当前存在的不足与提升空间展开实证研究。研究主题具体如下：

①根据扬州现代城市公园评价指标，搜集、整理扬州现代城市公园的使用状况基础资料。

②从公园各个要素科学评判扬州主要现代城市公园的使用状况，分析其当前需要提升的部分。

③分析使用者在公园内的活动形态，试图发现人们行为上的一些共性问题，并对一些个人使用者破坏行为进行评价。

④从使用者角度出发，寻找公园使用者关心的要素以及各要素对公园整体评价的影响程度。

⑤探讨研究发现的功能层面不足的成因，提供对应的解决策略和实施建议。

二、研究方法

课题组具体采用定量研究与定性研究相结合的研究方法开展该部分的研究。具体研究方法与研究设计、操作路径如下：

1. 非结构式访谈法

首先，运用非结构式访谈法对各公园中的使用者进行自由的、探索性的定性研究。课题组自由访谈了 45 名游客，并访问了 10 名扬州部分城市公园的工作人员、维护人员。自由访谈时间集中在 2017 年的 8 月至 2018 年 1 月。

2. 文本分析法

课题组以新浪微博、马蜂窝与穷游网等平台文本为基础，共搜集到网上游记 143 份，经过剔除与研究主题无关的文本后，筛选出评论信息较为完整的 75 份为研究样本。其中，作者为扬州本地游客 52 人，外地游客 23 人。按年龄构成来分，青年 52 人，中年 8 人，未成年 12 人，3 人未知。按照文本分析法对文本进行数据分析。

3. 行为观察法

对于扬州现代城市公园的群体性使用者，主要从使用方式、使用者活动类型、整体的人流趋势、哪些设计功能没被使用以及哪些空间区域使用率比较高等方面进行观察并分析其原因。对于公园内个人行为，主要观察使用者的破坏行为以及对于公园的误用行为。

4. 问卷调查法

根据先期实地调研、非结构式访谈等定性研究得到的数据，在布伦斯瑞克（E. Brunswik）提出的环境知觉透镜模型（Lens Model）理论[7]的基础上，根据第五章已经建立的城市公园评价体系，本章将其细化为一个针对已建成的扬州现代城市公园的要素的评价模型（表 2-6-1），从自然景观要素、建成景观要素、社会文化要素、可意向的设计品质要素四个方面，确立了 27 个评价指标项目为自变量，扬州现代城市公园使用状况的评价为因变量。

表 2-6-1 扬州现代城市公园当前使用状况评价模型

主题	指标项目（自变量）		评价标准（因变量）
自然景观要素	1	园内局部小气候	亲切 舒适 健康
	2	园内噪音大小	
	3	园内绿化总体印象	
	4	植物种类的丰富性	
	5	水面的整体感觉	
	6	驳岸的亲水性	
	7	地面高差适宜度	
建成景观要素	8	游乐设施的丰富性	适用 丰富 安全 便利
	9	休息设施的丰富性	
	10	餐饮设施的便捷性	
	11	公用设施的便捷性	
	12	指示牌的引导性	
	13	园林建筑的使用性	
社会文化要素	14	文化历史感	整洁 丰富 合理 有内涵
	15	文娱活动的多样性	
	16	文娱活动的可参与性	
	17	园内安全感	
	18	设施价格的合理性	
	19	卫生状况	
	20	园林养护	
可意向的设计品质要素	21	活动场地的多样性和便捷性	丰富 便利 有特色
	22	无障碍设计	
	23	外部交通的便利性	
	24	内部交通的可抄近路性	
	25	经典的丰富性	
	26	设计的特色性	
	27	周边环境的影响	

根据使用状况评价的定量研究方法，课题组采用了问卷调查法，主要包括封闭式问卷调查和李克特量表问卷调查。其中，封闭式问卷设计采用传统选择题的形式，调查者将问题答案给出，供被调查者选择，主要调查公园使用者的特性与对具体项目的使用评价。使用者特性问卷调查包括公园使用者的来源、性别、年龄、教育背景、职业。具体项目评价问卷调查包括关注的植物类型、周边环境、公共设施、公园水体及水岸、历史文化要素、常去的公园景点与需要改善的地方等。在本研究中，李克特量表问卷主要调查公园使用者对公园各个要素使用状况的满意度。课题组依据本章第四节所建设的评价标准和指标体系，将其量表问卷从扬州现代城市公园当前使用状况评价模型中选取的 27 个指标项目，对这些项目予以设置，评价等级标准分为五个等级，每个等级被赋予相应的值（1-5）。课题组设置的李克特量表问卷主要对问卷中的均值进行分析计算，并制成相关图表。

三、研究发现——当前存在的问题

1. 经非结构式访谈发现的问题

具体而言，在对公园使用者的访谈中了解到，吸引人们来公园的主要因素是自然风光和游玩活动，大部分人对其都比较满意，但部分使用者反映锻炼活动场地有限，空间利用矛盾较为突出。特别在"十一"黄金周等时间段，由于外地游客人数激增，造成部分公园过分拥挤。

在与工作人员的访谈中发现，自市政府大力发展城市公园体系后，每个月来游玩的人数是之前的五倍左右，同时也吸引了相当数量的外地游客。由于人流量大，对公园的工作人员提出了一定的挑战。在一些规模较大的公园中，管理部门与工作人员正在考虑完善公园的服务功能，如医疗、服务咨询等功能，可由原公园的售票处人员组成。同时管理部门为了配合《扬州市公园条例》，还考虑印制相应的公园文明游园指南免费发放给游客，并着手重新设计指示牌、相关的警示牌等，让游客玩得安全、放心。

在与公园维护人员的访谈中发现，扬州各个主要城市公园的环境卫生总体上保持良好，但当园内举行一些大型活动或在人流高峰时期，各个公园内的卫生质量就明显下降。当人流增加时，部分游客不注意公共卫生，随意将纸屑扔在地上。而且各个公园的清洁工数量有限，公园的清洁工作存在难度。另外，大部的游客虽然将垃圾扔进了垃圾箱，却没有按照可回收和不可回收来投放，这就加大了他们后续的工作量。维护人员有时候看到游客随便扔垃圾时，就上前提示将其扔到垃圾箱里，个别游客不但对维护人员投来不屑的目光，还故意扔到地上让他们来打扫。访谈的维护人员刘阿姨说，要想减少以上情况的发生，维护公园的环境卫生，只能从大家做起，提高公共环境卫生意识，培养社会公德，同时各个公园也适当增加一些清洁工人员。

2. 经文本分析发现的不足

基于经筛选得到的 75 份网络游记文本，课题组对其进行编码。定性分析的编码过程就是分析过程中涉及分类系统的过程，编码的结果是资料数量的减少和类型化。将文档资料分编成纯自然感知要素、水体、植物景观、活动、环境设施、景点、周边环境、历史文化、管理、总体印象等主题，以作为词频统计的基础。文本数据最后的分类见表2-6-2，考虑到网上游记的许多要素都是提及性的，很难看出使用者对扬州现代城市公园的态度问题，但使用者会对不满要素有所倾诉，所以把提及要素和满意类要素归为一类。

表2-6-2 网络游记文本数据归类

公园要素	提及或满意的关键词	人次	不满意的关键词	人次
纯自然要素	阳光	10		
	风	5	风力太大	2
	空气好	16		
	声音	6	广场舞嘈杂	1
	温度	5		
	花香	12		
	（小计）	54	（小计）	3
水体	湖边	9	无标识	3
	湖面	15	水草杂乱	2
	水质清澈	10		
	湖水	12	部分水质有待改善	4
	（小计）	46	（小计）	9
植物景观	绿化好	18		
	树	30	缺少资料牌	4
	草坪	15	践踏严重	2
	花	15	随意采摘	2
	（小计）	78	（小计）	8
活动	游乐项目	18	活动类型少	3
	看其他人活动	12	活动设施不全	8
	散步	9		
	划船	2		
	人少	3		
	跑步	8	部分公园需增加慢跑步道	4
	打太极	3		
	（小计）	55	（小计）	15

续表

环境设施	露天座椅	15		
	健身	3		
	喷泉	3		
	道路	1		
	无障碍设施	4	无障碍设施少	5
	小桥	2		
	雕塑	1		
	（小计）	29	（小计）	5
周边环境	周边建筑	3	周边建筑不协调	3
	景色宜人	12	汽车鸣笛	3
	交通方便	7	道路较拥堵	2
	（小计）	22	（小计）	8
历史文化	名气大	9	介绍少	6
	历史	9		
	（小计）	18	（小计）	6
管理	公共免费	15		
	管理充足	8	水边安全措施不到位	5
	卫生良好	10	卫生有待改善	2
	（小计）	33	（小计）	7
总体印象	环境好	23		
	景色美	16		
	满意	6	可进一步提高设计特色	3
	（小计）	45	（小计）	3
合计		380		64

从表 2-6-2 看，人们关注事项由高到低分别是活动（70 次）、植物景观（64 次）、纯自然要素（61 次）、水体（46 次）、环境设施（45 次）、周边环境（35 次）、管理（29 次）、历史文化（9 次）。

从表 2-6-3 中可以看出，针对扬州当前城市公园中存在的不足，人们尽管对纯自然要素、植物景观综合评价较高，但对周边环境、环境设施、管理等功能、使用层面的要素都有不满意的意见，且不满意的比例较高。

表 2-6-3　网络游记文本反馈的不满意比例统计

统计项	纯自然要素	水体	植物景观	活动	环境设施	周边环境	历史文化	管理	总体印象	合计
满意人次	54	46	78	55	29	22	18	33	45	380
不满意人次	3	9	8	15	5	8	6	7	3	64
总计	57	55	86	70	34	30	24	40	48	444
不满意比例	5.3%	16.3%	9.3%	21.4%	14.7%	26.7%	25%	17.5%	6.25%	14.4%

具体而言，在周边环境方面，一些市民认为在南门街东侧旌忠巷南侧、旌忠巷北（旌忠巷西门）等口袋公园周边存在一些不整洁的市容，对环境造成了不协调感，而且白天汽车鸣笛情况较为严重，由于离道路距离较近，对这些口袋公园中的游客体验造成了较大的负面影响。同时，一些公园临近较为狭窄的街道，会在一定程度上面临交通拥堵的情况，而这些地区与公园的人流量较大，对公园的环境与空间承载力也造成了较大压力。

在环境设施方面，人们对休憩设施及公用设施的关注度不高，由此可推断其满意度较好或人们对此类设施并不太关注，而露天座椅（15次）提及次数最多，这与使用者的使用频率有关。但是，游客主要对缺少无障碍设施问题表达了意见（5次），这反映了目前老年人群是当前扬州城市公园使用人群的一个重要部分，缺少无障碍设施对老年人群的活动构成了很大的不便与危险。

各种各样的活动是人们在公园内关注的重要要素之一。人们在公园内主要进行的活动分为玩游乐项目（18次）、看其他人的活动（12次）、划船（2次）、散步（9次）等。其中，利用娱乐设施的活动与非设施活动几乎是参半的，但是一些游客指出活动设施不齐全，这主要是由于部分公园绿化、硬质广场面积较大，分区不明确或功能分区缺失等原因造成的。而且，当前越来越多的人群参与到健康健身的活动中，无论是中年人群还是青年人群，跑步是一项常见的市民健身运动。所以，部分游客指出慢跑步道少，且在普通路面长期跑步对膝盖会有损伤，这同样是归因于功能设计上的欠缺。同时，观看他人活动是很值得关注的一个现象。如何保证在不拥挤的程度下，提高活动的多样性是提升公园吸引力的关键。

在历史文化方面，扬州人杰地灵的环境与历史，是扬州现代城市公园的一个亮点，也是吸引本地游客游园学习本地历史、外地游客的一大原因之一。但是，其中四分之一的游客认为尽管历史文化景点与典故较多，相应的介绍功能欠缺（6次），影响了游客的游玩观赏感受。

在管理方面，游客对城市公园的免费制度比较欢迎，但是对河水、湖水周边的安全措施不满意（5次），认为缺少必要的救生设备与警告标识，同时在节假日或重大活动后，许多公园存在乱丢纸屑、卫生情况较差的情况（2次），影响了城市公园的整体卫生环境，同时也给公园的管理、维护人员造成了较大的工作压力。

在植物景观方面，游客普遍提及扬州现代城市公园的绿化情况较好，树木繁茂，花草鲜美。但是，在一些人流量较大、活动面积较小的城区公园中，由于人为踩踏草丛（2次）和肆意采摘花朵（2次）的情况时有发生。另外，许多游客指出种植园区的景色虽然十分吸引人，但是相应介绍植物的资料牌或警示标识较少（4次），不利于年轻家长携儿童前来学习游玩，也不便于爱好植物的人群前来辨识花草。

在水体方面，扬州现代城市公园有诸多分散水面，其水体自然也是人们首要关注的要素，对水体的感知主要是通过湖边活动、湖面的开阔感、水质、水色的变化以及水中动植物的关注体现的，大部分游客对公园中的水质、水面、水边景色都给予了肯定回答。但是，由于局部水质的脏乱（4次）、水草带来的划船安全缺失（2次）对周边环境与人们健康的影响，导致部分人对其满意度降低。同时，对于水边无明显标识（3次）的提议在此项中再次被一些公众提到。

游客对扬州现代城市公园中的纯自然要素的总体评价是各项中最高的，不满意的比例仅占到11.4%。游客普遍对公园的阳光、风、空气质量、声音、温度等方面给予了好评。不过，一些群众夜晚在公园跳广场舞（1次），给周边居民造成了一些困扰，影响了公园的使用感受。

最后，在总体环境印象方面，很多人提及环境好、景色美、满意，有人形容扬州公园"恬淡悠然、宁静平和"，给人以放松的感觉，但也有人认为目前扬州的部分现代城市公园在设计特色上可以尝试进一步提高（3次）。在此主要统计的是此项提及的语汇，可能会存在部分交叉现象出现，如特色不强、风景不错的评价，此项有待进一步考察。

3. 经使用者行为观察发现的不足

自2017年11月至2018年2月期间，课题组对扬州各个主要公园中使用者行为进行了观察研究，发现并总结了公园中使用者的三个主要的个人破坏及误用行为。具体如下：

首先是使用者在公园内的故意破坏行为。故意破坏行为是指某些个人或群体为了达到某种恶意目的，对于财物的刻意损害。通过课题组的观察，在扬州城市公园内也有故意破坏的行为存在，如采摘公园里的花朵、破坏公园里的警示牌、攀爬雕塑、爬到树上拍照等。

其次是使用者在公园内的非故意破坏行为。非故意破坏行为与故意破坏行为的不同在于：实施该行为的人并没有刻意去破坏公共财物，却无意中带来了一些不好的影响。在公园内这种非故意破坏行为的出现原因有两个，一个是公园使用者的公共环境保护意识比较薄弱，另一个是公园设计不符合使用者平时的行为习惯，所以设计师如果对使用者的行为习惯加以考虑，就可以减少这种非故意破坏行为的发生。课题组在公园内观察到游人为了缩短行走距离，不按公园设计的道路行走，随意的践踏草坪甚至长年累月重新走出了一条路；有些游人环境保护意识不足，坐在长凳上休息或吃完东西后，并没有把他们制造的垃圾或餐巾纸等带走。

再者是使用者存在对公园设施的误用行为。在课题组观察的过程中发现了一些使用者对公

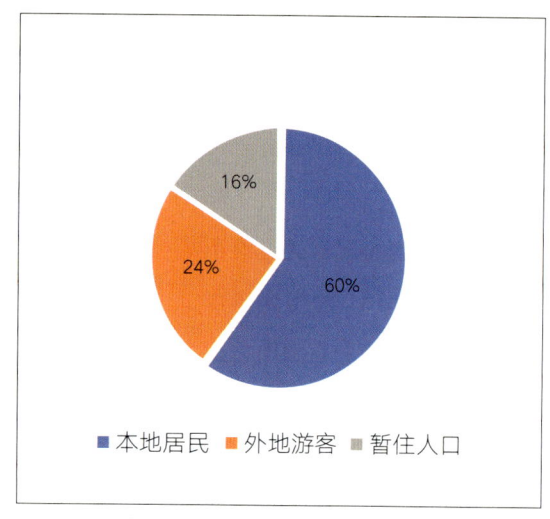
图 2-6-1 被调查者的来源构成比例

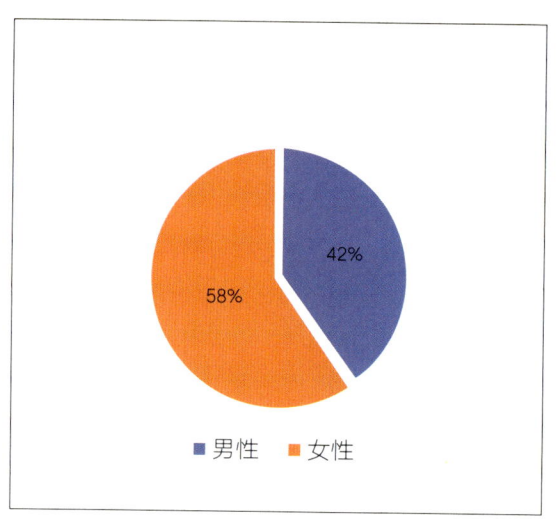
图 2-6-2 被调查者的性别构成比例

园设计的误用,如把栏杆、树木当成了压腿杆,把坐凳当成了存放衣物的地方、把喷泉护沿当成了坐凳、把座椅当成了躺椅来使用等。产生这些行为的原因一方面是公园缺少锻炼身体的设施,另一方面是设计师的设计意图没有表现清楚或者和人的行为习惯不一致。

4. 经问卷调查发现的不足

课题组采用的是实地问卷调查,即将问卷直接发放给被调查者(扬州各城市公园现场的游客),以获得最直接的游客在当前使用过程中认为存在不足的评价数据。课题组一共发放1014份问卷,其中有34份问卷无效,有效问卷为980份,实际有效问卷率为96.6%;问卷调查在时间选择上做到周末与工作日时间兼顾,以便获得更加全面的调查结果。

在有效的问卷调查结果中,扬州本地市民588位,外地游客160位,剩下的232位则为扬州市外来暂居人口,分别占60%、16%和24%(图2-6-1)。所以扬州现代城市公园在功能定位上首先应该以服务本地居民为主,满足他们的健身、休闲、游乐等活动需求,其次才是作为扬州市的旅游景点之一,满足外地游客和暂住群体的需求。公园使用者中女性人数占一半以上(图2-6-2),为58%,男性为42%,可见女性比男性更偏爱到公园中游玩。其中,以16~40岁之间的人群占主导地位,约占64.39%,41~60岁与60岁以上的人群基本持平,分别占15.82%和15.92%,由于16岁以下小孩单独作答能力不足,故此类样本数量偏少,仅有38位(图2-6-3)。由此可见,扬州现代城市公园对于不同年龄阶段的人群都具有一定的吸引力,这也是扬州现代城市公园蓬勃发展的原因之一。

在教育程度上,调查显示使用者具有大学及以上学历的人占绝大多数,比例高达52.76%,高中学历占29.18%,初中及以下学历占18.06%。而这其中主要为普通员工和学生,分别占36.43%和16.53%,退休人员比例也不少,占15%。这说明扬州城市人口文化素质较高,且扬州现代城市公

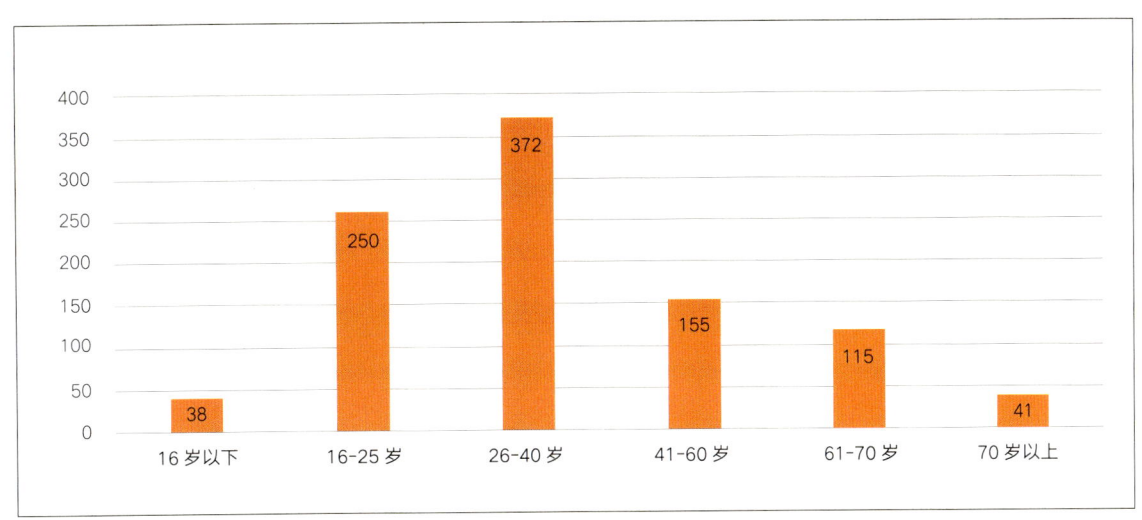

图 2-6-3 被调查者的年龄构成

园的服务群体层次丰富(图 2-6-4、图 2-6-5)。

课题组对问卷调查中扬州现代城市公园各因素主观评价的平均值统计采用李克特量表方法,其统计结果如图 2-6-6 所示。从图中可以看出,气候舒适度、绿化总体印象、安全感、外部交通等几个方面的评价较高(分数高于 4.00),文化历史感、餐饮设施、无障碍设计等因素的评价较低(分数均在 3.00 左右或以下),其中无障碍设计和餐饮设施两项平均值均低于 3.00。该部分问卷通过对 27 项评价因素计算得出平均分为 3.63,与总评价得分 3.89 比较接近。下面主要针对扬州现代城市公园使用层面的不足,对各个评价要素结果进行分析:

在纯自然要素中,大部分人对于公园内的小气候影响度持肯定意见,早上晨练的人群多是被园内清新的空气、安静的环境吸引过来的,说明公园内整体的自然环境很好。但是,不少游客明显对噪音持不满意的态度,这主要是源于市区中的公园周边环境嘈杂,汽车鸣笛较多,同时晚上广场舞音响声音较大等。

在绿化方面,绿化给人的总体印象比较好,但是植物种类的分数最低,且低于总体印象分。究其原因,根据课题组的实际观察,扬州各主要现代城市公园内植物种类丰富,绿化覆盖率较高,这可能是给人留下总体印象分比较高的原因。不过一些开放绿地未充分结合落叶乔木、常绿乔木等树种来考虑植物的季节性搭配,所以导致在冬季等时节公园植物景观较为萧瑟。

在水体方面,由水面的总印象 3.36 分可知,人们对水面有着诸多意见,其中主要表现在对湖岸形式的处理不满,部分湖岸仍为非生态做法的垂直混凝土堤岸结构,从而导致安全隐患和湖水水质出现问题。

在地形方面,不少扬州现代城市公园的局部地形高差非常明显,大部分人对此觉得是合理的,

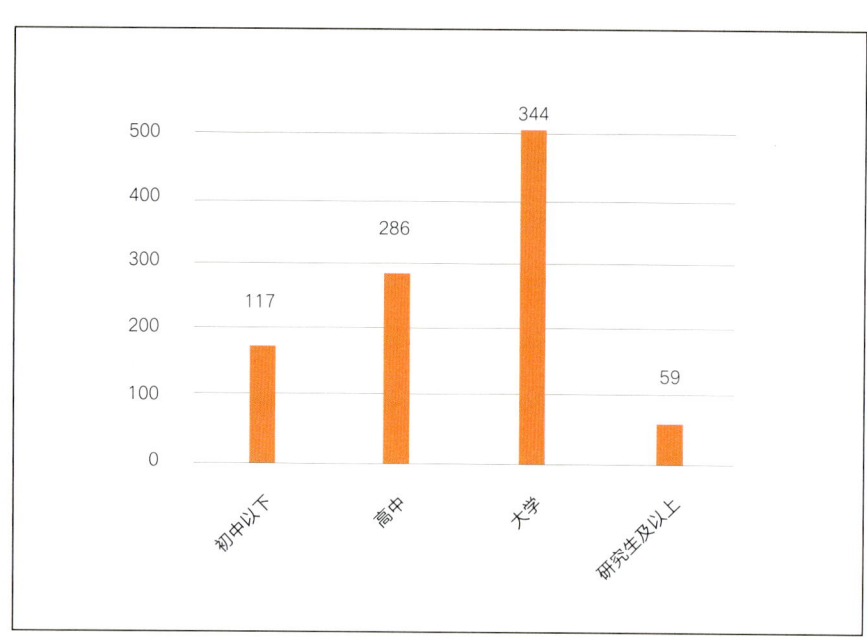

图 2-6-4 被调查者的学历构成

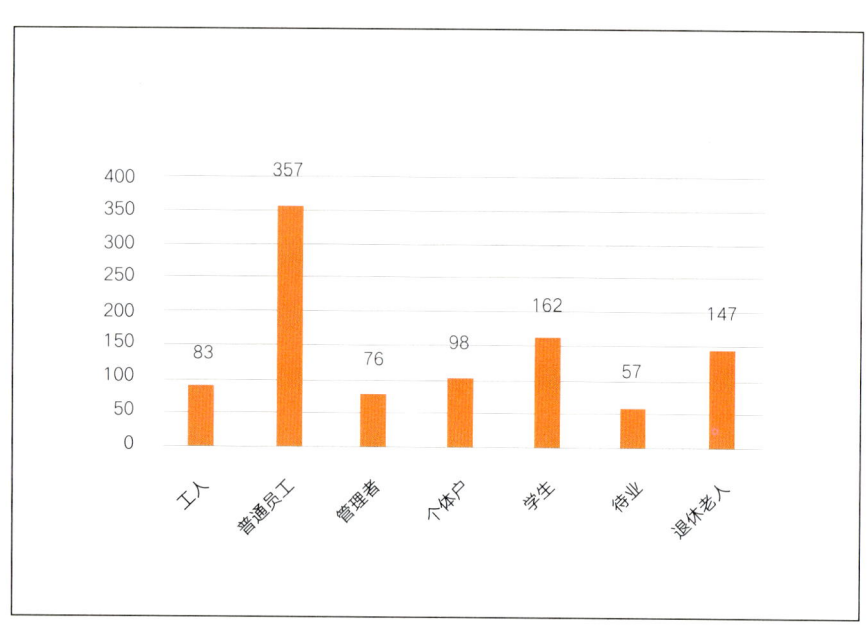

图 2-6-5 被调查者的职业构成

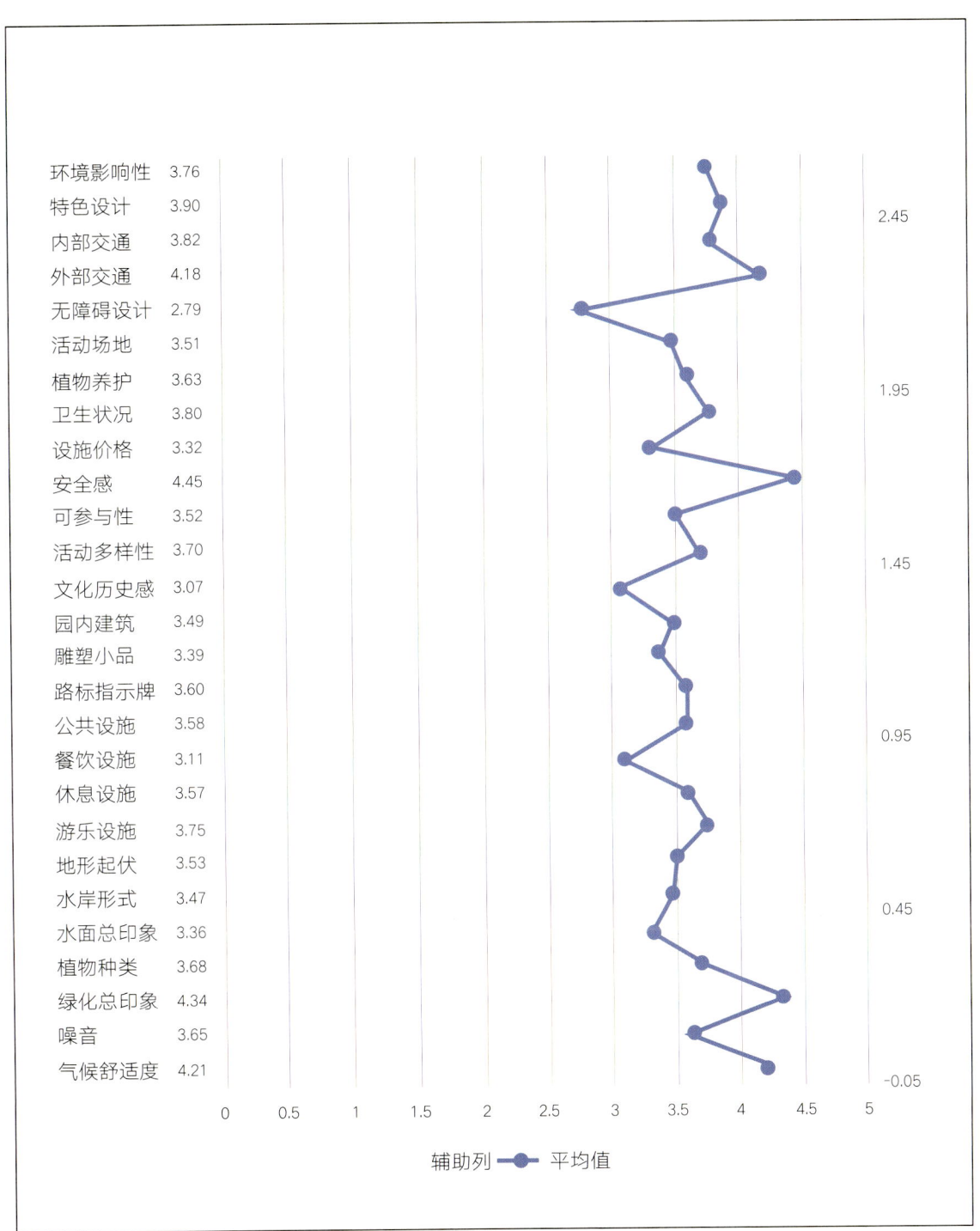

图 2-6-6 扬州现代城市公园评价要素李克特量表法平均值分析表（n=145人）

合理高差能够增加园内空间序列感，但也要相应地注意其安全性和便捷性。

在环境设施方面，游乐设施得分稍高，为3.75，休息设施、公用设施大于3.55分，中等偏上，说明游人对于园内游乐设施满意度较高，但不少游客认为在休息、公用设施方面需要提高。一些使用者认为园内布置路标说明牌有一定的引导性，但在警示标识、资料说明等方面有所欠缺，平均值为3.60。雕塑小品得分较低，可能与园内雕塑小品缺乏足够吸引力有关。此项中，人们对于餐饮设施的评价为3.11，表现良好。

在文化历史内涵方面，由得分可以看出，人们对于扬州现代城市公园的历史文化内涵的展现满意度并不高。结合人们常去的公园区域可以看出，游客对此关注度较高，不少公园内部虽然配有大面积的活动空间与绿地，但在结合文化历史信息的公共设施或公共艺术方面仍有不足，说明扬州现代城市公园的文化历史内涵有所缺失。

在文娱活动方面，各城市公园内活动多样性和可参与性平均分值均在3.55分以上，由此可见人们对此满意度尚可，但还有待提高。结合课题组的观察发现，除了一些当地街道、部门会组织定期活动外，其他类型的活动如书画展等活动类型较少，也说明了公园文化内涵展现得不足。

在管理方面，大部分人对公园内的卫生、安全及植物养护满意度较高，相比较下设施价格平均分较低，为3.05分，说明大家对此不满。

结合课题组访谈发现，园内大部分游客觉得游船等设施的价格偏贵，且游船选择种类较少，影响了游玩感受。但是，一些游客指出虽然平时扬州城市公园卫生情况不错，但在节假日或有高人流量的时候卫生状况会有所下降。

在活动场地方面，就活动场地的数量和形式上来说，得分为3.51分，说明人们对此项总体满意度尚可，但数量不够充足，形式不够丰富，还有改善空间。

在无障碍设计方面，游客对公园无障碍设计满意度最低，平均值仅为2.79分，结合课题组观察，公园局部地势基本呈台阶式增高，园内有很多台阶，但是并没有设置坡道，非常不利于坐轮椅的身体功能障碍人士、老年人以及推婴儿车的游园活动。这是扬州各个现代城市公园使用功能上存在的主要问题之一。

在交通方面，公园对外交通和园内道路两项都得到了大家比较高的肯定，说明公园周围交通方便，入口设置得当，园内道路规划主次分明，有较好的引导性。

在规划设计的特色方面，根据统计，设计特色性的平均值在3.55左右，中等偏上，但游客之间的评价差别较大。有一部份人认为公园规划在景点的丰富性和设计的特色性上做得不足，有待改善。

在周边环境方面，大部分人对公园周边环境印象还是较好的，外围环境对游客游园的影响较小，得分值为3.76，说明在园内人们会受到外面环境干扰，这与之前提到的汽车鸣笛、广场舞等公园内部、外部噪音有关系。

四、研究讨论——提升策略与建议

1. 扬州现代城市公园使用层面的不足

根据对扬州现代城市公园的实地调研与调查研究，课题组对 31 个扬州主要现代城市公园当前存在的不足之处进行针对性地分析与总结，最终结果具体见表 2-6-4。

表 2-6-4 扬州主要现代城市公园的提升策略与建议

序号	公园名称	建议
1	滨河生态体育休闲公园	园内增加指示、警示标识与资料牌，适当增加更多样性的活动设施，完善无障碍设施
2	夹桥河公园	适当增加活动设施与活动场地，体现历史文化与设计特色
3	来鹤台公园	完善无障碍设施，园内水质及水岸卫生环境需提高，水边的安全警示有待加强
4	润扬森林公园	无障碍设施需完善，可以适当增加活动设施
5	三汊河公园	完善无障碍设施，增加公共设施（如休闲座椅），加强水边安全措施（如警示标识等）
6	蜀冈生态中心三期公园	设置更多慢跑步道，完善无障碍设施
7	蜀冈体育公园	进一步提升卫生情况
8	养志园社区公园	完善公共设施（如休闲座椅、分类垃圾桶等）和卫生情况
9	樱之园	完善无障碍设施，周边道路较为嘈杂
10	玉盛公园	完善无障碍设施，践踏草坪严重、随意采摘严重，设置慢跑步道，进一步丰富公园设计特色
11	邗上冯庄公园	完善无障碍设施，卫生情况有待提高
12	半岛公园	完善无障碍设施，水边安全措施有待加强，公共设施（如休闲座椅、分类垃圾桶等）有待完善
13	师姑塔体育休闲公园	公共设施（如休闲座椅）有待完善，完善无障碍设施，水边安全措施有待加强，缺少指示警示标识与资料牌
14	秀水湾	设置慢跑步道，完善无障碍设施，水边安全措施有待加强，缺少警示标识与资料牌
15	揽月河体育休闲公园	完善无障碍设施，历史文化与设计特色欠缺
16	竹溪休闲公园	完善无障碍设施，缺少警示、指示标识与资料牌
17	曲江公园	完善无障碍设施，设置慢跑步道，水边安全措施有待加强，缺少警示标识与资料牌
18	五台山大桥公园	加强水边安全措施，增设警示标识与资料牌
19	廖家沟城市中央公园	完善无障碍设施，公共设施（如休闲座椅、分类垃圾桶等）有待完善
20	明月湖公园	完善无障碍设施，水边安全措施有待加强，缺少指示警示标识与资料牌，存在安全隐患，卫生情况有待提高，公共设施（如休闲座椅、分类垃圾桶等）有待完善
21	三湾公园	采取更现代的园林化设计手法进行节点设计，高质量材料使用较多，水质有待改善
22	宋夹城体育休闲公园	夏日河流水质有待改善

续表

23	扬子津古渡体育休闲公园	亲水性较弱，践踏草坪严重、随意采摘严重，无障碍设施需要进一步完善，指示标识需要完善
24	中央公园二期	近水区域植被杂乱、底层淤泥堆积、水质有待改善，缺少指警示标识与资料牌，水边存在安全隐患
25	东岳巷与盐阜路交叉口东南角（红园对面）	暂无
26	文昌路南，石塔寺对面	完善无障碍设施
27	南通东路北侧，育才小学东侧	卫生情况有待改善
28	史巷东侧，旌忠巷北（旌忠巷西门）	卫生情况有待改善
29	三义阁66号	卫生情况有待改善
30	淮海路东侧，扬中院士广场（原规划局）	公共设施（如垃圾桶）有待完善，存在肆意触碰院士雕像的现象
31	毓贤街两侧（文昌百汇东，阮元广场）	增设历史资料牌与公共设施（如公共座椅）

从上述研究中发现，当前扬州现代城市公园在使用与功能层面上主要存在以下不足：

在游憩功能使用方面，无障碍设施与设计是需要提升的重要部分之一。依据扬州现代城市公园内游客的游憩行为及课题组的调查研究得知，游客来公园游玩虽受季节、天气影响，但在时节合宜时，扬州现代城市公园游客量较大，早上多以晨练的老年人为主，工作日多是外来团体游客，周末和节假日则以本地市民为主，特别在重大节庆活动（如扬州民俗节庆活动、"烟花三月"国际经贸旅游节系列活动等）举行时，各个主要公园普遍呈现拥挤现象。对此，一些游客反映平时尤其是人流高峰时，缺少无障碍设施给部分游客造成了不便，因此急需改进。

从使用者活动特性信息反馈的结果表明，部分公园临水、植被保护等区域缺少醒目的警示标识亟需完善。从网络游记的文本分析中可以看出，扬州现代城市功能的游客主要活动为玩游乐设施、看其他人活动以及散步等。行为观察中发现游客主要活动状态为走动、观看、交流与休息，其次为健身、拍照、玩游乐设施。由问卷调查可知游客一般结伴入园，吸引他们的主要因素是扬州现代城市公园内优美的自然景观以及清新的空气，且停留时间较长。由此可见，使用者在扬州现代城市公园内边走边赏景是其最主要的活动行为，以动态游览为主。而一些来到非体育公园的群众，希望园内添加慢跑步道，使得平日来这些公园锻炼的人群的运动感受不佳，同时各个公园在景色较好的区域缺少醒目的警示标识，提醒游客不应踩踏草坪、随意采摘鲜花、破坏环境，以及防止儿童靠近无防护的水体，从而消除安全隐患。

从游客活动路线的选择方面反馈的信息表明，扬州现代城市公园在历史文化宣传与教育的功能方面存在欠缺。具体而言，在公园中，游客的游线安排会自觉地根据园内道路规划及景点引导，人流一般集中在景观节点、游乐场所、草坪等场所，园林建筑类景点一般很少有集中式人流。这主要是因为园内文化历史感表现不足，相应的历史遗址及景点认同感较差，使得扬州现代城市公园内十分重要的历史文化与教育功能出现缺失。而对于一些公园中类似樱花、菊花、荷花等植物观赏类景区，由于受季节影响较大，所以在不同季节人流量与游客停留时间差别较大。不过，这一部分在教育方面同样存在功能上的缺失，如缺少相应的资料牌，使得想了解植物信息的游客无所适从。另外，人们还有沿河岸、湖岸行走的趋势，但是一些公园中同样缺少相应的水边警示标识。

2. 扬州现代城市公园使用层面的提升策略

课题组对上述功能层面的不足提出以下优化措施与对应策略：

第一，增强并突出扬州现代城市公园的历史文化宣传与教育功能。扬州作为"淮左名都、竹西佳处"，又有着"中国运河第一城"的美誉，应该充分发掘和利用扬州的历史文化遗址和历史文化景点，创造新的园林环境，体现出扬州现代城市公园的地域特征和历史文化。具体而言，各个公园从整体规划上应适当调整功能分区，完善空间构成，突出主要历史景点，增强对扬州的纪念性，并兼顾现代人追求自然、回归自然及审美游憩的需要。以各公园及其周边地区相关的历史文化资源为基础，可将历史文化区、植物园区、游乐设施区等几个功能分区作为各个公园的功能分区框架，通过增强功能分区的明确性，加强游客对公园历史文化内涵的感知。对园内涉及的历史古迹进行恢复性修建，或增设介绍相关历史文化资源的资料牌。因此，课题组建议在各个公园内建造与该区域历史相关的建筑、纪念性小品等，方便游客在体验中了解扬州地区发展历史。同时，定期举办与之相关的文化活动，让游客能够积极参与进来，亲身体验其历史文化。此外，在该景区的道路铺装、植物景观、小品设施诸如桌椅、指示牌、灯具等都可以增加体现该历史的元素，烘托历史文化氛围，以增强扬州现代城市公园的历史文化与教育功能，同时也可以提升公园的设计特色。

第二，进一步完善部分公园的无障碍设施与功能。城市公园作为一个公众休闲、交流场所，无论是道路设置还是公共设施的设计都要充分考虑到各类人群的需求，当然也包括身体功能障碍人士、坐轮椅的老年人、婴儿等。而扬州的一些城市公园目前在这方面亟待改建，如公园局部有地形起伏，到达一些景区要登好多台阶，但台阶旁并没有设置坡道，致使特殊人群不能到达，给游客游园造成障碍等。因此，在道路处理上，应注意坡道的设置，且坡道两侧的扶手应设置两根，矮的一根供儿童和乘轮椅者使用，高的一根则提供普通人使用。一些公园主干道两旁的座椅附近应该留出可供停放轮椅的位置，方便老人、身体功能障碍人士与他人进行日常交流。园内公用电话除了一般成年人使用高度外，还应考虑设置高度适宜儿童和乘轮椅者使用的特殊高度电话机。

第三，进一步丰富公园活动场所的功能，提高活动场所的互补性。为了满足不同年龄阶段、不同爱好的游人多种文化娱乐和休息的需要，通常公园要按其服务对象确定主要的功能分区和相应的形式，但课题组通过研究发现，各类活动场地对不同人群的吸引力、停留时间是不一样的，一个活动场地往往服务的不是一类人群，一个种类丰富、分区灵活的活动场所对游人的吸引力往往相对较大。因此公园内的活动场地大可不必为了分区而分区，而应该增强其活动场所的互补性。同时利用活动形成一个展示、观看的场所，也满足了游客休憩、文化教育的需求。由于老年人自身活动的特殊性和其作为公园使用的一大群体，在进行活动场所设计时，应给予着重考虑，应引导其参加观花、书画展等活动量较小的场所。此外，需要在更多的城市公园（除了面积较小的口袋公园）中增设慢跑步道，以满足广大人民群众的运动需求。

第四，考虑完善扬州现代城市公园的防灾功能。城市公园作为扬州城市公共的开敞空间，分散较多，面积大小不一，但都有充足的绿地、水流和自由空间，与外界的交通条件也比较好，对于规模不断扩大，密度不断上升的城市来说，公园是居民紧急避难比较理想的场所，具有一定的防灾减灾作用。不仅具有阻止沙尘暴的危害、屏蔽瘟疫的入侵、延缓火灾的蔓延、减轻爆炸的损害等减灾功能，而且在发生诸如地震这样的严重灾害时，合理布局的城市公园空间可以迅速地转变为安置受灾居民、开展医疗救助和集散救灾物资的安全避难救灾场所，以及救灾人员驻扎地和遇难人员临时掩埋地。当陆路救灾生命通道遭到摧毁时，大型公园空间还可以作为空中救援直升机的起降场地。据课题组调查发现，大部分城市公园的防灾减灾规划和设计不够突出，无法形成有效的防灾空间体系，缺乏必备的防灾设备和应急的避难设施。园内应该有统一的标识系统和疏散通道，对游客进行有效的引导和组织。要做到平灾结合的设计，即在灾害发生时能够为避难人员提供疏散、避难和救援场所，在平日能充分发挥其作为普通城市公园的功能，是游人休憩、娱乐以及运动的空间。

第五，完善公园的管理功能，引进新的人工智能技术与交互功能。扬州现代城市公园自从陆续开放以来，虽然人流量大增，但由于没有了公园的门票收入致使公园资金紧张。为了增加公园收入，公园管理只能片面地提高园内设施的价格，包括游乐设施等价格，尤其是餐饮娱乐的价格，过高的价格使绝大部分游客不在园内就餐，一方面降低了公园的吸引力，另一方面也变相减少了公园的收入。对于免费开放式的公园，转变其传统的经营管理模式，合理开发园内设施是非常重要的，是提高园内收入的重要手段，是值得鼓励的。如在介绍公园历史文化与植物信息方面，可以通过引入二维码扫描等方式，吸引游客关注公众号，从而推销周边产品来提高收入。同时，可以进一步引入人工智能（AI）技术，将其置于植物上，结合聊天机器人的功能，当游客扫码时可以进行互动，但公园管理部门应该合理定位设施价格。课题组认为，管理人员可以通过进一步对游客问卷调查的方式了解游客的消费水平和层次，制定出大家普遍接受的价格水平，不要过分高出游客的支付水平，不然会减少甚至终止游客重复使用园内设施的次数，最终损害公园的经济利益。

第二节　政府层面的压力

一、扬州现代城市公园建设 PPP 模式及其面临的问题

近年来，扬州市委、市政府积极回应市民对美好生活的向往，用城市的"黄金地块"建设开放式管理公园，形成了覆盖城乡、层次多元的公园体系，为市民亲近自然、锻炼身体、娱乐身心、享受生活提供了丰富的公共空间，赢得了广泛赞誉。2017 年，扬州继续深入推进公园体系建设，根据官方统计，2017 年全市共新建改造 8 个综合公园、81 个社区公园、29 个口袋公园，三湾公园、蜀冈文化公园建成开放，明月湖公园提档升级[8]。根据政府工作报告，2018 年扬州全市计划再建 65 个城市公园，以完善具有扬州特色的现代城市公园体系[9]。城市公园建设属于基础设施建设的范畴。当前，高速发展的中国经济带来的是对公共基础设施的投资增长，大规模的基础设施建设可以营造良好的经济环境，提供优质的公共服务。基础设施项目通常建设周期比较长、投资巨大，属于公益性项目，所以政府部门在其中发挥出不可或缺的作用。据统计，2017 年，扬州全市基础设施行业完成投资 612.78 亿元，较 2016 年增长 37.5%[10]。

然而，在如此大规模的基础建设前，政府面临的是巨大的财政压力，资金来源成为了摆在政府面前的一大难题，如何更好利用这些民间资本，让其参与到扬州基础设施建设中，为扬州现代化建设服务就成为了不得不面对的现实问题。因此，在这种情况下利用 PPP 模式拓宽基础设施建设的融资渠道、寻求更多的社会资本参与到建设中来，就成为了解决资金不足这道瓶颈的突破口。

PPP 模式（Public Private Partnership）即"公私合作伙伴关系"，基本特征主要有共享投资收益、分担投资风险和承担社会责任三种。在实际运营中，PPP 模式是政府部门和民营部门以特许协议为基础，风险共担、利益共享、以共赢为目的而达成的一种合作伙伴关系。相对于传统基础设施

建设模式，PPP模式具有减轻政府财政支出压力、激励与风险分担、社会效益最大化等优点，欧美发达国家的城镇化经验表明，PPP作为化解地方政府融资平台债务风险、吸引社会资本参与公共产品或服务供给从而提高产品或服务供给质量与效率的重要手段，具有较强的适应性与有效性。在扬州现代城市公园建设方面，2016—2017年间，扬州南部体育公园与扬州湾头玉器特色小镇的茱萸湾公园，分别是扬州采用特许经营模式共建的代表，选择的社会投资方以国企为主（如扬州市华恒建设投资有限公司、中国铁建投资集团和中铁第五勘察设计院等），也有私企（如扬州市运和新城建设有限公司等）[11-12]。

然而，相较于西方国家，我国各级政府的PPP实践经验尚浅，所以扬州市政府在城市公园建设领域推广运行PPP模式的过程中也已经或即将面临一些问题：

1. 开展PPP模式的法律法规尚待健全

PPP模式的健康开展，需要有完善的法律法规体系及稳定的法制环境为其提供有力保障。PPP项目的科学性、规范性、合作质量都需要相关法律法规制度的约束。但是，我国目前仅有政策指导，关于包含城市公园建设在内的基础设施建设PPP模式的法律法规缺位[13]。目前，有关基础设施建设事业开展公私合作的规范，主要来自国务院下属的部委和地方政府或部门规章，颁布机关基本为政府机构而非立法机关，权威性差，而且在实践中缺乏可操作的标准和细则[14]。由于在城市公园建设领域中开展PPP模式缺少有针对性的法律法规，PPP合作关系的主体选择、融资、评估、管理等缺少规范性指导，实施PPP项目不仅增加了参与主体"钻法律空子"的投机性风险，还容易遇到因法律依据缺失而导致发生纠纷难以依法维权等现象的出现。对于社会投资方，由于缺少在PPP项目中有关利益的法律保护，可能会影响其投资积极性，从而不利于PPP项目的推广应用。

2. 缺少推行城市公园建设PPP项目的专门促进机构

城市公园建设领域是关系到人民群众生活水平与人居环境质量的重要领域，有其独特的专业性和复杂性，与其他基础设施领域相比，在引入PPP模式的过程中需要考虑更多的问题，更需要有一套健全完整的运行体系。但是，目前在运行体系的建设上还比较滞后。PPP模式是政府与社会资本合作，但政府部门缺少推行PPP项目的专门促进机构，许多城市公园建设主管部门对PPP模式也缺少理论认识和实践经验的积累，在PPP项目的推行中缺少强有力的保障。

3. 缺少成熟的城市公园建设PPP项目投资方

发掘培育较为成熟的城市公园建设PPP项目投资方，对于PPP模式的成功引入也很关键。如美国很多城市公园建设PPP项目是针对城市公园的设计、建设、管理、维护等多种服务开展与社会资本方的合作。很多社会资本方都是具备成熟经验、形成系统流程的PPP项目公司。这些项目公司本身可能就是能够提供相应服务的股份公司，或者是能够整合各种服务的分包商，这就给城市公园PPP项目的开展提供了有利条件[15]。如果没有这样成熟的PPP项目公司，政府城市建设主管部门在引入PPP模式、开展公私合作的时候，就需要分别与不同的社会投资方签订PPP合作协议，其整合、协调管理的难度、管理的成本也随之增大，而且也难以保证合作的效率和服务的质量。国内虽有不少具备投资城市公园建设领域意愿和能力的社会资本方，但真正能熟悉城市公园建设PPP项目运作的投资方却十分鲜见，难以有效支撑城市公园建设领域引入PPP模式的市场竞争及支持服务能力的需要。

4.缺乏城市公园建设部门PPP项目综合管理人才

城市公园建设领域有其专业性和复杂性，关系人居环境质量与群众健康，体现的是公共与公益属性，因此城市公园建设领域引入PPP模式，更需要注重科学性、严谨性、规范性。城市公园建设领域的PPP模式与市场经济中的企业合作、其他公用事业中的公私合作都有着巨大的不同，其出发点是基于群众生活水平的最大化，落脚点是为群众提供更为安全、生态、健康的生活环境，改善群众的环境体验。城市公园建设领域PPP项目的运作，需要城市建设、管理、市场领域的知识储备，需要宏观把控、细节处理、谈判技巧等多维度能力[16]。这对PPP项目的运作人才队伍提出了很高的要求，需要扬州市政府部门的行政人员在原有专业素质的基础上，拓展市场化的专业能力，从宏观上把握现代城市公园公私合作伙伴关系中的公共利益导向，增强对城市公园建设服务效率和质量的把控能力。

5.缺乏城市公园建设领域PPP项目的专家

为了保证城市公园建设PPP项目的科学、严谨、规范，在与社会资本方签订城市公园建设公私合作协议之前，必须对城市公园建设PPP项目开展全面扎实的论证、分析和评估，对其合作形式、运作流程、预期收益、风险控制都要进行严谨的评估和预判[16]。由于政府相关城市建设管理部门的专业限制、风险管理评估的能力不足等，非常需要外部智库的支持，协助政府部门相关机构完成PPP项目的前期论证、收益和风险评估、协议谈判、起草相关合作条款、运作管理等工作，需借助PPP项目专家的理论和实践经验，确保公私合作关系中公共利益的最大化。但是，目前在城市公园建设领域，能够熟练驾驭PPP模式的相关理论、评估方法、谈判技巧等综合素质的政府行政人员和专家比较稀缺，需要进一步加强相关的培训和实践，以专业的视角权衡双方利益，促成PPP项目落地。

二、针对现代城市公园建设PPP模式问题的对策建议

1.提高政府对PPP模式的理性认识

PPP模式在缓解扬州市政府城市公园建设机构资金压力、提高扬州现代城市公园建设管理水平、引进先进的管理模式和理念等方面，确有其优越性。从国内外城市公园建设领域开展PPP模式的实践经验来看，PPP项目具有充分的可操作性和收益的可预期性。政府部门应更新观念、用好政策、抓住机遇。目前，国家

正在推行与社会资本合作经营的PPP模式，逐步放开公共基础设施建设领域，其中就包括城市公园建设行业。社会资本非常希望进入城市公园建设领域中。在这种大的潮流趋势、政策环境刚刚兴起之时，主动抓住机遇、利用机遇，就能在与社会投资方的谈判中取得主动权，就能有足够的挑选议价空间，最大限度地争取和实现公共利益。扬州市政府部门在城市公园建设领域推行PPP模式的过程中，既要大胆借鉴吸收国内外PPP模式的运作管理经验，也要注重结合实际、审慎前行。如英国国土和人口少、经济发达、法制健全，而我国社会经济、人文环境与其有着巨大的差异，因此在城市公园建设领域中引入PPP模式也不能盲目照搬[17]。扬州市政府部门在推行PPP项目的过程中，既要看到PPP模式的优点，也要实事求是地评估风险，建立对PPP项目的理性认识。

2. 完善法律法规和政策

鉴于扬州市政府鼓励PPP项目，课题组认为需要加强顶层设计，从规制上给予更为明确的规范，为PPP项目运行创造一个稳定的制度环境。特别是城市公园建设领域有其特殊性和复杂性，提供的城市公园建设服务的质量和安全与群众的生活环境密切相关，城市公园建设领域的PPP项目，不仅需要国家层面通用的法律法规和政策，城市建设主管部门也需要针对城市公园建设的特点，制定对应的PPP项目的规范政策、运作指南，对城市公园建设领域PPP项目的立项、建设、运行、管理以及争端解决机制等做出明确的规定，提供可供参考的城市公园建设PPP项目合作协议范本，从而降低PPP项目的政策风险和运作难度，提高社会资本参与PPP合作项目的积极性和投资信心。

3. 完善扬州现代城市公园PPP项目的立项决策机制

PPP模式并不是适合所有的城市公园项目，是采用PPP模式还是采用传统模式进行建设，需要建立一个完善的立项决策机制，只有这样才能有助于政府部门根据实际做出科学决策。如英国建立了VFM（Value for Money）评估准则，有一套对PPP项目的必要性、科学性和可行性评估的机制和方法，帮助政府公共部门在前期决策和招标阶段评估是否需要采用PPP模式建设公共项目，定量评价和比较PPP模式与传统模式的优劣，从而帮助政府公共部门做出科学的决策，获得PPP项目的效益最大化[18]。我国也要重视并尽快建立起这样的评估体系和决策机制，制订科学、合理、可操作的城市公园建设PPP实践指南，根据各城市公园项目的自身特点，综合考虑具体城市公园项目的性质、类型、规模等因素，经过扎实、科学地论证，决定是否采用PPP模式。

4. 设立专门机构，加强对扬州现代城市公园PPP项目的评估和监管

加强城市公园建设领域PPP项目的运作体系建设，在扬州市规划局等住建部门建立专门的城市公园建设PPP项目管理办公室作为牵头机构，协调有关部门开展对城市公园建设PPP项目的指导、规范、培训、咨询、监管、评估等工作。探索建立独立的第三方城市公园建设PPP项目指导机构，组织专业化的团队，在政府公共部门和社会投资方之间搭建桥梁。相关

主管部门和独立的第三方机构对 PPP 项目开展评估和监管，而且要保持项目的长期监管、定期评估和经验总结[19]。

5. 加强扬州现代城市公园 PPP 项目人才队伍建设

在城市公园建设领域开展 PPP 项目，对扬州政府主管部门、相关公园管理人员的能力要求比较高，涉及的专业知识涵盖了经济、工程、法律、管理、园林、文化等多个领域。PPP 项目管理层必须加强学习和培训，提高对城市公园建设 PPP 模式的认识和实践能力。要培育城市公园建设领域 PPP 项目的专家库，加强决策支持智库建设，通过开展专题研究、案例调查、实践论证等活动，提高专家对 PPP 项目立项、管理、评估等方面的研究水平，并将研究成果转化为促进城市公园建设领域 PPP 项目推广实施的政策措施，发挥好对决策的智力支撑作用。

第三节　当前设计层面的不足与改进策略

一、避免过度古典园林化

扬州作为古典园林名城，现代公园建设受到了古典园林的影响，运用了许多古典园林的造景方法，如扬州三湾公园。三湾湿地保护与开发利用项目是扬州市政府2014年主导的30项重大城建项目之一。三湾公园挖掘以历史文化内涵为前提，以充分展示古人水工技艺和智慧结晶为理念，在园林、规划、水利、建筑、桥梁、文化、遗产保护、体育设施等方面进行反复设计与论证，结合园区功能布局，将园区划分为龙阁揽胜、荷香听雨、津山远眺、溪径通幽等十二个景点，突出主题、分块打造。并充分挖掘剪纸、古筝、诗词、漕运等扬州特有的文化元素，通过特定建筑符号在景观桥梁、文化雕塑、步道连廊中进行具体化、形象化的演绎。从亭台廊榭阁的立意构思，到堆土叠石造型，从植被树种选择，到建筑小品点缀，都独具本土风格和扬州园林特色。同时，还注重西方开放空间与东方文化内涵的结合，做到既有传统的延续，又有创新的元素；既有优美的天际线，又有制高点；既展现区域特色，又与周边景观协调统一，让市民游客在路上、船上、空中等各个方位可以看到生态中心的美景。

三湾公园对景区的划分、堆坡堆山、树木选择栽种、亭廊榭阁、小品、叠石、抱柱、楹联等进行整体谋划，全面叠加融入扬州古典园林的核心元素，实现景观效果全面提升，再现"青山隐隐水迢迢"，峰回路转、步随景移的意境（图2-6-7）。公园顺应了百姓的需求，营造了爱运动、爱阅读、爱生活的浓烈氛围，赏生态美景、品花香书香、享运动乐趣已经成为周边市民的生活方式，确确实实地造福了扬州市民，也大力提升了扬州市的整体形象。扬州还有不少类似三湾公园这种融合了古典园林造园手法的城市公园，这些公园的景观效果与体验都不错。具象的堆山叠石手法可以用现代化的设计手法代替，用几何形态的古典园林元素表达古典风格，不仅施工及维护成本低，并且设计物体

图 2-6-7 三湾公园在建假山

图 2-6-8 三湾公园——高质量材质

量不会过于巨大，可以提高空间利用率。

除了大体量设计外，扬州公园在设计上可以通过一些间接的方式或是小体量、低造价来表达古典园林的特点，如通过设计功能性的景观小品，包括灯具、标志牌、桌椅、垃圾箱、消火栓等设施表达古典园林的元素，这些设施小品的规划与设计在遵循城市公园的整体基调满足功能的前提下，通过自身的形态、样式及颜色向人们传达自己的艺术语言。经过艺术园林设计者的艺术深加工，使景观小品具有独特的艺术特色和文化魅力，从而达到引人注目的艺术效果，小品与观者形成互动共鸣。设计景观艺术小品通常从地方区域特色、文化理念、历史背景等方面进行考虑，并且与整体城市规划环境和公园内部环境相得益彰，展现地方魅力与文化格局[20]。

二、进一步强化生态效益

扬州的一部分公园依旧采用了较传统的公园设计理念和方法，并未有意识地考虑使设计过程和结果尽可能减少对自然环境的破坏和影响；在城市公园的建设中，传统设计强加在自然之上，功能上狭隘地满足人的需求，并试图通过微弱的措施减缓城市公园的矛盾恶化，而不是追求更深的、从根本上解决问题的方法，以至对能源输入量要求较高，依赖消耗不可再生资源，使用高质量材料（图2-6-8），使低质量材料变为有毒甚至有害的物质，遗存在土壤或释放在空气中，造成城市环境污染；对于城市公园的生态预算，只是应要求的规定而做，如环境影响评价，未贯穿于城市公园的整体生态设计之中，将生态和经济关系割裂；在地域文化和场所特征方面，采用全球重复使用的规范化的模式，使之全球文化趋同，损害人类的共同财富；在城市公园尺度上，传统设计往往局限于单一模式，画地为牢，人为地限定边界，不考虑自然过程的连续性。相较于传统设计理念，扬州公园应该加强城市公园生态设计建设,加强公园的生态效益。生态设计是传统设计途经的进化和延续,而非突变和割裂。在不缺乏文化内涵和艺术美感的情况下,生态设计的观念把设计师从对美与形式及优越文化的陶醉中引向对自然的关注。

在生态设计中应该注意乡土地域性:独特的地理环境、场地的自然因素和文化的积淀都是独具特色的地方性特征,是对场地的理解和衍生,是城市自然环境的综合提醒,是城市历史文化积淀的集中表达,同样也是当地人们与自然环境和谐共生的结果。扬州城市公园的生态设计应保持历史文化和自然景观的延续性,依据当地文化和自然环境给予的启示,结合地形地貌、因地制宜,充分利用当地建筑和植物材料,保护本地物种多样性,营造和谐的场地环境,保护乡土植物成为城市公园的主要植物来源,节制外来树种的引用。

在生态设计中还应该考虑舒适健康性:城市公园因人而存在并主要服务于人,以满足人的需要为前提,城市公园最大限度地考虑使用者的需求,其中公众参与是非常重要的途经,不仅如此,城市公园生态设计的另一个重要方面则是为野生动植物提供栖息地,让人们直接感受自然、认知自然的同时了解自然进程,提醒人类是自然界不可或缺的一部分。

在生态设计中应遵循"4R"原则:提倡利用废弃的土地和原材料包括土壤、植被等,以减少包括能源,土地,水和生物资源的利用和消耗。在城市公园建设中,将生态设计理念付诸实践的具体指导的"4R"原则即Reduce减量化:指减少对各种资源尤其是不可再生资源的使用,在公园生态设计中是指减少对不可再生资源如矿产资源的消耗、谨慎使用可再生资源如水、森林等,以及减少对自然界的破坏,预先估计排放废气、废水量,事先采取各种措施,最后还包括减少使用和谨慎选用对人体健康有危害的材料等。Renew更新使用:在生态设计中包含改造遗留下来质量较好的建筑、构筑物,以满足新功能需要,这样可减少资源的消耗和降低能耗,还可节约因拆除而耗费的财力、物力,减少直接进入自然界的废弃物。Reuse再利用:指在符合工程要求的情况下,对基地原有的景观构件进行再利用,在生态设计中是指重复使用一切可利用的材料和构件,这要求设计师充分考虑到这些选用材料在今后再被利用的可能性。Recycling再循环:建立回收系统,利用回收材料和资源,在生态设计中是根据生态系统中物质不断循环使用的原理,尽量节约利用稀有物资和紧缺资源,这在废污水处理及一些垃圾废物的循环处理中表现明显,如目前常用于浇灌、洗车等的中水利用系统[21]。

扬州城市公园可以运用各种生态设计方法来提高生态效率,如废弃材料再利用、水质净化再利用、雨水收集净化再利用、构建乡土植物群落、能源的合理利用等。

1. 水质净化再利用

水质净化再利用生态设计方法一般先通过一套完整的水处理系统将河道中的水抽到净化装置中进行处理,然后再排回河道,以实现循环再利用。在湿地公园中则利用人工湿地或自然湿地净化污水,前者设计方法是在湿地中种植吸附性较强的植物,并充分发挥湿地基质的自净能力；后者是利用自然湿地净化水质；在过程中既促进植物的生长，又增加野生小动物栖息地和绿地面积，形成生态净化系统，创造一个健康的生态环境。

2. 雨水收集净化再利用

雨水收集后可以直接被用作水景创作的主要水源，也可以通过利用地面铺装对雨水进行收集、自净后渗入地下，形成地表水循环系统，以保护当地的地下水资源。同样，建筑、构筑物也可以考虑雨水收集，屋面雨水中60%左右是通过屋面绿化储存，经过蒸腾作用向大气散发，剩下的部分经过排水管道系统向地面渗透或被储存或成为水景的主要水源。

3. 构建乡土植物群落

城市公园生态设计在构建乡土植物群落时应该利用植物提高生态效益并对环境产生重要生态作用，同时实现植物乡土化特色。在构建乡土植物群落生态设计时，要发挥乡土植物优势，合理植物群落优化配置。在植物配置时，要了解植物生态互补共生的原则，注重乡土树种运用，合理利用外来树种，科学设计生态的人工植物群落，形成生物丰富、物质多样、结构健全、功能合理的多层次植物群落，促使动物、植物和微生物之间的相融共生，从而达到物种间的相互补充、种群、群落、环境之间的相互协调。根据场地环境的具体情况，创造不同的小生境，丰富植物群落景观；设计包括水生、湿生、旱生等乡土植物，建立具有地域性的乡土植物群落[22]。扬州市地处北亚热带，南部濒临长江，京杭大运河从城区穿过，地势平坦，四季分明，气候温和，既适宜多种植物的生育，也有利于部分植物的安全越冬。扬州本土植被有琼花、柳树、香樟、荷花、茉莉、枫杨、银杏、云南黄馨、络石、紫藤、凌霄、扶芳藤、常春藤、木香等，种类多，也具有较好的观赏性，但是扬州的一些公园为了满足较高的艺术审美要求，较多地选取了非扬州本土的娇气型植株，这些植株虽然观赏价值高，但大量使用后不仅植被的成本价高，养护成本也相对昂贵。扬州公园在植物配置上应该因地制宜，适地适生。根据立地条件，结合植物材料的自身特点和对环境要求来安排，使各种植物都能生长并生长得好。应注重开发和应用乡土植物，而不是盲目引进推广外地园林植物。同时在配置乡土植被时要注意植物配置的动态性，利用植物在一年四季的生长过程中，叶、花、果的形状和色彩随季节的变化。开花时、结果时或叶色转变时，具有较高的观赏价值。园林植物配置要充分利用植物季相特色。在不同的气候带，植物季相表现的时间不同。植物配置利用有较高观赏价值和鲜明特色的植物的季相，能给人以时令的启示，增强季节感，可以用不同花期的树木混合配置、增加常绿树和草本花卉等方法来延长观赏期。

4. 能源的合理利用

在城市公园生态设计中，合理地综合运用各种清洁能源，实现清洁能源的有效利用，可以节约能源，保护生态环境，提高生态效益。如太阳能、风能、水能等，太阳能可以用作光源，还可通过太阳能板等光电（热）转化装置实现光能到电能热能的转变；风能和水能，可以作为机械能，还可通过电磁感应，将物理机械能转换为电能和热能等，实现风能、水能的有效利用。

三、适度增加用户体验设施

扬州像大部分城市一样，随着生活水平的日益提高，城市化进程加快，人们对城市公共空间环境的美观要求也随之增加，景观设计便有了更多的现实意义和发展的空间。然而现代城市公共空间景观中普遍只重视视觉功能的美观，扬州有一些公园也不例外，忽视了人与景观之间互动产生共鸣的一面，对于人与人之间的形成情感体验的互动景观设计研究缺少完整而系统的理论指导。城市公园设计越来越重视人的感官感受，处处体现人性的关怀，而在只重视视觉感受的城市景观设计中是远远不够的，在城市公共空间景观设计中加入人性情感元素，考虑人的参与感受、体验感受，对于推动和改变我国城市公共空间互动景观设计的实际意义是非常重要的。

人与景观的互动关系包括：景观中的人与人之间的互动以及人与景观之间的互动。人与人之间的互动是因为彼此的吸引产生的接触机会，有些人有共同的特点、兴趣，有时互动是直接影响人与人之间关系的引力，有些人因为共同爱好而产生稳定的互动。如日本大阪棋盘游戏公园以西洋棋为主要设计思路，建筑师将多种规模的棋盘游戏融入周围绿色的环境中，西洋棋棋盘的雕塑模式设计也形成了小型的游乐场，游客可以在其中下棋或爬上这些棋盘席休憩。所以，景观在人与人的互动中起到了媒介的作用，它有效地把人与人联系到一个环境中产生互动行为。人与景观之间的互动即人的行为与景观之间的互动与交流，从根本上说，就是人与人、人与自然、人与景观之间的互动。人不仅仅是景观的服务对象，更应该是景观的参与者。在设计时应充分考虑人的心理需要，如人们对景观空间兼有开放性和私密性需求。开放性的景观空间提供人与人交流的场所；私密性景观空间能满足人们的安全和隐私需要。因此，景观设计过渡性空间就显得尤为重要，它衔接着各种不同类型的空间形式，使人们在各景观空间中流动，且不会感到突兀。景观中的互动设计最大的特色在于吸引人的情感互动，要注重设计的参与对象是人，设计是为人而服务的。只有了解人的需求才能在建成后的景观体验上真正地为人所享受。互动式设计强调人的参与，重视人的感受，这样才能实现人与景观的和谐关系，吸引人的积极参与。

扬州城市公园想要丰富用户体验，就需要增加互动性景观设计，包括功能分区设计、道路系统设计、水环境设计、植被设计等。

功能分区设计：任何一个公园都是一个综合体，具有多种功能，面向不同的使用者。这些各不相同的功能和人群需要各自适合的空间和设施，必然要求将公园划分为相应的几个部分。公园分区规划的首要依据是功能的差异，目的是为了满足不同年龄、不同爱好的游人游憩和娱乐要求，合理、有机地组织游人在公园内开展各项游乐活动等。扬州一些公园建设的分区规划在很长一段时间内起到了上述作用，但由于公园长期缺乏更新与整治，逐渐呈现功能分区模糊、项目自由设置、活动互相干扰、缺乏新型设施等问题（图2-6-9）。随着公园的发展、大众生活的变化，公园中人的活动方式及主要使用人群的结构也发生了较大的变化。人们对公园的需求，不仅仅是观赏，而更多的是休闲、娱乐、健身等，由静态、观赏转向了动态、参与。同时，由于公园由封闭转向开放，而人群结构也主要趋向老年化。因此，在改造过程中，应首先按照公园规划所要开展的活动项目的服务对象，即游人的不同年龄特征，儿童、老人、年轻人等各自游园的目的和要求，不同游人的兴趣、爱好、习惯等游园活动规律进行调整性规划，增加公共性和参与性的内容。同时，根据公园原有的自然条件如地形、土壤状况、水体、原有植物、已存在的并要保留的建筑物或历史遗迹、文物情况，尽可能地"因地制宜"，并结合各功能分区的特殊要求，以及各区之间的互相关系、公园与周围环境之间的关系来进行重新考虑，提升使用功能，以满足社会快速发展的需要[23]。

道路系统设计：步道系统是将城市公园内部各个景观有序地联系起来的交通流线，游人以怎样的速度游览公园、会产生什么样的心理感受，景点展示怎样的景色、讲述怎样的故事都是由步道系统的设计来决定。园内的游览路径一般以游览性人行道为主，沿着路径设置独具特色的主题路径[24]。在水岸边的道路设计，多用木质栈桥以增强人们的亲水性，由于木头的"软性"质感更能与水体、植物融为一体，

图 2-6-9 来鹤台公园——广场过大，功能单调

增加自然亲切感，同时湿地公园的道路两旁可以布置富有湿地特色的植被群落，运用植物色彩的搭配和植物散发的气味，带来视觉和嗅觉的新体验。在游览路径的节点处及道路两旁，布置知识展示牌和指路牌，向游人介绍所处地块的科普知识和引导游人的游览方向。

水环境设计：亲水、近水是人的天性，水能够带给人们视觉、听觉和触觉的体验，所以注重城市公园水环境的处理对于互动设计具有重要意义。在水环境设计中，水岸护坡是个重要部分。水岸护坡是水陆环境的过渡地段，是物种最为丰富的地段和多种动物的迁徙通道。在扬州公园的护岸设计中，设计者可以对水岸环境进行整合性设计规划（图2-6-10），如选择与水面高差较小的水岸进行自然式护岸空间形态设计，让人们在该地段产生与自然亲密接触的行为。此外，在水岸护坡地段设计中还应考虑包括无障碍坡道、盲道等方便弱势群体的使用，如湿地公园的水岸可以采用自然的斜坡与陆地相连，同时在陆地上建立了一个沟渠网引水，沟渠之间是平缓的丘陵和耕地，可使水位稍微提升以后，产生一大片浅浅的湿泥地，

图 2-6-10 扬子津古渡体育休闲公园——亲水性较弱

增加景观的多变性。

植被设计：在公园植物景观的设计中，首先应该将植物造景与科学的严密性相结合，要了解植物的生长属性，多选用本土植物，使之更好地恢复原有的自然生态系统，创造城市公园良好的生境。在满足生态的情况下，开始使用植物营造空间，给人带来多种感官体会，引发人们的审美体验[25]。吸引人的视觉、听觉是产生"人与植物"互动的首要因素，通过各种生活型植物以及不同高度和颜色、季相变化的植物，实行乔、灌、藤、草、地被植物及水面相互配置，从而建立一个科学的多层次、多结构、多功能植物群落，从而满足人们视觉观赏的需要，如水边的芦苇，可以让人近距离观赏的同时又不会遮挡视线，可以越过芦苇丛观看水景和湖面上的鸟类。选择带芬芳的植物可以极大地烘托湿地公园的魅力，还能起到一定的引导作用。将植物香味作为设计的一部分，尤其是在相对围合的湿地空间里，可以增添一些趣味性。公园中可以选用能散发香味的水生植物，如欧洲樱草、水中薄荷、日百合花、草地兰等水生植物。还可以种植一些可食用的果树，将人们的味觉感受也调动起来。在游客的活动场所，通过种植高大的乔木为人们遮阴避雨，为人们的交流活动提供良好的环境。从科普教育的角度出发，可以在游客的必经之处种植一些珍稀植物品种或趣味性的植物，并附上简洁的介绍，吸引人们前往观看，让人们能够在欣赏湿地自然美景的同时了解湿地科普知识，得到一种知识上的互动。

参考文献：

[1] 中国江苏网.《扬州市公园条例》今起施行 [EB/OL]. http://www.zgjssw.gov.cn/shixianchuanzhen/yangzhou/201712/t20171201_4890413.shtml，2018-04-05.

[2] 中国江苏网. 打造生态休闲好去处 扬州让绿色财富长留于世 [EB/OL]. http://www.zgjssw.gov.cn/zhuanti/dazoufang/tashiliuyin/201801/t20180124_5057699.shtml，2018-04-05.

[3] 赵秀敏. 从建成环境评价分析城市开放空间的规划与设计——基于城市社区公园建成环境评价及游客行为模式的案例分析 [J]. 装饰，2009（10）：80-81.

[4] 扬州日报. 公园体系推动生态环境迈向高质量 [EB/OL]. http：//www.yznews.com.cn/yzrb/html/2018-01/17/content_909517.htm，2018-04-05.

[5] 扬州网—扬州日报. 今年扬州旅游总收入目标：916亿元 同比增长15% [EB/OL]. http：//travel.yznews.com.cn/2018-03/01/content_6112870.htm，2018-04-05.

[6] 韩静，胡绍学. 温故而知新——使用状况评价（POE）方法简介 [J]. 建筑学报，2006（1）：80-82.

[7] 吕晓峰. 环境心理学：内涵、理论范式与范畴述评 [J]. 福建师范大学学报（哲学社会科学版），2011，No.168（3）：141-148.

[8] 中国江苏网. 扬州："新城"公园+""老城"+公园" 模式 提升公园65个 [EB/OL]. http：//tour.jschina.com.cn/lyzx/201801/t20180117_1351810.shtml，2018-04-05.

[9] 扬州市人民政府. 城市建设 [EB/OL]. http：//www.yangzhou.gov.cn/yangzhou/csjs/2018-01/11/content_6039ad63e9114c9287f880da7ffa0818.shtml，2018-04-05.

[10] 扬州市人民政府. 1-11月扬州市投资和房地产运行情况分析 [EB/OL]. http：//www.yangzhou.gov.cn/yangzhou/jjyx/2017-12/27/content_a8e1eda585574e48b9c7d800fa684502.shtml，2018-04-05.

[11] 中国政府采购网. 扬州南部体育公园PPP项目资格预审公告 [EB/OL]. http：//www.ccgp.gov.cn/cggg/dfgg/qtgg/201611/t20161125_7638203.htm，2018-04-05.

[12] 新华日报. 扬州湾头玉器特色小镇PPP项目开工仪式举行 [EB/OL]. http：//www.zgjssw.gov.cn/shixianchuanzhen/yangzhou/201712/t20171220_4947893.shtml，2018-04-05.

[13] 邱莲莲，安春明. 浅析PPP融资模式在我国公园项目中的应用 [J]. 现代交际，2016（19）：42-43.

[14] 王俊豪，金暄暄. PPP模式下政府和民营企业的契约关系及其治理——以中国城市基础设施PPP为例 [J]. 经济与管理研究，2016，37（3）：62-68.

[15] Millward A, Sabir S. Structure of a forested urban park: implications for strategic management[J]. Journal of Environmental Management, 2010, 91（11）: 2215-2224.

[16] 殷超. 浅析PPP模式中工程项目管理者的人才开发 [J]. 现代经济信息，2015（23）：43-44.

[17] 郭纲. 地方政府用PPP缓解融资压力要慎重 [J]. 中国经济周刊，2014（20）：22-22.

[18] Sobhiyah M H, Bemanian M R, Kashtiban Y K. Increasing VFM in PPP power station projects – Case study: Rudeshur gas turbine power station[J]. International Journal of Project Management, 2009, 27（5）: 512-521.

[19] 吴莉，王文华. 应对PPP项目为资产评估机构带来的机遇和挑战 [J]. 中国资产评估，2017（3）：12-14.

[20] 张巍译. 古典园林表现形式在商洛城市公园的应用研究 [D]. 咸阳：西北农林科技大学，2016.

[21] 蔡春菊. 扬州城市森林发展研究 [D]. 北京：中国林业科学研究院，2004.

[22] 严辉. 综合性城市公园生态设计研究 [D]. 武汉：华中农业大学，2007.

[23] 张悦. 城市公园生态设计方法研究 [D]. 南昌：江西农业大学，2012.

[24] 裴鸿菲. 中国综合公园的改造与更新研究 [D]. 北京：北京林业大学，2009.

[25] 刘峥慧. 城市湿地公园的互动性景观设计研究 [D]. 南昌：南昌大学，2013.

第七章

建设世界级城市公园

第一节　世界公园的概念界定
第二节　世界公园的主要特征分析及分类
第三节　世界公园的评价指标体系
第四节　打造世界级公园的扬州范本
第五节　世界现代城市公园案例分析

目前世界上已有不少园林、公园景观凭借自身独特的优势为全球游客所津津乐道并心生向往，各地高品质公园的建设也进行得如火如荼。但是关于世界公园的学术研究却非常少见。本章对世界知名的园林、景观公园进行探讨，提取世界著名公园的核心成名要素，分别是独特的地理区位、历史文化、自然资源、花卉景观、面积设施，并根据成名要素将世界公园分为世界级休闲公园、世界级历史名园、世界级地质公园、世界级花卉公园、世界级城市公园。深入分析世界公园的高品性和高国际影响效应，遵循综合性、整体性、可操作性、个性化、层次分明及科学性的原则，构建世界公园的评价指标体系，并在此基础上对扬州蜀冈瘦西湖风景名胜区的相关指标进行了解析。

第一节 世界公园的概念界定

世界上不少园林、公园景观在全球范围内享有盛誉，有的以优质卓越的自然资源著称，如美国的黄石公园，被誉为"地球上最独一无二的神奇乐园"；有的以悠久的文化历史享誉全球，如英国的海德公园，是英国最大的皇家园林；还有的以辽阔的地理面积为世人知晓，如阿姆斯特丹 Bos 公园，是 20 世纪全世界最大的城市公园[1]……鉴于它们在世界范围内的高知名度与高美誉度，我们称其为世界公园。

关于世界公园官方没有统一的定义，只有一些名词和概念与其相关，分别是国家公园、地质公园、世界遗产。

"国家公园"的概念源自美国，名词译自英文的"National Park"，最早由美国艺术家乔治·卡特林提出，他认为"它们可以被保护起来，只要政府通过一些保护政策设立一个大公园——一个国家公园，其中有人也有野兽，所有的一切都处于原生状态，体现着自然之美"[2]。国家公园的标准主要体现在面积、生态体系、管理机构、游客准入制度几个方面。

国内与国家公园相当的概念是风景名胜区，指风景资源集中、环境优美、具有一定规模、知名度和游览条件，可供人们游览欣赏、休憩娱乐或进行科学文化活动的地域[3]。根据资源品质等将风景名胜区分为省级和国家级两类。

地质公园是以其地质科学意义、珍奇秀丽和独特的地质景观为主，融合自然景观与人文景观的自然公园[4]。地质公园有较高的历史、考古、美学等价值，地质公园的定义中特别指出其始终处于所在国家独立司法权的管辖之下。

世界遗产是指被联合国教科文组织和世界遗产委员会确认的、人类罕见的、目前无法替代的财富，是全人类公认的具有突出意义和普遍价值的文物古迹及自然景观。主要分为自然遗产、文化遗产、自然与文化复合遗产和文化景观[5]。

对上述四类公园进行综合分析可以看出，目前官方的园林、景观公园主要是从公园的资源品性上进行分类，该分类方式较为单一，但也说明资源属性在公园建设中具备无可替代的重要性，即使是目前发展迅猛的游乐型主题公园，游乐设施也是自身成功的关键。

本书目前所指的世界公园，将超越原有的定义，不再从公园本身属性出发，而是从其产生的影响力出发。影响力的来源可以是资源属性、品牌营销、管理模式、国际事件等，本章内容对此不做限定。只要其在世界上具有高知名度，具有国际影响力，能够提升所在城市整体品位，带动当地经济发展，提升国家整体形象，即称之为世界公园。

世界公园至少拥有以下两种价值：

第一，经济价值。带动当地旅游业的发展，增加就业岗位，促进地方经济的增长。同时，世界公园的知名度可以为城市品牌的营销提供有力的支持，进而打造国际旅游城市。

第二，文化精神价值。世界公园在不同程度上承担了传承历史文明的重任。公园在改善市民的生活品质、提升城市生活品味的同时，或保护了历史遗迹、或展示了人类文明艺术史、或保存了大自然的原始风味，促进了人类文明的传播与传承。

第二节　世界公园的主要特征分析及分类

公园的分类是一个复杂的体系。各国公园分类的基准点也不尽相同。即使是在同一个国家，不同类别的公园体系也有自身独特的分类标准。如日本在公园的分类体系中，先根据资源属性将公园分为自然公园、城市公园两类，又根据面积、服务对象、功能进行了细分，种类纷繁复杂[6]，而国内的分类体系更是亟待完善。

本节主要探索了世界公园相关的官方定义，对世界公园进行了总结。将从现实案例入手，研究总结世界公园的主要特征，分析世界公园的成名要素，并在此基础上，根据成名要素对世界公园进行分类，直指世界公园最核心的优势所在。

在前期进行大量的案例研究基础上，本节选取了若干经典世界公园进行简明阐述。

纽约中央公园坐落在摩天大楼耸立的曼哈顿正中，是纽约最大的城市公园，作为大量水泥建筑中的一片绿洲，中央公园深受当地市民的喜爱，成为节假日休闲的不二选择。独特的地理区位是它制胜的关键，充分满足了城市居民渴望绿色、渴望能轻松享受到绿色的心理。另外，中央公园为地产开发模式、打造宜居社区提供了极好的案例借鉴。

英国海德公园是英国最大的皇家公园，是英国传统文化以及自由平等民主等普世价值传播的著名场所。其中"演讲者之角"被誉为"肥皂箱上的民主"，每年国王在此鸣放生日礼炮，吸引了大量的游客。海德公园是英国政治历史进步最好的诠释者之一，承载了其政治精神。

美国著名的拉什莫尔山国家纪念公园，其内雕刻了美国四位前总统的头像，代表了美国建国150年来的历史，是了解美国的必经之地，每年能吸引大约200万游客前来观光旅游。

美国黄石国家公园被美国人自豪地称为"世界上最独一无二的神奇乐园"，公园内百分之九十九的面积均尚未开发，拥有陆地上最大数量的、种类也最多的哺乳动物，保持自然本色，展现最古老、最纯净的自然魅力，营造了一个"城市生态天堂"，实现了人类与自然的可持续和谐共赢。

美国的长木花园是一个"园中有园"的复合式大花园，包括20个室外花园、20个室内花园以及大片林园，其独一无二的公园设计手段及景观营造理念，使其闻名遐迩。另外，公园的管理运营模式也值得一提，其面向公众免费开放，同时又吸收志愿者维护公园日常管理，真正做到了公众参与，扩大了知名度与美誉度，同时，也最大地发挥了公园的效用。与此类似的还有荷兰的库肯霍夫花园，凭借每年的郁金香花展以及传统欧式风格的景观设计，成为欧洲最迷人的花园。

美国金门公园横跨53条街，占地达1017英亩，是全美面积最广阔的公园，也是世界上最大的城市公园之一，极大地改善了旧金山的城市生态环境，被誉为旧金山"绿色的肺"。

荷兰的阿姆斯特丹Bos公园（Amsterdamse Bos）被认为是阿姆斯特丹人的露天休闲场所中的一个"楔形绿地"，占地935hm^2，始建于1934年，被认为是20世纪全世界最大的一个城市公园。

对上述公园的核心优势进行提取，可分为以下五类：

①世界级休闲公园：便利的地理区位以及综合型的休闲游乐设施满足了当地居民的休闲游憩需求，提升了当地人的生活品质。

②世界级历史名园：承载了本国乃至世界的文化历史或者政治经济进步史，是全人类的文明瑰宝，是人类的历史记忆。

③世界级地质公园：在人类对自然资源过度开发的今天，其保存了自然最原始的面貌，是人类对自然最真诚的回归，也是人与自然和谐共处的有效模式之一。

④世界级花卉公园：花卉永远是美好生活的标识之一，人们对花的热爱之情不分国界。花是世界人民共同的语言，对于花卉的利用更是一门深奥的学问，也是一门关于美丽的艺术，花卉公园是人类精神诗意的栖息地。

⑤世界级城市公园：公园的面积超乎人们的想象，不是城市中的公园，而是公园中的城市。大面积的公园成为了各个年龄阶段、不同文化层次的市民或者游客的游乐园。

它们的核心成名要素分别是独特的地理区位、历史文化、自然资源、花卉景观、面积设施。可以看到，目前世界公园的成名要素大多为其自身的"硬件"资源，世界公园的建设均是在完善本身资源的基础上加以改进。在结合目前公园建设的国际潮流，以及服务型经济浪潮，提出以下四点世界公园成名要素的创新点：

1. 生态可持续的公园管理模式

"高效、绿色、人文"是公园管理的关键词，在传统的管理方式已经趋于阻碍公园进一步发展的时候，创新是突破瓶颈的关键词。从所有制、管理体制或者仅仅公园的内部管理方式等方面都可以寻找到突破点。

2. 借助"智慧旅游"创新公园产品

"智慧旅游"已经是旅游业未来的潮流，目前全球都在紧锣密鼓地研制智慧旅游产品，可借此机会夺得先声，在世界旅游业中占据一席之地。未来公园的发展只有借助智慧旅游，才能更好更快地与国际接轨，被更多的旅游者知晓，跻身世界公园的行列。同时，智慧旅游除了可以更好地向旅游者提供产品之外，也是公园管理的一大创新和挑战。

3. 与国际接轨、与城市联动的品牌营销措施

"园在城中，城在园中"，一个城市的公园和所在的城市本身就是相辅相成的关系，一荣俱荣，一损俱损，在城市品牌的宣传造势上，我们要立意高远，独树一帜，将世界公园和世界城市捆绑，作为一个整体被旅游者感知和体验。

4. 多方力量参与投资建设机制

多方力量参与投资建设，除了资金方面的优势外，多元化的投资带来多元化的理念，易于在众多的观念中寻求到最优理念，从战略角度给世界公园定好位。并且吸收各界力量的行为本身就已经具备了深厚的社会市场基础，有利于提升世界公园的知名度。

第三节　世界公园的评价指标体系

一、世界公园评价方法

参照国际城市的评价方法，对世界公园的评价也可以分为两类：一是以综合指标体系来评价世界公园，如设立各项评价指标标准；二是按照单一指标来研究世界公园，如根据国际游客比例等来确定是否入围世界公园。

本书对于世界公园涵义的解释，主要是从公园的综合建设质量和国际影响力两个方面，认为高品质的公园建设与高知名度和美誉度的国际影响力是世界公园的主要标志和共性特征，是构成世界公园的基本要素，也是定义世界公园的重要条件。

事实上，任何公园都是一个开放系统，具有对外开放的共性，从而具备一定的国际影响力潜力，甚至有些公园因为一些意外的原因，在世界上拥有影响力，但不能因此认为它就是世界公园，因为一方面它的公园建设品质还没有达到世界级的标准，另一方面，它的国际影响力也还没有达到"极强"的程度。所以说，公园的高品性建设和世界高影响力是构成世界公园的必要条件。

反之，如果一个公园没有极强的世界影响力，没有一定规模的国际游客，就不能说它是世界公园，这是无可非议的共识。但是"极强"该如何度量，本书认为公园的资源建设品性在全球范围内应是特别突出的、卓越的，在国际舞台上占有举足轻重的地位。

由以上分析可以看出，世界公园的世界级品质建设和全球范围内的高知名度是构成世界公园的重要条件，所以从广义的角度可以这样定义：世界公园是国际影响效应极强的公园。

国际影响效应的概念由3个要素组成：

1. 公园的品性影响

公园的品性影响主要指在全球范围内该公园的资源属性及设计理念的独特性、唯一性及品质性，拥有国际影响力的核心属性。

2. 公园的影响强度

公园的影响强度即该公园在世界上的知名度及美誉度的强弱。

3. 公园的影响规模

公园的影响规模主要指该公园境内外游客的数量。

公园的资源品性影响或许很强，但其影响规模不一定大，如一些待开发的具有国际影响力的人类遗址等；而公园品性影响力不大的一些公园，通过后期的综合建设，涉外的领域很广，则也能成为具有很大影响规模的世界公园，在国际上拥有较强的知名度。如美国的金门公园、荷兰的阿姆斯特丹 Bos 公园。

世界公园的基本特征体现在公园的高品性建设和国际影响效应两个方面，也就是说，这两大方面的特征构成了世界公园的基本评价标准。

1. 公园的高品性建设

高品性建设是指整个公园体系的所有构成要素的品质，而不仅仅是指在某个方面和领域的高品性。具体地说，其基本特征主要表现在以下3个方面：公园核心属性顶尖化——公园的核心属性必须在国际舞台上拥有举足轻重的地位，在国际上拥有自己的影响力，公园才能跻身世界公园的行列；公园建设品质化——优良的布局、一流的设计、生态节能的基础设施等；公园管理模式现代化——具有高效、绿色、人文的管理结构。

2. 公园的高国际影响效应

不同的世界公园，其国际影响的具体对象可能不尽相同，但世界公园产生国际影响力的综合效应仍有许多共同的特征，主要反映在以下3个方面：境外游客在游客总人数中占相对较重的比例——世界公园不仅仅是一个城市的城市花园，更是全世界人民共同的财富；交通和信息传播网络的国际化——"酒香不怕巷子深"对于旅游业而言是有局限性的，可达性成为一个地区能否成为世界热门旅游地的重中之重。拥有全方位开放、通达便捷的国际交通网络至关重要；文化交流国际化——作为世界公园的核心属性之一，其蕴涵的精神文化价值是全人类共同的财富。

根据公园的品性建设及国际影响效应，可以将世界公园分成两大类：一类是综合性的世界公园——该类公园具有多种核心资源，以综合游憩作为设计理念，如纽约中央公园、汉堡城市公园等，此类公园更多地建设在城市之中，可称之为世界级的城市公园；另一类是主题性的世界公园，设计理念即围绕着某一核心资源进行打造，拥有自己独特的资源品性，在国际社会上占据鳌头，如黄石国家公园、库肯霍夫花园等。

世界公园的级别层次的划分，实际上是对世界公园进行综合评价和排序，其综合评价需要建立一套完整的世界公园评价体系，然后应用定性与定量相结合的方法，进行综合评价与排序，达到对世界公园分级的目的。从定性的角度，根据世界公园的国际影响效应，可以将世界公园分为全球性世界公园、区域性世界公园和地区性世界公园3个层次。

通过上述分析，可以避免在世界公园评价指标体系构成中指标过多、面面俱到、过程繁杂的问题，有利于构建一个科学、合理、实用的指标体系，用于研究分析评价世界公园，并借鉴国外世界公园的发展经验，努力打造中国的世界公园，提升地区乃至国家的国际形象。

二、世界公园评价原则

建立世界公园评价指标体系必须遵循一定的原则，考虑世界公园的实际情况以及构成要素的相互关系。评价世界公园应遵循以下原则：

1. 综合型原则

世界公园作为城市、国家乃至全球的休闲游憩体验场所，作为社会、经济和自然的附和系统，评价指标的选取要尽可能全面，评价过程中要采用实用综合性的评价方法，以便对不同地区、不同类型的世界公园系统进行比较。

2. 整体性原则

世界公园不是独立存在的，不仅需要与周围环境相融合才能实现可持续发展，更要与所在城市、所在国家，乃至全人类的普世理念相结合才能成为真正意义上的世界公园。因此评价体系的建立必须注重公园与自然、公园与人类的协调性和整体性。

3. 可操作性原则

只有可操作性的评价体系才有其实际的意义。目前并没有世界公园的统一定义，更谈不上世界公园的评价标准体系，所以应当建立定性与定量相结合的可操作的世界公园指标体系。

4. 个性化原则

不同的世界公园所在区域的自然条件和社会经济发展水平都有差异，应当根据世界公园的具体类型和特点，进行有针对性的"个性化"评价，做到普遍性与特殊性的统一。

5. 层次分明原则

指标体系是由多层次的指标群构成，分为目标层、准则层、指标层等，各个子系统之间既相互独立又相互联系，指标群逐级分解，形成多级有机的组合。

6. 科学性原则

指标体系一定要建立在科学的基础之上，要科学合理，客观真实反映世界公园的全貌，世界公园首先是在当地、本国享有盛誉的公园[7]。

三、世界公园评价指标构成及意义

世界公园的评价指标是对上述世界公园的基本特征的进一步延伸和拓展，使其具体化、定量化、可比化。本书对世界公园的评价体系的设计思路是：把世界公园评价指标体系分为若干层，由上至下，将宏观、抽象的指标逐步过渡到微观、具体、可度量的指标[8]。最上层为总体评价对象，即世界公园；第二层根据世界公园的定义将其综合评价问题分为公园的品性建设和公园的国际影响效应；第三层为特征指标层，即将世界公园的基本特征列入该层，作为下一层指标设计的依据；第四层为具体类指标层，它们实际上是上一层特征"软指标"细分而来，反映某一中微观领域或具体方面的水平状态的类指标；第五层是测度指标层，该层指标的设计，一方面要求可度量性、可比性，另一方面又要求具有代表性和主成分意义。根据这一设计思路和原则，本书建立了如图 2-7-1

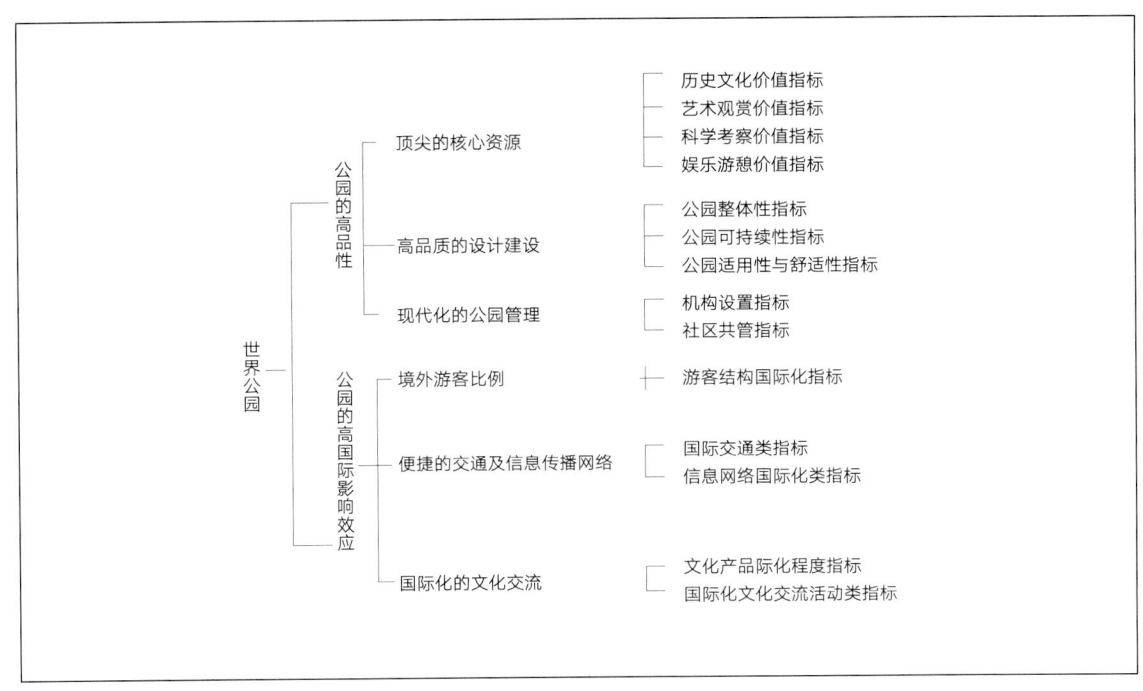

图 2-7-1 世界公园指标评价体系

所示的评价指标体系。

历史文化价值指标——可以选用公园的历史文物保护现状、建筑特色保存现状等；

艺术观赏价值指标——文物、博物馆数量等；

科学考察价值指标——公园生态环境现状、水系保存现状等；

娱乐游憩价值指标——游乐设施数量、服务人员数量；

公园整体性指标——与所在区域的互融程度、多样化功能；

公园可持续性指标——资源的合理利用、环境友好程度；

公园适用性与舒适性指标——游客满意度；

机构设置指标——管理部门完整程度；管理流程规范度；

社区共管指标——社区参与程度、社区居民满意度；

游客结构国际化指标——国际旅游者接待人数、国际旅游创汇收入；

国际交通类指标——国际机场港口数；

信息网络国际化类指标——现代信息传输系统及与国际联网的程度与规模等指标；

文化产品国际化程度指标——公园内的世界文化产品数量等；

国际化文化交流活动类指标——国际文化交流活动数量等。

第四节　打造世界级公园的扬州范本

在扬州目前的公园体系中，扬州蜀冈—瘦西湖风景名胜区是最有可能打造成世界级城市公园。将其建设成世界级公园的中国范本，从而让扬州成为名副其实的公园之城。

扬州瘦西湖目前为"全国AAAAA级旅游景区""国家级大遗址公园""国家文化旅游示范区""具有重要历史文化遗产和扬州园林特色的国家重点名胜区"，扬州的盆景资源更是享誉海内外，加上众多的国字号荣誉，扬州瘦西湖的自然与文化资源可谓是同类型景区资源中的佼佼者，凭借这些资源打造特色景观，成为具有国际影响力的世界公园指日可待。

根据上文提出的世界公园指标体系，可对扬州蜀冈—瘦西湖风景名胜区进行如下解析：

1. 历史文化价值指标

依托"湖上园林——瘦西湖古典别墅园林""扬州唐宋古城遗址等重要的历史文化遗迹"和水乡生态，以"淮扬盛世，古运风华"的淮扬文化为特色内涵，扬州蜀岗—瘦西湖世界公园，其主要的优势资源有湖上园林、文人胜迹、陵墓祠庙、历史古迹等。

2. 艺术观赏价值指标

扬州蜀岗—瘦西湖世界公园所涉及的文化脉络有遗址文化、古建筑文化、园林文化、宗教文化、工艺文化、扬州花文化等，重点打造的文化脉络为遗址文化、古建筑园林文化、花文化。重要历史文化时期与重要历史时间节点集中在汉朝的汉墓、村落文化，隋唐的建筑、村落、宫廷文化，宋朝的古城文化、战争文化。

3. 科学考察价值指标

景区资源类型多样，风景古迹众多。区内以绿色植物地貌与水系为主，形成森林、农田、村镇、湖池、湿地紧密结合的景观格局。湿地、绿色植物、水系资源均优，植被覆盖率高，生态环境良好，得天独厚的生态环境为景区发展提供了优越的先天条件。瘦西湖水系包括瘦西湖、杨庄小运河、笔架山保障河等，是典型的带状水系。区内河湖密布，水深江阔，岸线稳定，水体洁净。

4. 娱乐游憩价值指标

景区内娱乐设施主要包括瘦西湖文化休闲广场、瘦西湖天沐温泉度假村、傍花村商业休闲街、十字街等，现有娱乐设施数量尚不能满足游客的需求。

5. 公园整体性指标

扬州蜀冈—瘦西湖风景名胜区总面积12.23km^2，包含了瘦西湖风景区、蜀冈风景区、唐子城风景区、笔架山风景区、绿杨村风景区，是一个以古城文化为基础，以重要历史文化遗迹和瘦西湖古典园林群为特色，与扬州古城紧密相依的国家重点风景名胜区，是"长江旅游带"和"大运河旅游带"的交汇点；风景资源优势突出，蜀冈—瘦西湖风景名胜区是江苏省四个国家重点风景名胜区之一；规划区距扬州著名景点个园、馥园、武当行宫、珍园等较近，形成了优越的旅游资源网络；旅游客源市场广阔。扬州100km半径内有2500万消费人口，200km半径内有8000万的消费人。

6. 公园可持续性指标

瘦西湖风景区是蜀冈—瘦西湖风景名胜区的核心组成部分，是为我国湖上园林的代表。隋唐时期，瘦西湖沿岸陆续建园。清代，由于康熙、乾隆两代帝王六度"南巡"，形成了"两堤花柳全依水，一路楼台直到山"的盛况，历史上有二十四景著称于世。

由于旅游业的蓬勃发展，入园游客连年攀升，高峰时日游客量达到5万人次；同时国民对健身锻炼、市民交往的需求也在集聚扩大，加之中国已提前步入老龄化社会，因此公园晨练、晚游的人数也在不断扩大。两种需求的交叠给公园带来了难以承受的压力。

7. 公园适用性与舒适性指标

公园适用性与舒适性指标主要采用游客满意度来衡量，国内旅游游客满意度指数一般大于80，因此世界公园的游客满意度指标也应该大于80。瘦西湖景区打造世界级公园可以参照这个体系通过撰写问卷调查等，考量游客满意度。

8. 机构设置指标

扬州市委市政府高度重视扬州旅游业的发展，于2011年批准建设《扬州瘦西湖旅游度假区》，同意设立"扬州瘦西湖旅游度假区管理委员会"，专门负责扬州瘦西湖国家级旅游度假区的申报、规划、建设和管理工作。

9. 社区共管指标

世界公园的建立与管理非常重视社区公众参与其中，无论是国家公园管理计划的制定、公园具体管理政策的产生以及修改调整，还是面临建设、管理、保护以及其他的具体问题时，都应注重采纳公众的意见。

10. 游客结构国际化指标

扬州瘦西湖世界公园的国家化发展综合指标可以从国际游客入境免签、国际医疗救援体系协议、国际旅游收入占GDP比重、国际旅游占旅游总收入比重、国际游客人均消费等方面进行统计测量。

11. 国际交通类指标

扬州泰州机场（原苏中江都机场）将和已经建成的江海高速公路、江都至六合高速公路、安大公路、宁启铁路复线及电气化改造、扬州港扩容以及规划建设的淮扬镇高速铁路和过江通道等重大基础设施项目一起，构建和完善扬、泰两市现代化的综合交通运输体系，全面提升城市综合竞争力，也加强了世界公园的可达性。

12. 信息网络国际化类指标

公园相应的网络系统应该构建完善，提供多个国家语言提示，充分应用"智慧旅游"的优势，为前来旅游的国际游客提供全方位的预先了解。信息传输系统的技术指标应该过硬，可以尝试采用国际先进的电子技术，让游客及时了解最新的园区状况和活动。更需要为游客提供一个网络平台，反应旅游感受，提出不足之处，以便提高园区旅游设施和服务水平。

13. 文化产品国际化程度指标

除了各具特色的景点，瘦西湖的花卉种类也较为丰富，历代政治家、文学家、画家、艺术家云集，在扬州留下了无数典籍诗文、书画、音乐歌舞，也留下了许多优美的传说故事。

14. 国际化文化交流活动类指标

相对世界级公园而言，瘦西湖景区的国际文化交流活动数量、知名度及影响力都有较大差距。今后，应借鉴世界级公园的管理经验，培育世界级的文化旅游产品，打响国际知名旅游品牌，提高旅游的国际知名度，带动周边地区相关产业的共同发展，打造其世界级公园的知名度和影响力。

参考文献：

[1] 周武忠. 扬州将建全球最大城市公园. http://www.people.com.cn/GB/paper447/14602/1297826.html.

[2] 杨锐. 美国国家公园体系的发展历程及其经验教训 [J]. 中国园林. 2001（1）：62-64.

[3] 张洪，朱磊. 风景名胜区管理体制研究综述 [J]. 资源开发与市场. 2012（2）：163-166.

[4] 齐武福，王颖，陈畅，杨萍. 国家地质公园旅游资源特征、类型及评价研究综述 [J]. 国土资源高等职业教育研究. 55-66.

[5] 中国世界遗产网. 世界遗产分类评定标准 [J]. 建筑与文化. 2004（6）：34-35.

[6] 章俊华，白林. 日本自然公园的发展与概况 [J]. 中国园林. 2002（5）：87-90.

[7] 刘玉芳. 国际城市评价指标体系研究与探讨 [J]. 城市规划. 2007（4）.88-92.

[8] 肖耀球. 国际性城市评价体系研究 [J]. 管理世界. 2002（4）.140-141.

第五节　世界现代城市公园案例分析

一、纪念性景观城市公园案例：英国海德公园

海德公园（Hyde Park）是英国伦敦最知名的公园之一，也是英国最大的皇家公园。海德公园历史悠久，1066年以前是威斯敏斯特教堂的一个大庄园。16世纪，英王亨利八世将之用作王室的公园。查理一世执政期间，海德公园曾向公众开放。1851年，维多利亚女王首次在这里举办伦敦国际博览会。1944年，美国总统罗斯福（Roosevelt）和英国首相丘吉尔（Churchill）曾在这里签订了海德公园协议（Hyde Park Agreement），这是一项美英之间关于"二战"期间核武器研发合作的协议。海德公园有著名的"演讲者之角"（Speakers' Corner），它位于公园东北角的一个大理石凯旋门旁，被视为英国民主的历史象征，市民可在此演说任何有关国计民生的话题，这个传统一直延续到今。自19世纪起，由于伦敦市中心区域的扩展，处于西郊的海德公园也一并划入了市区的范围内，海德公园由此成为真正意义上的城市公园（图2-7-2）。

1. 功能与管理层面

目前，海德公园在功能布局上分为运动休闲、景点、餐饮、公共艺术等四种类型，园内共有6个汽车停车场、3个无障碍停车场、5个自行车借放点、4个自由驾驶接客点。公园内配有洗手间、无障碍卫生间、饮水机、游客中心等公共设施[26]。在管理方面，目前公园是由一个慈善机构"皇家公园"负责管理运营，该机构于2017年3月成立，并于2017年7月正式启动，以支持和管理整个伦敦5000英亩的皇家公园，并包含伦敦八个最大的开放空间——海德、绿色、里士满、格林威治、圣詹姆斯、布西、摄政公园和肯辛顿花园。同时，该机构还负责管理首都其他重要的空地，包括格罗夫纳广场花园、布朗普顿公墓、维多利亚塔花园、坎宁格林和诗人角。2017年，该

图 2-7-2　海德公园各主要景点

机构还接手了英国文化、媒体和体育部（DCMS）前公园管理执行机构——皇家公园管理局（Park Parks Agency）的部分角色，以及皇家公园基金会的筹款。由此，皇家公园慈善机构正式代表政府管理海德公园。

2. 植物配置

在植物配置上，树木是大多数皇家公园低地城市景观中最重要的自然元素之一。皇家公园里这些最大最古老的植物，连接着过去、现在和将来。树冠可以遮挡灰尘，吸收污染物，提供遮阴并降低噪音。通过吸收二氧化碳，树木有助于减缓全球变暖的速度。它们降低风速，降低城市气温，并通过吸收雨水来防止洪水泛滥。它们也是鸟类、蝙蝠、昆虫、真菌和地衣的栖息地，像里士满公园一样，成熟的橡树可以支持 500 种不同的物种。树木有助于提升地方的特色，并激发当地的自豪感。同时，它们是十分可靠的教学资源和玩耍场所，也是集体活动的焦点区域（图 2-7-3）。

目前，海德公园内有树木大约 170000 棵，包含了 250 多个品种，林区占地面积约为 1100 英亩（450hm^2）。其中，树龄较大的约有 1500 棵。每年在树木维护方面花费约 450000 英镑。为了保持和改善树木种群的整体状况，海德公园的树木管理部门通常禁止砍伐健康的树木，除非是面临局部调整的需要和涉及历史遗产或规划景观开发、恢复的需要。海德公园树木管理团队为每个公园确定

图 2-7-3　海德公园内的纪念馆与雕塑

合适的植物种类，因此园内目前拥有高比例的本地物种，也有非常丰富的稀有物种、品种，并在可能的情况下保持多样性。主要品种有原生和归化物种，如橡木、山毛榉、白桦、七叶树、栗子等。较小的树木和灌木则有樱桃、蟹苹果、冬青和山楂等。

3. 纪念性景观节点设计

在纪念性景观设计方面，海德公园内的戴安娜王妃纪念泉（图 2-7-4）可谓是多年以来的经典水景观项目[27]。该喷泉自 2004 年修好后，仅 2005 年便获得超过 200 万人的拜访，成为当年伦敦最热门的旅游景点。设计的理念基于戴安娜王妃生前的爱好与事迹，以"敞开双臂——怀抱"（Reaching out – Letting in）为概念，设计了一个顺应场地坡度的、在树林中落脚的浅色景观闭环流泉。整个景观水路经历跌水、小瀑布、涡流、静止等多种状态，反映了戴安娜王妃起伏的一生。

喷泉是用优质材料和先进技术建造的。它包含 545 块康沃尔花岗岩，每个花岗岩都由电脑控制的新型机器加工、塑造，并依靠传统技术整合在一起。喷泉结合了现有海德公园的地形，并根据周边树木的标高进行设计。同时，作为公园景观中一个浅色的环，从与之对比的周边的长草和植被中脱颖而出。喷泉具有特定的不同的水景效果，例如"瀑布""旋风""跌落式瀑布""摇滚"等。同时，这些效果结合位于底部的平静水面，被用来表现王妃生活的跌宕特点。

图 2-7-4　戴安娜王妃纪念泉鸟瞰

在数字化设计方面，整个喷泉的设计与施工不仅有景观设计师的参与，还有计算机建模专家、顾问、工程师与专业石匠的参与。在设计的初始阶段，设计团队便利用模型制作出纪念泉底部那些让水或翻滚或跌落或袅袅或涌出气泡的复杂纹理与图案，详细地描述了喷泉水体的动态过程。同时，设计团队利用汽车行业使用的模型交互软件精确生成了一个545块石头、实际重量达到600t的3D模型。另外，数字化设计方法解决并呈现了设计所需要的230m² 的独特纹理设计，并将其与3D模型结合成一个复杂的大型模拟雕塑[28]。

在施工方面，杰弗里·奥斯本有限公司担任项目的施工方，并与来自于英国北爱尔兰莫恩山的优秀石匠 S. McConnell 父子进行合作，最终完成了这个世界瞩目的景观项目。

二、生态修复型城市公园案例：新加坡碧山宏茂桥公园

碧山宏茂桥公园（图 2-7-5）是新加坡市中心区域最受欢迎的公园之一。该公园的设计主要集中于设计范围内加冷河水渠修复计划，旨在将单一功用性的混凝土结构河道转变为自然式河流，以创造社区居民能够充分享用的新型城市空间。在碧山宏茂桥公园，长为2.7km的笔直混凝土排水渠已经修复为一条长为3.2km的弯曲、自然形态的河流，蜿蜒穿过公园。62hm² 的公园空间被重新进行设计，以适应包括水位变化等河流系统的动态过程。通过运用原有混凝土水渠改造而来的回收石

图 2-7-5　新加坡碧山宏茂桥公园鸟瞰

材，公园建造了三个游乐场、一处餐厅以及全新的瞭望台。大量的绿色开放空间也为城市中心区生态修复河流形成的自然景观提供了补充。该设计获得了"2012新加坡游憩场地设计奖"和"2012世界建筑节年度最佳景观设计项目奖"。

20世纪60—70年代，新加坡经历了快速的现代化与城市化。在这一时期，新加坡修建了大量混凝土排水与运河系统以防止大范围的洪水。因此，加冷河水道的几处关键位置被修整为混凝土沟渠，以使得雨季时水可以快速排出。作为新加坡最长的一条河流，10km长的加冷河贯穿中心岛，从皮尔斯水库流向滨海水库，是城市供水体系的一部分。

碧山宏茂桥公园是新加坡最受欢迎的中心地带公园之一，建于1988年的宏茂桥公园最初是为了在碧山居住新区与宏茂桥区之间形成绿色缓冲带，并提供一定的休闲娱乐空间。然而，排水管道犹如一条粗线，将公园明显地分割开来。2006年，新加坡国家水务局（PUB）发起了一项"活力，美丽，清洁"水计划项目，提倡改善国家水体，在满足给排水功能的同时，创造出供社区娱乐休闲的活力空间，促进社区融合。在此背景下，碧山宏茂桥公园空间开始升级整合，提升运河供给与防汛能力以进一步分离公园空间，然而新的方案设计整合了这两个看似相反的要求。这也是新加坡首次提出拆除加冷河的混凝土沟渠恢复自然河道。

1. 公共设施

设计方案基于河漫滩的概念,当水量小时,露出宽广的河岸,为人们营造出一个可供休闲娱乐的亲水平台;当因暴雨水量上涨时,临近河水的公园用地可加宽河道,使水顺流而下。这一概念确保了足够的公园用地,创造出更多交流空间。重新设计的河道断面使河道通过洪水的最大宽度从原来的17~24m拓宽到现在的将近100m,将对河水的运输能力提升了近40%。此外,公园中还新建了两个游戏场地、两个餐厅、厕所和用旧河道回收混凝土块建成的地标性观景台——"回收山地"。这个充满活力、全年无休的公园俨然已成为了当地居民日常生活的一部分,人们在广场上练习太极,孩子们在运动场地中追逐比赛,而两两相依的情侣则在长凳或隐秘的角落中共度时光。

2. 管理方面

在公园还未完全建成之前,就出现了"自我管理"的现象,居民开始注意公园的清洁和他人的安全。如今,自发组建的小组定期开会,而学校也不时组织学生对公园进行实地考察。所有的这些现象都体现出了公众对河岸公园态度的转变甚至产生了主人公意识[29]。

当城市开启综合水管理系统时,就意味着各机构之间的界限变得模糊,面临着重新划分的挑战。但这并不会让局面混乱,反而会因不同机构之间的交流产生出许多新观点。以往,公园由国家公园局管理,排水河道由PUB管理。而两个部分的合作,给社区带来了多项益处。虽然从土地利用总体规划层面到儿童艺术、教育培训班的利益相关者的说服工作增加了重重困难,吸引每一领域的专家也有一定的难度,但最终团队的愿景得以实现。一些下游项目借鉴了这种工作模式,催化了许多类似的机构之间的合作。

3. 河道修复工程

加冷河的修复工程于2009年10月份启动,要在新河道施工的同时确保河流系统仍能正常运行。一维和二维的水力学模型研究确保了团队能够预测水道,建设更稳固和更多变的河流。传统的土壤生物工程技术也用于加固新河岸,以作为对计算机技术的补充。12种热带新技术在公园内测试,以开发新技术和平息质疑。结果证明,模型应该根据植物生长密度、土壤条件、坡度及植物根强度进行调整。最后,设计师和客户对建设团队进行了大量的培训,帮助他们将第一稿草图最终建设成型。

改造后的河道蜿蜒曲折、宽窄不一,如同自然河流般拥有着多样化的流动形式与流速,塑造出极为宝贵、自然而又多元化的栖息地,为生物多样性奠定了基础。而泛滥平原的设计为新加坡城市环境中创造了一种新型高质量公共空间,无论是跨越河流的三座新建桥梁,还是顺着河道延伸的台地状滨河走廊、滨水平台、供人横渡河道的踏石,抑或是引用干净河水的戏水广场,种种设计都拉近了人与河流的距离。而在这种亲密的接触中人们所体验到的自然韵律与美,也进一步树立了人们对保护环境的责任感。

4. 生态设计与生态多样性

在海绵城市理念下的城市景观建设,将雨水利用融入了景观设计,有效克制了传统城市

图 2-7-6　生态净化群落示意图

中以排为主的灰色基础设施利用（图 2-7-6），大大改善了城市环境压力，减少排水设施的维护与建设成本。将保存生态资源作为景观设计前提，实现资源优化，减少不可下渗地面对生态环境的破坏；在不可下渗地面与排水管道连接的设计上，要善于利用场地特征，确保自然水的流通，最大限度实现水平衡；为确保径流中所含的物质有足够的时间进行预处理，必须科学合理增长通过时间和控制排出[30]。

设计团队并没有刻意将野生物种引入公园，然而自从恢复河流的自然化后，公园内的物种多样性增长了30%。迄今为止，已有66种野生花卉、59种鸟类与22种蜻蜓在此安家落户。由于新加坡位于拥有50余种迁徙候鸟的亚洲—大洋洲候鸟迁徙路线之内，这也使得公园成为了观赏候鸟的最佳场所，包括源自非洲的黑臀巧织雀、印度尼西亚雨林的点斑林鸮以及安曼群岛的长尾鹦鹉在内的"访客"已带给了人们无数惊喜。

河流恢复设计创造了各种各样的微型栖息地，不仅增加了生态多样性，同时也提升了公园内生态物种的弹性，提高了其长期存活的能力。热带雨林气候带中生存着极为丰富的植被群落，而公园所处区域毗邻仅次于亚马逊、拥有全球第二多物种的马来群岛地区，其生态多样性的潜力也是无可比拟的。

野生与自然的状况并不意味着危险，事实上，如果发生严重的洪水，河水水位缓慢上升，游客有充足的时间从水边转移到高处，这也表明新系统更为安全。加冷河还安装了一个包括河水水位感应器、警告灯、报警器以及广播组成的综合监视报警系统以确保在暴雨和水位上涨之前向公众发出警报。

这个项目采用的是局部之和大于整体的方法。碧山宏茂桥公园不仅仅是公园，加冷河也不仅仅是一条排水沟渠，两者相互依存，是社会和生态的基础设施。碧山宏茂桥公园是公园与水资源、洪水管控、生物多样化、娱乐的巧妙结合，与此同时增进了人与水的情感联系，增加了公民对水资源的责任感，是城市公园作为生态基础设施的优秀案例[31]。

三、人文型城市公园案例：纽约中央公园

号称纽约"后花园"的中央公园，不只是纽约市民的休闲地，更是世界各地旅游者喜爱的旅游胜地。1850年新闻记者威廉·布莱恩特在《纽约邮报》上提议公园建设运动后，弗雷德里克·劳·奥姆斯特德（Frederick Law Olmsted）和卡尔弗特·沃克斯（Calbert Vaux）两位风景园林设计师于1856年设计了此公园。中央公园坐落在摩天大楼耸立的曼哈顿正中，南接卡内基，北依哈林区，东邻古根海姆博物馆，西靠美国自然博物馆和林肯表演艺术中心。以第59大街、第110大街、5路和中央公园西部路围绕着，纽约大学、康奈尔大学、哥伦比亚大学、帝国大厦、联合国总部、纽约华尔街和自由女神像将公园包围着，占地共843英亩（约5000多亩），是纽约最大的城市公园，也是纽约第一个完全以风景园林学为设计准则设计的公园。

1. 功能布局

纽约中央公园深受英国自然式乡趣园的影响。不规则的草坪、树群、湖沼营造的安静、清洁、纯朴的田园环境对两位设计师的影响很大。因此，中央公园也挖了湖，堆起不高的小山，因为造价太高，奥姆斯特德说："地形改造比栽树贵多了！"公园设计也结合了整齐式设计，最给人印象深刻的是树荫道及中央林荫广场。这里平坦、开阔，四周有足够的树荫，游人最喜欢停留，坐在这里闲看过往的行人都是一种乐趣（图2-7-7）。

2. 内部交通

中央公园呈狭长带状，由西南向东北展开。整个公园布局合理，层次鲜明，无论从哪个门进入都可以循序渐进，高潮迭起，绿地覆盖率高达600英亩左右。由于中央公园地处曼哈顿闹市中心，这一地理位置的特殊性，使他们意识到必须合理地处理好公园和城市之间的交通关系以及规划好园内的道路。在当今汽车普及的情况下，许多城市都为穿园交通而困扰。该设计根据地形高差，采用立交方式构筑了四条不属于公园内部的东西向穿园公路，既隐蔽又方便。不妨碍园内游人的活动。至今人们仍认为在组织和协调城市交通方面，这一设计不愧是一个成功的先例。

图 2-7-7　纽约中央公园一角

3. 公共设施

中央公园内有一条长 10km 的环园大道，深受跑步者、骑行者以及滚轴溜冰爱好者的喜爱。显然，这里已经成为游客锻炼身体的好地方。今天的中央公园与 1850 年代时几乎完全一样。就一件事来说，城市围绕公园的逐渐蔓延和拓展并未超出奥姆斯特德的预想，他们早已预见到这一点，但与此同时建筑向垂直方向的发展却出乎他们的意料。公园周围逐渐形成了由高层建筑物组成的一个像建筑框架一般整齐的围墙界线。今天，无论人们置身于公园中何处都会强烈地感受到周围城市的存在，这反映了当初设计者的意图，也产生了出人意料的效果，即实际上增强了公园与城市喧闹环境分隔的感觉。今天，大量汽车快速行驶在原本是为休闲马车行驶的穿越公园的街道，噪音和汽车对人身安全的威胁是奥姆斯特德原本没有想到的。幸好，设计者把横穿公园的街道设计成下沉式的，与公园相对分隔开来满足了今天城市发展的功能需要[32]。

4. 管理层面

纽约中央公园的科学管理、长期运营也是它历久弥新的重要原因之一。最直接的例子就是其对园中游憩草坪的分时管理和使用。它不仅有效保护了原有生态环境，而且满足了人们的游憩需求，实现了公园科学高效的运营模式。而反观我国许多城市公园，对草坪多采取严格的"围栏式"管理，人为增加人与自然之间的隔阂。因此，重建设、轻管理的老旧模式已无法适应现代城市公园的需求。

纽约中央公园历经150年，仍以美丽的面貌展现在世人面前，它在营建、管理、维护和使用上都做到了可持续性。营建时期的生态化，管理上的宏观调控以及合理使用，使得中央公园在漫长的岁月中，即使是战争的影响下仍然能保持其完美的风貌。随着城市旅游的兴起，纽约中央公园以其独特的品位率先成为纽约重要的旅游吸引物[33]。可以预见，在市场经济条件下，我国的城市旅游对城市公园的可持续发展将起到极为重要的推动作用。主要因素如下：首先，城市公园的设计融人文美、自然美、艺术美于一体，凝聚我国数千年悠久的园林艺术文化；其次，有着丰富的公园游览内容；再者，城市公园雅静的环境使其成为独具魅力的景观亮点；最后，良好的地理位置也是城市公园发展旅游业的必要条件。

5. 人文层面

在美国的工业革命之后，城市人居环境恶化一直是大多数城市面临的严峻的城市问题，如环境污染、公共空间不足、绿化率低、阶级矛盾突出等，城市无法满足居民的环境要求，面临着严峻的生态环境危机。城市公园是城市的"绿色肺脏"，它为城市居民提供了良好的生活环境，也影响着城市的可持续发展[34]。随着生态意识形态日益成熟和人类对生存环境的要求日益提高，生态意识形态越来越受到重视，生态意识形态对城市公园规划设计的影响也越来越深刻。

中央公园已成为纽约的精神中心。它成就了一座国际化大都市的完整性，从它身上，森林公园对城市发展的巨大作用体现得淋漓尽致。所以才有很多人说，纽约之所以值得向往，不在于像洛克菲勒大厦那样的摩天大楼，也不在于灯红酒绿的自在生活，而在于拥有一大片能够为城市提供舒适环境的巨大公园绿地，在于盘踞城市中心足以吞吐美利坚东海岸气候大格局的中央公园。

时代变迁，尽管纽约地价不断的飞涨，但这块绿地却始终原封不动地被保留下来，并得以不断改进和完善，就像对一座百年的建筑，被神圣地尊重和爱护。纽约的报纸称它是"一座人民公园，城市的绿肺，男女老少、各阶层人民的休闲场所，是一个给任何人以同等机会的游乐场所，是一个浪漫的极致的创造，也是一杯提神的饮料"。透过这些极尽赞美之词的评论，仿佛可以看到纽约中央公园价值的无穷魅力。

仔细审视纽约的城市结构不难发现，在曼哈顿如叶脉一般逐级扩展延伸的交通网路中，中央公园就像横亘在心脏地带的一个巨大气孔，它承担了整个城市的气流交换更新，既是纽约的制氧机，亦是纽约的加湿器——毋庸置疑的城市绿肺。因为它的存在，繁华的纽约又多了一重生态功能，并进一步完善了纽约作为国际化大都市的气度[35]。

四、可持续发展城市公园案例：上海后滩公园

上海世博后滩公园是2010上海世博公园的主要组成部分，场地为污染严重的工业棕地。设计将景观作为生命系统，用当代景观设计手法，在垃圾遍地、污染严重的原工业棕地上，建成了具有水体净化和雨洪调蓄、生物生产、生物多样性保育和审美启智等综合生态服务功能的城市公园。后滩公园建立了一个可以复制的水系统的生态净化模式；同时，通过生态设计途径，创立了新的公园建造和管理模式，它吸取农业文明的造田和灌田智慧，再用和再生场地内的工业建筑和材料，建成后不再需要大量人力物力去维护，而是让自然做功，形成低碳和负碳城市景观，为解决当下中国和世界的环境问题提供一个可以借鉴的样板。它生动地注解了"城市，让生活更美好"的世博理念。

后滩公园作为上海世博园的核心绿地景观之一，位于上海世博会围栏区西南角，后滩公园的规划范围西起倪家浜、东至打浦桥隧道的浦明路沿黄浦江一侧所有用地、北临黄浦江、南临世博场馆区、东接世博公园、西接外城区，占地面积18hm^2。后滩公园场地原为钢铁厂（浦东钢铁集团）和后滩船舶修理厂，自2007年初开始，由北京大学俞孔坚教授领衔"土人设计"团队进行设计，于2009年10月建成。设计者倡导当下文化与野草之美的环境伦理与新美学思想，运用当代景观设计手法，显现了场地的四层历史与文明属性：黄浦江滩的回归、农业文明的回味、工业文明的记忆和后工业生态文明的展望。公园保留并改善了场地中黄浦边的原有4hm^{2}江滩湿地，在此基础上对原沿江水泥护岸和码头进行生态化改造，恢复自然植被。同时，整个公园的植被选用适应于江滩的乡土物种，芦荻翻飞，乌桕成林，更有群鱼游憩，白鹭照水，一派生机勃勃，实现了"滩"的回归[36]。

1. 园内交通

就世博会期间人流的等候与疏散问题，公园采取了"一环九纵多路径"的交通路网和"三场九园"的休憩场所，共同形成场地的交通网络。一环九纵多路径的交通路网，既确保了场地与外界的便捷联系，又保证了场地内部便利的可达性，很好地解决了世博会期间人流的分流问题。三场九园的休憩场所在形成不同文明景观体验空间的同时，提供了世博会期间人流等候、疏散的场地。

2. 植物配置

在江滩的自然基底上，选用江南四季作物，并运用梯田营造和灌溉技术解决高差和满足蓄水净化之功效，营造都市田园。春天菜花流金、夏时葵花照耀、秋季稻菽飘香、冬日翘摇铺地，无不唤起大都市对乡土农业文明的回味，是土地生产功能的展示，并重建了都市人与土地的联系。

在自然江滩与都市田园的基础上，保留、再用和再生原场地作为钢铁厂的记忆。巨大的工业厂房之钢构得以保留，并演绎为立体花园和酒吧游憩之所；原临江码头被保留并设计成

生态化的水上花园和观景台，遥望浦西高楼林立，仿佛置身尘外世界；一条由钢板折叠而成的锈色长卷，写就无数沧桑记忆，它隐约起伏，或漂游于水岸平台之上，或蛰伏于地面而成为铺地，或逶迤而远去，或翘首于空中而成为雨棚、景窗，巧取园中美景。

作为工业时代生态文明的展望和实验，公园的核心是一条带状、具有水净化功能的人工湿地系统。它将来自黄浦江的劣五类水，通过沉淀池、叠瀑墙、梯田、不同深度和不同群落的湿地净化区，经过长达1km的流程，转化为三类净水，日净化量2400m³。净化后的三类水不仅可以供世博公园作为水景循环用水，还能满足世博公园与后滩公园自身的绿化灌溉及道路冲洗等需要。除大量使用乡土物种以及水体净化等生态措施外，设计充分利用旧材料，节约造价并倡导低成本维护等生态理念，包括旧砖瓦的再用，黄浦江护岸的生态友好型设计、建筑物的节能设计，以及可降解竹材作为会时大面积铺地，以同时满足展时、展后的人流需要。

在上述场地的4层含义之上，便是人的休闲、娱乐、审美和启智。设计者在公园布置了一个长近2km的狭长的幽谷空间，巧妙解决了防洪问题的同时，启承开合，委婉流动，其间设计有一系列亲水栈桥、平台和穿梭于植被中的步道网络。始于西端的跌瀑水墙和层层梯田，止于彩色翻涌的金属帷幔，游走其间，或潜谷底探水，葭蒹苍苍，青蛙绕足；或登高台临渊，芦荻茫茫，彩蝶翻飞；或入山中探路，丛林夹道，竹巷幽深，洞府围合；或上坦荡田野，荷叶田田，稻禾灿灿。

后滩公园展示了土地的生物生产能力，指明了建立低碳和负碳城市的一条具体途径；它建立了一个可复制的水系统生态净化模式，为解决当下中国和世界的环境问题提供一个可以借鉴的样板，同时创立了新的公园管理模式，即让自然做功，利用自然的调节和净化能力来治愈工业时代留下的污染；后滩公园深情地回望农业和工业文明的过去，并憧憬于生态文明的未来。

3. 设计理念

以"滩"的回归为设计概念，"双滩谐生"为结构媒介，通过湿地、土壤和动植物群落等的保护与恢复重现江滩湿地景观（图2-7-8）。"双滩"一指外水滩地，一指内水滩地。外水滩地主要是指原生湿地和与黄浦江直接相邻场地的恢复湿地；内水滩地主要是指场地中部的人工湿地。

外水滩地中的原生湿地部分主要保持其原生态的自然风貌，保护其免受人为干扰；而与黄浦江直接相邻的滨江芦荻带则通过改造现状驳岸，重塑"滩"的形态，恢复黄浦江岸的自然滩地。内水滩地中的人工湿地主要通过场地竖向改造形成，包括内河净化湿地带和梯地禾田带。整体功能突出湿地作为自然栖息地和水生系统净化、湿地生态的审美启智和科普教育等功能。外水滩地和内水滩地之间通过潮水涨落、无动力的自然渗滤进行联系，它们息息相关，一同营造着具有地域特征、能够可持续发展的后滩湿地生态系统[37]。

上海后滩公园设计为了遵从生态设计原则、秉承场地文脉、满足多重体验需求，采取了四

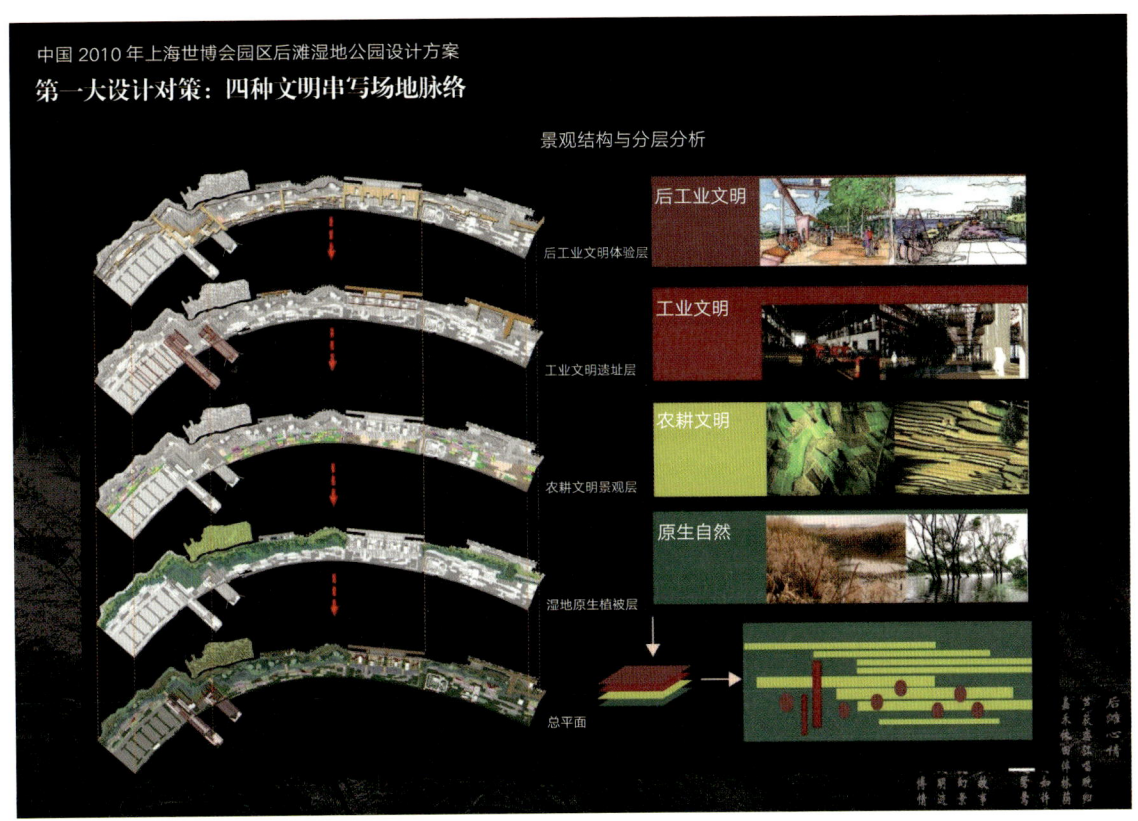

图 2-7-8 后滩公园景观结构与分层分析

种文明串写整个场地脉络。其中，湿地生态景观层是黄浦江滩地景观的回归，保留滩涂、湿地，追忆渔猎文明；农耕文明景观层是场地农耕文明遗迹的体现，借田园江水体验农业文明；工业文明遗存层是场地工业时代文化的见证，保留工业时代遗迹，回顾工业文明；后工业文明体验层是后工业时代特征的反映，建立便捷的、多重体验空间，畅想后工业文明。

4. 细节设计

利用场地农耕文明景观层的梯地禾田来消解场地千年一遇防洪标准与内河净化湿地之间的高差。场地农耕文明景观层主要由梯地禾田带构成，它位于场地的南部，是场地与城市的过渡带。梯地禾田带通过提炼"田"这一特色景观，不仅消解了千年一遇防洪标准与城市的融合，还丰富了场地与城市交接的景观界面[38]。

本着节约资源，会后尽量少的改动原则，在设计时充分考虑会后的利用，在功能建筑体和公共服务设施、铺装场地等相关方面进行会时与会后的弹性设计（图 2-7-9）。功能建筑体和公共服务设施等结合世博会时会后统一考虑，一方面采用可拆卸、可回收的材料，另一方面进行详细设计方便其功能转化定位；而铺装场地等因涉及面更广，可结合场地现状，选择相关可用于场地铺装的材

图 2-7-9 后滩公园地面铺装及临时材料

料如砖、石废弃等、乡土材料如竹材等。砖、石废弃物等可先进行粉碎，然后在会时作为场地铺装材料，会后则可转变为绿地的透水垫层等。竹材在会时可作为临时铺装材料，会后则可拆除、粉碎作为有机肥料。

五、公共艺术型城市公园案例：挪威维格兰雕塑公园

在挪威首都奥斯陆的西北角，有一座占地 50hm² 的奇特公园。园内繁花绿茵，小溪淙淙，到处都矗立着造型优美、婀娜多姿的雕塑，这就是维格兰雕塑公园。公园以挪威著名雕塑大师古斯塔夫·维格兰的名字命名，园内有 192 座雕塑，总计有 650 个人物雕像。这些由铜、铁和花岗石制成的雕像，是维格兰二十多年心血的结晶。

1. 空间结构

现在的维格兰公园布局规则而完整，主要的雕塑作品集中于中轴线，由正门—120 余米的大草坪—"生命之桥"组合雕塑（序曲）—几何花坛—"生命之泉"（前奏）—台地花坛—"生命之柱"组合雕塑（高潮）—"生命之环"雕塑（尾声），总长约 850m。三条长约 700m 的林荫道与中轴垂直相交，交点为"生命之泉"组合雕塑，林荫道之间则是大片草坪，这也是市民散步、遛狗的主要场地，并设置了一些儿童活动设施。大量的斜线道路穿插于草坪之中，围绕着中轴线的广场，简洁有序（图 2-7-10）。

2. 景观节点设计

维格兰公园最初的设计与今日并不相同，而是经历了近百年的不断发展变迁，一部分一部分增加完善形成的。公园最初设计的景点只有喷泉，1900 年，维格兰创作了一个由六个大汉合力将一巨

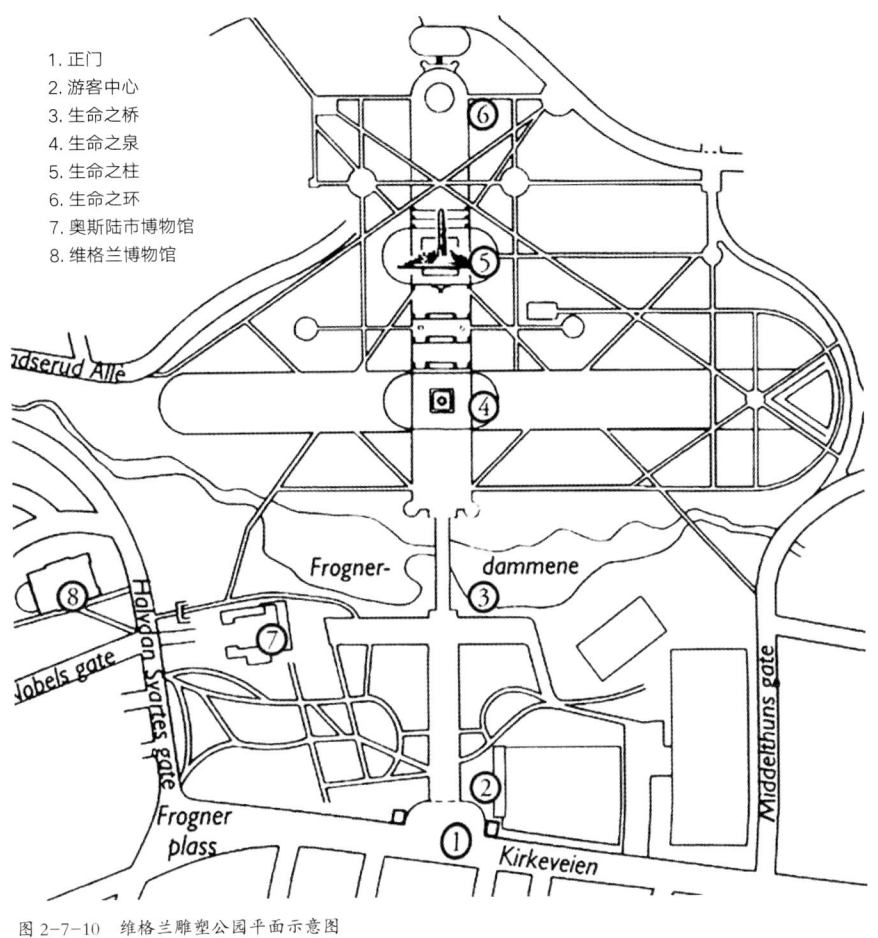

图 2-7-10　维格兰雕塑公园平面示意图

大的碟形水盆挺举过顶的小型雕塑模型，并推荐给奥斯陆市政府，在还未收到否定回复之前，他已构思了一个更大的喷泉，并不断扩展、完善。1906年，他将1/5大小的模型向公众展示，将六个举盆的男人改成了立于喷泉中央的巨人。周围的围墙上有20组人树合一的雕塑，围墙外壁上还有一系列浮雕作为装饰。此次展览引起了很大的轰动，一个筹资委员会当即成立，通过协商，奥斯陆市政当局在1907年，决定将喷泉修在挪威议会大楼前的广场上[39]。

维格兰注定是个工作狂。在雕塑即将完工前，他又设计了一系列花岗岩雕塑，欲将其添加到喷泉群雕中。1916年，他展示了新计划，获得公众和政府的认可，很多欣赏其作品的达官贵人也解囊相助。在这种情况下原址就显得过于局促，新雕塑被移至挪威皇宫附近。1921年，当市政府承诺给维格兰在福格纳提供一个新的工作室时，他又改变了自己的计划，建议将喷泉、

图 2-7-11 维格兰雕塑公园——生命之柱

花岗岩雕塑和最近添加的部分作品——"生命之柱"建在市区近郊（图 2-7-11）。市政委员会则希望维格兰将这些雕塑置放在福格纳公园并对公园进行重新规划。维格兰接受建议，公园的方案经过两年的不断讨论、修改、坚持、妥协，后于 1924 年获得批准。

此后，维格兰从丰富、完善公园内容的角度又增加了许多构思精巧的细节。1928 年，他计划在正对科肯文（Kirkeveien）大街处修建公园正门，该计划被采纳。1931 年，他对园内池塘上的拱桥进行翻新，于栏杆上增加了许多雕塑，并扩充池塘西边的场地，增加了临水的平台。在他的余生，维格兰继续为公园创作新的雕塑模型。1947 年，市政委员会采纳了维格兰生前的一些设计方案，其中最重要的就是公园的主轴。从东面的正门一直延伸至西面的生命之环，主轴两旁的雕塑作品主要分为五个主题区，即正门、生命之桥、生命之泉、生命之柱、生命之环[40]。通过适当的地形设计使游人一进正门就能将园内的雕塑尽收眼底。正是因为维格兰倾注了毕生的心血，每个组合雕塑从整体到局部都显得完整、逼真、活泼。

3. 公共艺术设计

维格兰公园内虽然雕像比比皆是，但是多而不乱，错落有致。所有雕像的中心思想，集中突出一个主题——人的生与死，如喷泉四壁的浮雕，从婴儿出生开始，经过童年、少年、青年、壮年、老年，直到死亡，反映人生的全过程。四角的树丛雕，一角是天真活泼的儿童，一角是情思奔放的青年，一角是劳累艰苦的壮年，一角是垂暮临终的老年，组成人生的4幅画面。

位于全园中轴线最末端的圆台阶中心的生死柱，无论在艺术技巧上，或是思想内容上，都被视为园中具有代表性的杰作。它是维格兰花费14年心血雕成的。石柱高达17m，周围上下刻满了121个裸体男女浮雕，有夭折的婴儿、不幸的青年、披头散发的妇女、骨瘦如柴的老人。"生死柱"描绘了世人不满于人间生活而向"天堂"攀登时相互倾轧和相互扶掖的情景。人们有的沉迷、有的警醒、有的挣扎、有的绝望，组成了一个陡峭上升的旋律，令人惊叹不止。

国内常见的雕塑公园往往散置着各类抽象雕塑，难寻主题，雕塑对于公园来说常常只是填补一个个空档。雕塑与场地之间联系很松散，游览中很难在场地和雕塑之间寻找共鸣。究其原因，可能是因为公园设计与雕塑创作完全分离，过度追求场地普适性导致千篇一律，毫无特色。

课题组认为，维格兰公园布局妥善地解决了雕塑展示和游人活动问题，成功之处主要有三点：首先，所有雕塑集中放置于主轴线上，便于游人集中注意力参观，提高游赏体验，这对于一个32hm²的雕塑公园来说尤为重要，省去了游人寻找、发现雕塑的时间。其次，主轴线上的雕塑组合序列在地形的烘托下形成了序曲"生命之桥"组合雕塑—前奏"生命之泉"—高潮"生命之柱"组合雕塑—尾声"生命之环"雕塑一条完整的序列，契合了游人的欣赏体验。植被在其中起到过渡、衔接的作用，如林荫道、大草坪、玫瑰花坛、台地花坛等。此外，主轴两侧布置的三条林荫道和大片草坪为周边居民的散步、游览提供了便捷的场地，较好地区分了游客和居民[41]。

参考文献：

[1] 中国江苏网.《扬州市公园条例》今起施行 [EB/OL]. http: //www.zgjssw.gov.cn/shixianchuanzhen/yangzhou/201712/t20171201_4890413.shtml，2018-04-05.

[2] 中国江苏网. 打造生态休闲好去处扬州让绿色财富长留于世 [EB/OL]. http: //www.zgjssw.gov.cn/zhuanti/dazoufang/tashiliuyin/201801/t20180124_5057699.shtml，2018-04-05.

[3] 赵秀敏. 从建成环境评价分析城市开放空间的规划与设计——基于城市社区公园建成环境评价及游客行为模式的案例分析 [J]. 装饰，2009（10）：80-81.

[4] 扬州日报. 公园体系推动生态环境迈向高质量 [EB/OL]. http: //www.yznews.com.cn/yzrb/html/2018-01/17/content_909517.htm，2018-04-05.

[5] 扬州网—扬州日报. 今年扬州旅游总收入目标：916亿元同比长15% [EB/OL]. http: //travel.yznews.com.cn/2018-03/01/content_6112870.htm，2018-04-05.

[6] 韩静，胡绍学. 温故而知新——使用状况评价（POE）方法简介 [J]. 建筑学报，2006（1）：80-82.

[7] 吕晓峰. 环境心理学：内涵、理论范式与范畴述评 [J]. 福建师范大学学报（哲学社会科学版），2011，No.168（3）：141-148.

[8] 中国江苏网. 扬州：新城"公园+"老城"+公园"模式提升公园65个 [EB/OL]. http://tour.jschina.com.cn/lyzx/201801/t20180117_1351810.shtml，2018-04-05.

[9] 扬州市人民政府. 城市建设 [EB/OL]. http://www.yangzhou.gov.cn/yangzhou/csjs/2018-01/11/content_6039ad63e9114c9287f880da7ffa0818.shtml，2018-04-05.

[10] 扬州市人民政府. 1-11月扬州市投资和房地产运行情况分析 [EB/OL]. http://www.yangzhou.gov.cn/yangzhou/jjyx/2017-12/27/content_a8e1eda585574e48b9c7d800fa684502.shtml，2018-04-05.

[11] 中国政府采购网. 扬州南部体育公园PPP项目资格预审公告 [EB/OL]. http://www.ccgp.gov.cn/cggg/dfgg/qtgg/201611/t20161125_7638203.htm，2018-04-05.

[12] 新华日报. 扬州湾头玉器特色小镇PPP项目开工仪式举行 [EB/OL]. http://www.zgjssw.gov.cn/shixianchuanzhen/yangzhou/201712/t20171220_4947893.shtml，2018-04-05.

[13] 邱莲莲，安春明. 浅析PPP融资模式在我国公园项目中的应用 [J]. 现代交际，2016（19）：42-43.

[14] 王俊豪，金暄暄. PPP模式下政府和民营企业的契约关系及其治理——以中国城市基础设施PPP为例 [J]. 经济与管理研究，2016，37（3）：62-68.

[15] Millward A, Sabir S. Structure of a forested urban park: implications for strategic management[J]. Journal of Environmental Management，2010，91（11）：2215-2224.

[16] 殷超. 浅析PPP模式中工程项目管理者的人才开发 [J]. 现代经济信息，2015（23）：43-44.

[17] 郭纲. 地方政府用PPP缓解融资压力要慎重 [J]. 中国经济周刊，2014（20）：22-22.

[18] Sobhiyah M H, Bemanian M R, Kashtiban Y K. Increasing VFM in PPP power station projects – Case study: Rudeshur gas turbine power station[J]. International Journal of Project Management，2009，27（5）：512-521.

[19] 吴莉，王文华. 应对PPP项目为资产评估机构带来的机遇和挑战 [J]. 中国资产评估，2017（3）：12-14.

[20] 张巍译. 古典园林表现形式在商洛城市公园的应用研究 [D]. 咸阳：西北农林科技大学，2016.

[21] 蔡春菊. 扬州城市森林发展研究 [D]. 北京：中国林业科学研究院，2004.

[22] 严辉. 综合性城市公园生态设计研究 [D]. 武汉：华中农业大学，2007.

[23] 张悦. 城市公园生态设计方法研究 [D]. 南昌：江西农业大学，2012.

[24] 裘鸿菲. 中国综合公园的改造与更新研究 [D]. 北京：北京林业大学，2009.

[25] 刘峥慧. 城市湿地公园的互动性景观设计研究 [D]. 南昌：南昌大学，2013.

[26] Hyde Park[EB/OL].https://www.royalparks.org.uk/parks/hyde-park，2018-04-06.

[27] 李君. 城市纪念性公园改造初探 [J]. 绿色科技，2012（2）：44-46.

[28] Diana, Princess of Wales Memorial Fountain[EB/OL].http://www.gp-b.com/diana-princess-of-wales-memorial，2018-04-06.

[29] Bishan-Ang Mo Kio Park and Kallang River Restoration[EB/OL].http://www.dreiseitl.com/en，2018-04-06.

[30] 梁永祥. 海绵城市景观建设如何与城市快速发展协调——以新加坡碧山宏茂桥公园与加冷河修复为例 [J]. 科技创新与应用，2016（19）：252.

[31] 新加坡碧山宏茂桥公园与加冷河修复 [EB/OL].http://www.gooood.hk/River-Restoration-Singapore.htm.

[32] Witold Rybczynski，陈伟新，MICHAEL Gallagher. 纽约中央公园150年演进历程 [J]. 国际城市规划，2004，19（2）：65-70.

[33] 周亘. 美国纽约中央公园的营建和管理 [C]// 中国风景园林学会. 中国风景园林学会 2011 年会论文集（下册）2011：5.

[34] 梅恺玲. 浅析生态主义思想对美国城市公园设计的影响——以纽约中央公园为例 [J]. Agricultural Science & Technology，2017，18（10）：1975-1978.

[35] 肖先生，知乎 [EB/OL].https：//www.zhihu.com/question/21503682/answer/24382218，2018-04-06.

[36] 张浪. 城市因水而兴因绿而永恒 2010 上海世博园区园林绿地规划设计与建设思路 [J]. 风景园林，2010（2）：14-18.

[37] 俞孔坚. 后滩公园：景观作为生命系统 [J]. 建设科技，2010（11）：26-31.

[38] 俞孔坚. 景观作为生命系统：上海世博后滩公园 [C]// 中国公园协会 2010 年论文集 2010：4.

[39] Frogner Park[EB/OL].https：//en.wikipedia.org/wiki/Frogner_Park
https：//www.visitoslo.com/en/product/？TLp=229519，2018-04-06.

[40] 本报资料室. 维格兰雕塑公园 [N]. 中国花卉报，2003-05-08（008）.

[41] 杨云峰，新青年读老经典之维格兰雕塑公园 [EB/OL].http：//www.youthla.org/2011/02/new-understanding-to-old-cases-vigeland-park，2018-04-06.

PART 3

第三篇 公园案例荟萃

案例1：三湾公园

案例2：宋夹城体育休闲公园

案例3：廖家沟城市中央公园

案例4：扬子津古渡体育休闲公园

案例5：李宁体育园

案例6：明月湖公园

案例7：来鹤台公园

案例8：大水湾公园

案例9：五台山大桥公园

案例10：曲江公园

近年来，扬州市大力推进具有扬州特色的城市公园体系建设，把最好的地方拿出来建设供市民休闲健身的绿色活动区域，营造了浓厚的"文起来、动起来、乐起来"氛围。扬州自2015年9月正式启动公园体系建设任务，截至目前，全市建成并对外开放的免费公园309个，其中综合公园37个，社区公园185个，口袋公园59个，专类公园28个，公园面积达2653万平方米，市区人均拥有公园绿地达18.57㎡，相当于每个居民都有一个"绿色客厅"，极大地增强了市民的幸福度、获得感。与此同时，农村"五个一"文体广场建设同步推进，全市66个乡镇959个行政村共建成1022个"五个一"文体广场，其中99%达到300㎡以上建设标准，部分场地面积达到5000㎡以上，初步形成市级、区级、社区公园、"口袋"公园等大、中、小合理搭配、布局均衡、覆盖城乡的公园体系。市民步行10分钟可到社区公园、骑行10分钟可到区级公园、开车10分钟可到市级中心公园的"111"公园体系建设目标基本实现。

1. 扬州城市公园体系建设背景

扬州是中国园林城市，是一座有着2500年历史的古城，湖上园林的代表瘦西湖是一幅卷轴画，向人们展示着人与天地的和谐关系。私家园林个园、何园等则散落在古城深处，向人们诉说着古人退隐的妙处。这些传统的扬州园林都是私家园林，"园林都是宅"，主要用于满足园主的个人需求，现在虽然对外开放，但仍实施封闭管理，无论是小中见大、曲径通幽的布局，还是亭台楼阁、叠石假山的造园手法，主要作用还是供游人欣赏的景点，不适合健身锻炼。随着社会发展水平的不断提升，市民对休闲放松、健身运动的需求也越来越高。如果说私家园林是有钱人的园子，那么现在建的公园则是所有人的园子。公园姓"公"，强调对公众的免费开放、无门槛开放，是向市民开敞的、无障碍的、全天候的公共活动空间。

2. 扬州城市公园体系实践历程

2014年4月19日，宋夹城体育休闲公园开园。位于蜀冈—瘦西湖风景名胜区核心地带的宋夹城是扬州建成的第一个体育休闲公园，也是作为城市规划建设理念的一次创新实践——把城市中心的核心地块也是很多城市用来建设CBD（中央商务区）的黄金区域，用来打造景色优美、充满活力的CAD（中央活动区）。

2015年9月，扬州召开城市公园体系建设推进会，确定全力推进扬州市公园体系建设，努力打造健康中国的扬州样本。

2016年1月1日，宝应曹甸楚甸公园等8个生态体育休闲公园向百姓集中开放；2月初，12个公园陆续开放；4月16日，15个生态体育休闲公园集中开放；7月1日，9个生态体育休闲公园建成开放。

2017年5月，初步建成花都汇市井文化旅游体验区、七里河公园一期；2017年9月，扬州市三湾公园一期建成开园，这是扬州市公园体系建设的核心公园之一。三湾公园是扬州城市南部的绿肺及核心，与城北瘦西湖景区交相辉映，也是现代开放公园与扬州古典园林相融合的典范，未来将成为扬州南部区域发展新"引擎"。

2017年9月底，老城区10个"口袋公园"建成开放，这些公园绿化美、设施齐、历史韵味也浓；2017年底，古城区增添了36个"口袋公园"；到2018年秋季，共计有50个"口袋公园"将建成开放。

3. 扬州城市公园体系实践经验

从扬州市近三年推进城市公园体系建设的实践工作来看，主要有以下五个方面的经验值得借鉴。

一是重塑城市形态与便利民众、普惠民众相结合。我国传统的城市形态从宋代开始逐步演变成以街巷体系为主导，沿街设店，顺巷布宅，仅将庙宇和祠堂等作为城市的开放空间。到了工业化时期的城市形态则以生产为主导，强调功能分区，公共活动空间以街道和商业区为主，少量的成片绿地也是位于居住区和工业区之间的生态屏障，不具有可达性和可入性。扬州在推进城市公园体系建设的过程中，以均衡分布的城市公园作为城市的重要节点，以沿路的公园绿地将城市绿地系统连为一体，实现了市民公共活动空间从以商业街区为主到以生态体育休闲公园为主的切换。扬州践行以人为本的发展理念，满足人们体育健身休闲和交流交往需求，并把其作为城市的民生工程和最基本的公共服务，聚焦生态体育休闲公园建设以实现这一理念，进而发力于可达、可入、可亲的城市公园体系建设，让人们在公园绿地空间中自然漫步、休闲交友、强身健体，享受惬意的绿色时光。

二是以规划为引领，各县（市、区）、功能区打破行政区域界限，坚持整体联动。城市公园体系规划遵守均衡布局、合理配置的原则，把城市公园体系作为城市绿地系统、乃至城市总体规划建设的重要组成部分，作为城市重要的基础设施、功能性设施优先规划、建设。按照居民出行"300m见绿，500m见园"的要求，在充分调研、听取民意的基础上，突出"三个舍得"（舍得拿出最好的地方建公园，舍得投入资金配套设施，舍得投入精力规划建设），坚持"五可"标准（可定义、可量化、可操作、可考核、可追究），以打造"传世经典"的标准制定建设计划，分类实施，有序推进；坚持整体联动，各县（市、区）、功能区打破行政区域界限整体规划布局，坚持以生态片区、河湖湿地为基础，以沿路滨河生态廊道为筋脉，科学构建由综合性公园、社区公园和"口袋"公园构成的大、中、小合理搭配的城市公园体系。

三是"公园+"理念与"+公园"实践相结合。在城市新区建设中，扬州坚持"公园+"的理念，把城市公园作为规划的核心组件，优先定点规划建设，再在周边布局建设公共服务设施、市民生活区、商业区等。在古城区和老城区，扬州提出"+公园"的实践要求，按照城市双修的要求，充分利用工厂迁移、沿河绿道甚至桥下空间，因地制宜地添加城市社区公园、口袋公园。

四是现代公共空间建设融糅扬州园林艺术。扬州是中国首批历史文化名城之一，同时扬州园林在中国园林史上占据重要地位，所谓"扬州以园亭胜，苏州以市肆胜"。瘦西湖、个园、何园、小盘谷、汪氏小苑等代表着扬州园林的巅峰成就。可以说，扬州园林也是城市对外交往的重要名片。在推进公园城市建设的过程中，强调将传统扬州园林艺术与现代公共空间建设结合起来，在新建的公园中既有现代景观元素，也有扬州传统造园艺术手法运用。并在此基础上将生态、体育、休闲、文化功能有机叠加。以乔木为主的绿地空间营造，生态水系与高品质绿地交相辉映；无障碍健身步道、篮球场、雨廊、条椅、照明等配套设置，城市书房、各类雕塑标识及城市历史文化符号强化了地方营造，为城市居民提供生态、健康、文化福利。

五是建管结合，制定政策、法规为城市公园体系建设保驾护航。"三分建、七分管"，公园体系建设是长期坚持的过程，建设成果的巩固更是需要多方面的努力，在这方面扬州已进行一系列的探索。在完善政策配套方面，建立以多级财政资金为主的城市公园管护经费保障制度，同时发挥园林部门公园绿地的行政主管部门作用，其他相关职能部门积极配合形成合力，制定相关制度政策，履行好监督和指导服务职责，共同做好公园管理工作。在强化督查考核方面，拨付考核专项奖补资金，制定并落实《扬州市公园管理考核办法》，成立由专业考核和社会评价相结合的考核评价体系。并将公园管理工作纳入政府年度目标任务考核体系，根据考核结果补贴管养经费，使公园管理接受社会各界监督，提高管理水平与效率。在依法依规强化管理方面，在全省率先制定了《扬州市公园条例》，通过立法的形式，从理顺管理机构、保障建管经费、规范规划建设、完善管护措施等多方面保证公园建设和管理工作健康开展。同时，结合扬州实际情况，制定了《扬州立体绿化标准》《扬州市公园绿化养护技术规范》《扬州市开放式公园分类分级管理标准》及《扬州市开放式公园管理规程》等多项公园养护管理技术规范和标准，确保公园管养专业化和标准化。

案例1：三湾公园

三湾公园位于古运河三湾段，范围为大学南路南延段、新328国道连接线、扬子江南路、开发路围合而成的区域，总占地面积约3327.5亩，其中核心区1520亩，拓展区1807.5亩。核心区作为三湾生态中心进行建设打造，是扬州市十大生态中心之一，也是公园体系建设五大核心公园之一。同时，三湾公园是扬州城市南部的核心和"绿肺"，与城北瘦西湖景区交相辉映，也是现代开放公园与扬州古典园林相融合的典范，未来将成为扬州南部区域发展的新"引擎"。

公园建设围绕古运河三湾段这一轴线，打造东西两大片区，实施水系疏浚优化与运河驳岸改造、生态修复与保护、基础设施建设与景观提升、公共服务与配套设施完善四大工程。着力将其打造成集生态保护、自然野趣、科普教育、休闲观光、运河文化等功能于一体的城市中央公园。

经过两年多的精心打造，三湾公园一期正式完工（图3-1-1），于2017年9月全面对外开放。整个园区一改以往工厂林立、棚户区遍布、生态环境严重破坏的局面，湿地保护和景观提升工作初见成效。整个园区犹如一幅浓墨重彩的山水画卷：清澈的古运河水似一条绿色纽带贯穿南北，蜿蜒流淌；东西两岸树木葱郁、花草繁茂；亭台水榭、碧水环绕、百鸟齐飞、生机盎然。一个生态宜人、富有诗意的湿地公园初具规模，保护和修复工程初见成效。

水利部授予三湾生态中心"古运河水利风景区"称号；亚洲城市发展邀请德国影视机构制作专题片，向国内外宣传生态中心的建设成果；三湾健身步道获"江苏省最美跑步路线"和"最佳网络人气"两项大奖。

图 3-1-1　扬州古运河三湾湿地保护与开发利用一期工程总体鸟瞰图

1. 规划设计

三湾公园位于古运河文化带与风光带的关键节点,是展示先人智慧与水工技术的传世之作,是城市重要的文化遗存(图3-1-2、图3-1-3)。

根据扬州市委七届四次全会打造永恒城市经典的要求,三湾片区总体规划定位为"以两大文化古刹为端点、以古运河为轴线、以三湾公园为核心,精心打造与瘦西湖相呼应的城市南部风景名胜区、体育休闲区、旅游度假区",充分彰显三湾公园所具有的水工价值、文化价值、民生价值、园艺价值、引擎价值、汇流价值、核心价值。

三湾公园现已启动二期工程,按照初步概念规划,二期将构建科技综合体、文化+酒店、体育健康等功能,将三湾公园打造成为"公园+"的典范和样板。三湾公园二期工程环绕三湾公园一期,面积达1805.5亩,连同三湾公园一期(面积1520亩),总面积达到3300多亩(图3-1-4)。

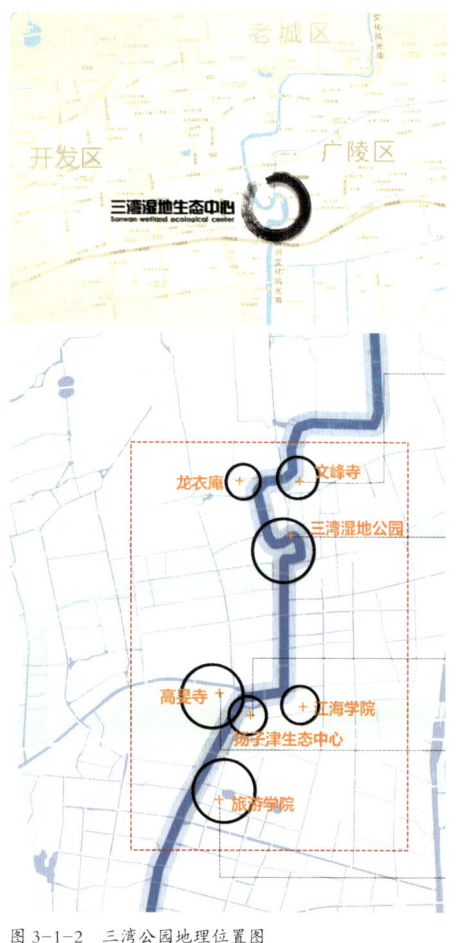

图3-1-2 三湾公园地理位置图

图3-1-3 古运河文化带景观

图 3-1-4 三湾公园总平面图

三湾公园已然成为扬州一个新地标，整个园区犹如一幅浓墨重彩的山水画卷（图 3-1-5）。

图 3-1-5　三湾公园鸟瞰图

2. 生态保护

三湾公园由一块"染化厂、养殖场等高污染企业违法排放、屡禁不止,使古运河水质恶化,空气质量下降,生态环境遭受破坏"的区域,通过关停高污染企业、拆除棚户区、实施河流清淤、驳岸改造、水生植物栽种,促进河水自净,嬗变为"城市南部的绿肺"和"城市南部经典景点"(图 3-1-6)。

图 3-1-6 三湾公园改造前后对比

图 3-1-7　三湾公园生态驳岸

公园建设从梳理运河自然岸线入手，清理污泥 18 万多立方米，建设了长达约 2000m 的运河边生态驳岸及近 5000m 的内部水域（湿地、景观水池）生态驳岸（图 3-1-7）。

公园根据湿地景观功能分为三个功能区（图 3-1-8）：原生湿地保护区禁止游客入内，公园内这样的"核心保护区"有 280 亩，目的是充分保障生物的栖息场所，保护湿地生态；湿地缓冲区重点展示湿地生态系统、生物多样性、湿地净化功能和湿地景观；游览区则设置相关游憩设施，供游客休闲娱乐。

通过设置湿地核心保护圈层，为生物营造一个最自然、原生态的栖息繁衍环境（图 3-1-9）。观鸟屋、观鸟廊的设置，既让市民充分感受到湿地原有风貌，又尽可能减少生态环境的人为破坏。

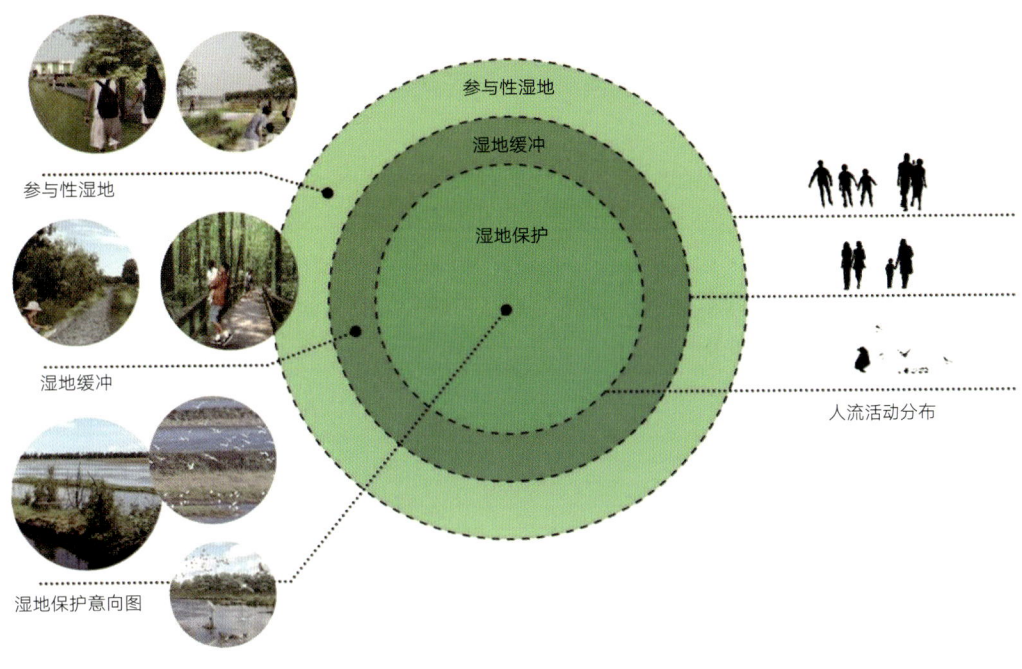

图 3-1-8 三湾公园生态湿地圈层结构

图 3-1-9 三湾公园湿地核心保护圈层

按照绿化、彩化、节约化、乡土化的要求，分区域、分节点、分层次科学布局，建成漫樱园、琼花园、梅香园、水杉林、香橼林等多个主体景观林（图3-1-10），经过打造，园区内树木繁茂，绿草如茵，亭台轩榭，碧水环绕，绿化覆盖率达83%，已经成为生物的百草园、鸟类的天堂。

图3-1-10　三湾公园景观绿化

3.景观设计

三湾公园景点的打造注重西方开放空间与东方文化内涵的结合（图3-1-11），做到既有传统的延续，又有创新的元素；亭廊榭阁、小品、叠石、抱柱、楹联等全面叠加融入扬州古典园林的核心元素。

图3-1-11 三湾公园景点塑造

图 3-1-12　三湾公园微地形处理

对河塘清淤土方和建筑垃圾进行技术处理，堆叠成九龙冈和玉凤台，营造地形的起伏变化（图 3-1-12），给游客带来了攀登的乐趣。驻足于九龙冈观朝霞绚丽、旭日东升；漫步在玉凤台赏夕阳西下、百鸟归巢，恍如时光停滞，置身世外桃园。

两座跨古运河桥梁设计新颖、造型独特，方案设计融入了扬州剪纸文化和运河水文化元素（图 3-1-13）。剪影桥的设计灵感源自扬州民间的剪纸和拉花，设计人员用现代语言解读扬州民间艺术构架，用现代材质和工艺来演绎，使其成为三湾公园的设计亮点之一；凌波桥设计灵感则来自扬州的水，通过桥的形态设计与水流产生互动，让人感受到扬州"水城共生"的深厚文化底蕴。

图 3-1-13　三湾公园跨古运河桥梁

图 3-1-14 三湾公园锦瑟桥

锦瑟桥采取了架空的廊桥并融合了扬州古筝的元素。钢筋类比琴弦、木铺装底板类比梁面、钢架类比琴柱、挡板扶手类比筝板,使得扬州古筝的形象和廊的概念相互契合(图3-1-14)。行走在桥上,周围的湿地美景尽收眼底。

清澈的水面上,木质栈桥网络穿梭其上(图3-1-15),让人们能够充分亲近水体,尽享回归自然之情趣;喷泉和生态浮岛点缀其间,丰富水面景观的同时,通过曝气和水生植物的吸附作用促进水质净化。

图 3-1-15　三湾公园亲水栈桥

妙笔绘三湾雕塑（图3-1-16）寓意现代扬州人民正在建设新的魅力三湾，通过中国特有的卷轴画，运用神奇的手笔，绘出三湾河流的流势。作品笔势凌厉，颇具中国画的写意精神，将公共艺术的观赏性、文化性、趣味性、互动性融为一体，既有现代新意，又寓意深远。

贞德雕像（图3-1-17），贞德别名"奥尔良的少女"，是法国奥尔良市的城市标志。2018年4月，两市在扬州正式签署结好协议，缔交友好城市关系。奥尔良市赠此雕像，作为两市深化友谊的象征。

图3-1-16　三湾公园妙笔绘三湾雕塑

图3-1-17　三湾公园贞德雕像

4. 文化娱乐

三湾城市书房（图3-1-18）临古运河而建，融入了中国传统水岸建筑的水榭和画廊的精髓，体现着素雅、简洁，透着古朴的现代感；书房内部采用木色材质，并引入了绿色盆栽，古朴典雅中透出自然和谐的美感。

图3-1-18　三湾城市书房

诗韵长廊（图3-1-19）结合栈桥铺装设计，采用铸铜工艺，将诗词铸于铜板上，与地铺石材相接。其中选取33首最能代表扬州历史风貌的诗词，诗词排列方式或分散或颠倒或大小不一，看似漫不经心，却充分考虑了游览的路径，漫步于栈桥之上，能在方寸之间领略扬州的人文风采。

图3-1-19 三湾公园诗韵长廊

5.休闲健身

公园建设突出保护与利用并重原则,将休闲、健身主题与生态建设有机融合,丰富园区功能元素,提升社会综合效益,运动场地、健身步道、儿童游乐场、码头平台、健身器材沿河布置,让游客饱览运河三湾生态风光的同时,尽享运动、休闲之乐趣(图3-1-20)。

图3-1-20 三湾公园休闲健身设施

6.科普教育

乐水园内有独特的微循环系统（图3-1-21），设有黄石假山、特色喷泉、多种水生植物种植池，既可以让游客亲近自然，感受湿地，也是游客零距离认知水生植物，感知湿地净化水质作用的自然课堂。

图3-1-21 三湾公园微循环乐水园

公园内植物介绍牌的介绍对象既有常见的乡土植物，也有引进的珍奇草木，方便游客和植物爱好者识别名称，了解特性（图3-1-22）。同时，三湾公园内还设置了社会主义核心价值观宣传长廊（图3-1-23）。

图3-1-22　三湾公园内的植物介绍牌

图3-1-23　三湾公园内社会主义核心价值观宣传长廊

7.配套设施

公园西大门直通扬州南北主干道——扬子江路（图3-1-24），这条林荫道成为了公园体验的开始，两旁的树木屏蔽了周围的噪声和高大建筑，给游客营造了静谧而优美的环境。

公园停车场内（图3-1-25）规划整齐的大型停车场为慕名而来的游客解决了"停车难"的问题。

图3-1-24　三湾公园西大门通扬子江路

图3-1-25　三湾公园停车场

案例2：宋夹城体育休闲公园

宋夹城体育休闲公园位于蜀冈—瘦西湖风景名胜区中心地带，北临保障湖、汉陵苑，南接瘦西湖温泉度假村，西与瘦西湖景区无缝对接。这里交通便利，绿地开阔，生态优美，占地面积约1000亩，是一座集生态、休闲、运动、文化于一体的全民健身体育公园。

一、历史背景

在扬州城遗址中心偏北、保障湖南畔、笔架山湿地公园内沉睡了一座约1km² 的城池，这里不仅蕴藏着一个城市淹没已久的秘密，也铭刻着宋扬州城永久的记忆，它就是宋夹城。南宋时期扬州因北方金兵威胁，于绍兴年间（1131—1162年）在宋堡城和大城之间修葺了一座战略防御城，史称宋夹城，宋时期扬州三城体系至此时形成。800年来遗址尚存，2009—2011年宋夹城考古遗址公园建成，人们终于可以揭开800年历史的面纱，感受宋夹城的历史沧桑。

二、建设背景

2012年底，因为场馆老化和城市发展规划需要，位于瘦西湖畔的老体育场拆迁了，老体育场一直是城区市民，尤其是北部区域市民体育活动的主要场所，让百姓去哪里锻炼？一道考题摆在了市委、市政府面前，这道来自百姓的考题，考量着党委政府为民服务的执政理念，市委、市政府意识到了老百姓对休闲健身场所的迫切需要。体育场是为运动会服务的，体育活动场所则是为老百姓健身休闲服务的。随着人民生活水平的提高，老百姓需要休闲和健身设施，还要参与各类活动，增加相互交流，"文起来、动起来、乐起来"，更好地享受到经济社会发展和城市建设的最新成果。百姓所需就是党委政府所急，市委、市政府决定在拆除老体育场后还市民一个健身休闲场所，并确定了四个原则：要建在老百姓最方便的地方，要满足老百姓体育休闲最基本的功能需求，要因地制宜地建设，要有可持续性、便于维护和管理。于是将目光放在了距离老体育场仅一公里远、位于蜀冈—瘦西湖风景区核心地带的宋夹城——这块扬州最美、最宝贵的区域，决定在这里打造一座供市民休闲健身的体育休闲公园，并将项目建设写入2013年民生"一号文件"。

三、规划理念

1. 人与自然和谐共处

人与自然和谐是当代人面临的一个现实和可持续的问题。园林城市、森林城市的目标是一方面有可观的城市绿化率；更重要的是如何充分利用园林绿地为城市造福，取得人与自然的和谐共处。宋夹城考古遗址公园有很好的生态环境，有自然的水系和成荫的树林，更有长久积淀的历史遗存。生态体育公园的设想设计就从保护自然生态环境出发，以最少的人为干预获得最大的生态社会效益。这是人与绿地的和谐共生，更是处理大遗址保护与发展极为有效的出路。

2. 利用管理有效并举

宋夹城考古遗址公园从2009年设计建设之初起，就本着保护、利用、发展原则。所以遗址公园内所有的建设充分尊重真实的历史和现有的遗存以及考古依据，一切建筑、构筑物都为可逆设计，其他都通过绿化的手段，勾勒出城池的元素。如此，来这里的人们一方面可以了解历史、感受历史，另一方面更能深切地享受生态公园的清新气息。园内的步道、自行车道成为人们散步或者骑行的好去处，各类运动场馆和服务项目设施完备，在城市内部空间嵌入了市民喜爱的运动和休闲项目。如此一来，宋夹城成为理想的大众生态体育公园，成为人们理想的康体活动乐园，遗址公园也得到了充分利用。

3. 区域功能整合放大

建成后的宋夹城体育休闲公园东门入口与东侧的游泳馆衔接成片，此片成为一个以体育运动休闲为主题的功能片区，是大众体育运动的理想场所。

四、建设现状

宋夹城风景区是国家AAAA级景区，2015年"江苏省十大新景区"之一，近年来分别荣获了"全国群众体育先进单位""江苏省十佳体育公园""江苏省体育旅游示范基地"等称号，是扬州首个（CEAD）中央生态活动中心。开放四年来，宋夹城体育休闲公园每天都吸引成千上万的市民和游客，成为扬州人气最旺的区域，是市民心中"健身后花园"。2017年，前往宋夹城健身运动的市民和游客多达100多万人次。景区拥有综合馆、网球馆、羽毛球馆、乒乓球馆、击剑馆、VR梦工厂、保龄球馆、7片室外网球场、4片室外篮球场、2片篮球练习场、2片儿童篮球练习场、5片笼式足球场、两片排球场、6片室外羽毛球场等专业化运动场所；有健身步道、塑胶步道、自行车道、健身路径、音乐广场、玫瑰花园、棋艺连廊、儿童乐园等免费健身、休闲场所；有宋城山庄、鲜果多、东园小馆等餐饮服务场所；有宋城书坊、宋夹城文化艺术展览厅等文化休闲、展览空间。同时，还有全民健康益站、游客服务中心、生态停车场、免费储物柜、自动售货机、自行车租赁等多项人性化服务项目。如图3-2-1、图3-2-2所示。

五、提升服务水平，打造优质管理

从环境管理、园容卫生、景区安全、员工服务等方面为切入点，注重景区绿化的统筹管理：一是划分绿化养护区域，根据不同区域特点制定相应的养护要求。梳理景区内植物配比、造型，以植物景观反映文化内涵为背景，统一构思，精心设计。绿化分布要与景区格局相协调，体现景区的文化品位，使之成为景区的特色文化景观，最终实现绿化养护的精细化、精致化和精品化。二是积极探索保洁的管理方式，改变保洁工作的强制性、突击性，使其走上良性发展的道路。加大宣传的力度，倡导市民和游客支持保洁工作，共同维护"我们的宋城"，做到"美丽公园、人人维护"，同时，进一步明确保洁责任制，按照分人分片管理的原则，严格推进层级管理。三是与公安、综合执法部门加强沟通、密切合作，充分地依靠景区员工和广大游客群体，强化景区综合治理，维护社会稳定。制定突发事件处理预案，建立紧急救援机制，设立医务室，配备专职的医务人员，针对车辆、机械、游览、消防、救护等重要的设施部位进行安全检查，及时发现隐患，及时排除。四是以精品化的管理模式为核心目标，建立健全的管理体系，明确各自的职责，做到统筹兼顾，严抓景区内工作人员的服务质量，对景区的服务人员、保洁保安、施工人员等建立健全的考核制度，实行奖惩激励制度，确保工作的规范化和人性化。

六、实施意义

纵观全国各地，生态宝地多得是，运动场所数不清，文化阵地一大串，但是，像宋夹城体育休闲公园这样，将生态宝地、运动场所和文化阵地集于一体的，堪称凤毛麟角。扬州市目前正努力打造健康中国的扬州样本，宋夹城体育休闲公园当属于其中的点睛之笔。今天的市民，在享受小康生活的基础上更加追求精神享受，更加祈盼永葆健康。显而易见的是，扬州市委市政府顺应民意，造福民生，为全体市民留下了这片享受生态福利的宝地、体验运动休闲的福地，追求时尚审美的高地。

宋夹城景区为广大游客和市民提供了日常健身、运动、休闲等服务，是扬州市委、市政府以民生为本，让全体市民共建共享发展成果理念的生动体现，为扬州建设"世界名城"和景区创建"国家级旅游度假区"增光添彩。

1. 规划设计

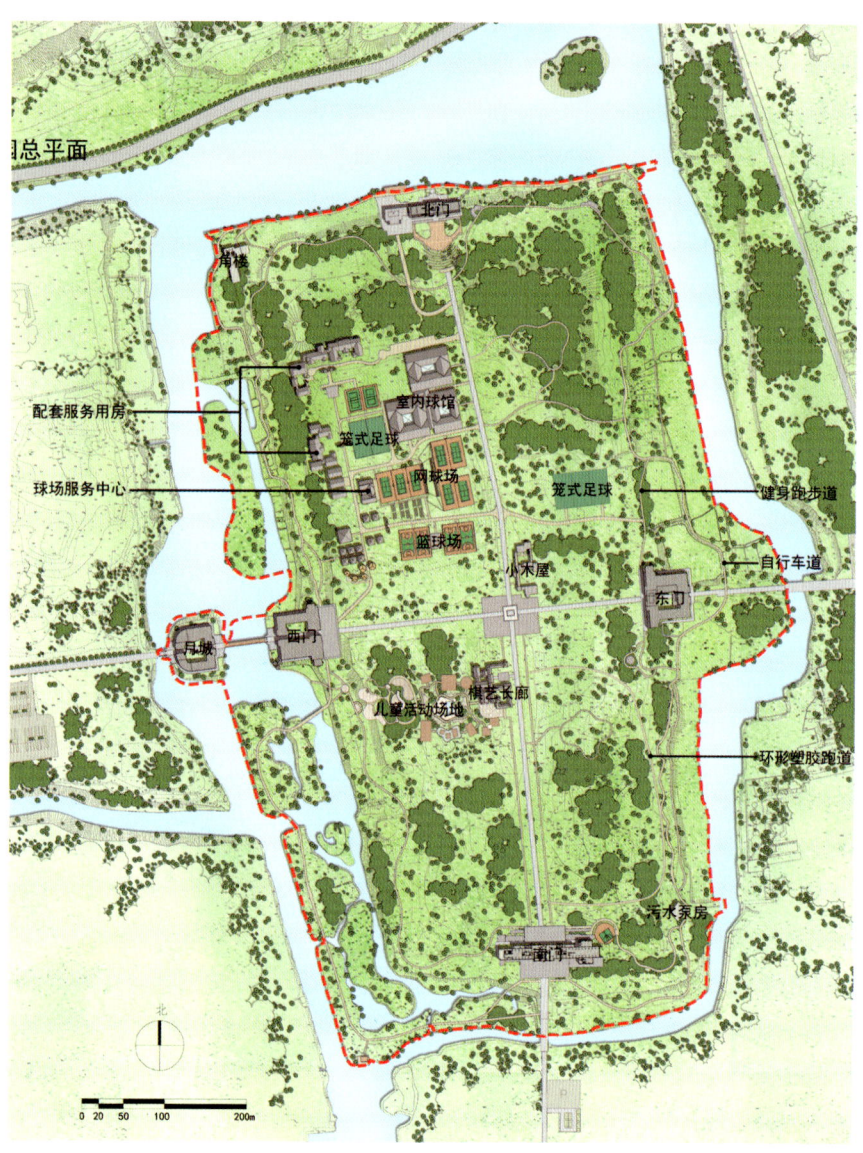

经济技术指标		
规划用地面积：		566366.00M²
陆地面积：		547517.00M²
水面面积：		18849.00M²
绿化面积：		483221.00M²
总建筑面积：		21341.42M²
其中	改造	月城面积：	1709.80M²
		西瓮城面积：	2469.08M²
		东瓮城面积：	2469.08M²
		北门面积：	1471.86M²
		角楼面积：	543.00M²
		木屋加建面积：	158.00M²
		东瓮城加建面积：	39.60M²
	新建	南门面积：	1918.00M²
		球场服务中心面积：	352.00M²
		室内网球场面积：	1866.00M²
		室内篮球场面积：	1866.00M²
		室内羽毛球场面积：	1557.00M²
		配套服务用房面积：	1782.92M²
		棋艺长廊面积：	1222.00M²
室外网球场面积：		4870.60M²
室外篮球场面积：		3048.00M²
笼式足球场面积：		1842.00M²
软排球场面积：		1138.00M²
广场面积：		6700.00M²
健身跑步道面积：		10000.00M²
自行车道面积：		12500.00M²
儿童活动场地面积：		4880.00M²
建筑占地面积：		19318.50M²
容积率：		0.0341
绿地率：		89.97%

图3-2-1 宋夹城体育休闲公园总平面图

图 3-2-2 宋夹城景区导览图

2. 建设历程

生态湿地公园时期（2005—2008年）：2005年，扬州开始规划宋夹城护城河湿地公园（图3-2-3），旨在恢复宋夹城"城河"的空间格局，打通与瘦西湖水路的连通，治理护城河水系污染，改善水环境及植被修复工作，工程于2006年底开工建设，2007年4月向游客开放。

考古遗址公园时期（2008—2012年）：宋夹城于2008年规划考古遗址主题公园（图3-2-4），旨在恢复宋夹城城门、城墙、十字街等古城格局，再现南宋抗金时期扬州宋夹城军营生活、训练场景。于2009年开工建设，2010年以收费形式对外开放。

体育休闲公园时期（2012年至今）：宋夹城体育休闲公园集人文、生态、运动、休闲于一体（图3-2-5），于2013年初动工，2014年4月19日正式免费对游客开放，并持续对公园设施进行完善。

图 3-2-3 宋夹城生态湿地公园

图 3-2-4 宋夹城考古遗址公园

图 3-2-5 宋夹城体育休闲公园

3. 城市中的生态宝地

公园绿地覆盖率近 90%，俯瞰宋夹城体育休闲公园（图 3-2-6），城楼和体育设施掩藏在一片绿海之中，尽显生态之美。

宋夹城体育休闲公园内有大片的湿地区域，保留了河道蜿蜒曲折的自然形态，岸坡均为自然草坡，并栽种了芦苇、水葱、睡莲等净水型水生植物，极大提升了河流的自净能力（图 3-2-7）。

图 3-2-6　宋夹城体育休闲公园俯瞰图

图 3-2-7　宋夹城体育休闲公园湿地

公园内成片的荷叶、鸢尾既是一道亮丽的风景（图3-2-8），也承担着净化水质、丰富生物群落的功能。

图3-2-8　宋夹城体育休闲公园湿地景观

图 3-2-9 宋夹城体育休闲公园亲水构筑

公园充分利用水景资源,临水修建了木栈道、亭台、曲桥(图 3-2-9),成为游客近距离亲近水体,观赏湿地景观的绝佳场所。

游客亦可泛舟水面，置身于如画的景色中（图3-2-10）。

图 3-2-10　宋夹城休闲体育公园水景

植物配置方面（图3-2-11），以高大乔木为主，加种观叶、观花、观果的花灌木，从而加强植物空间的景变、形变和色变，使植物景观更为丰富，更具生态上的科学性、配置上的艺术性。

图3-2-11 宋夹城体育休闲公园植物配置

大面积草坪边缘，点缀少许乔木、灌木作为观景树，减弱了大草坪的空旷感，并形成了优美的林冠线，增加了植物群落的观赏点（图3-2-12）。水体两岸草坡以乡土植物为主，兼顾了经济性和适应性原则。阳光从树冠的缝隙中投射下来，留下斑驳的树影（图3-2-13）。

图3-2-12　宋夹城体育休闲公园草坪

图3-2-13　宋夹城体育休闲公园水岸草坡

4. 文起来、动起来、乐起来

公园东西南北各有一座复建的城楼（图3-2-14），散发着历史气息，体现了公园遗址保护与体育休闲两相宜、文化韵味交织动感光影的设计思想。

图3-2-14 宋夹城体育休闲公园复建的城楼

复原的古代竞技场、攻城器械（图3-2-15），将游客带入了兵临城下、硝烟弥漫的战争氛围中，充分感受到历史的沧桑。

草坪上、步行道旁，设置了造型各异、内容丰富的宣传展板（图3-2-16），旨在宣扬社会主义核心价值观、八礼四仪、家风家训，使得文化宣传更加立体，氛围更加浓郁。

在西城门内的宋城书坊（图3-2-17），古朴的书架上陈列着各类图书，游客可以一边品茶、一边读书。书坊还经常举办一些文化雅集，使公园散发出浓浓的文化气息。

图3-2-15　宋夹城体育休闲公园复原的古代竞技场与攻城器械

图 3-2-16　宋夹城体育休闲公园内的宣传展板

图 3-2-17　宋城书坊

公园内的各式场馆、球场整齐排列，周围绿树环绕（图3-2-18）。室外羽毛球场（图3-2-19）四周以栽种常绿型乔木为主，搭配了球状灌木及草地，清新自然。休息座椅、灯光一应俱全。

图3-2-18 宋夹城体育休闲公园生态活动区俯瞰图

图3-2-19 宋夹城体育休闲公园羽毛球场

红色塑胶道为自行车健身专用道(图3-2-20),环绕公园一周,全长3.2km。绿色为塑胶步行道(图3-2-21),采用EPDM弹性地坪作为材质,弹性大、舒适感强,适合跑步健身者和老年人运动,全长3km。

图3-2-20 宋夹城体育休闲公园骑行健身专用道

图3-2-21 宋夹城体育休闲公园步行道

环绕全园的水道、健身步道和自行车道,全部采用最新型的生态透水材料,让雨水能自然渗透到地下;沿步道还种植了彩色树种,起到观叶、观果的作用,市民在此健身的同时,可以品味自然的清新(图3-2-22~图3-2-24)。

图3-2-22 宋夹城体育休闲公园道路景观

图3-2-23 一排排银杏树,将步行道有序地分开

图3-2-24 健身步道旁,每隔几百米,贴心地放上了运动健身小常识的宣传牌

图 3-2-25　宋夹城体育休闲公园 VR 体验馆

图 3-2-26　宋夹城体育休闲公园健身器材区

宋夹城体育休闲公园南城门内设有 VR 体验馆（图 3-2-25），公园一角设有健身器材区（图 3-2-26），一旁配备有爬满藤类植物的休息长廊。

儿童乐园（图3-2-27~图3-2-30）：设置了丰富的游乐设施，有滑梯、秋千、游戏沙滩等。儿童游乐区不仅设置了供家长和儿童休息的长椅，还安装了特色洗手池，供儿童玩耍后洗手。

图3-2-27　宋夹城体育休闲公园内的儿童乐园

图3-2-28　宋夹城体育休闲公园中的轮滑运动基地

图3-2-29　宋夹城体育休闲公园儿童游乐区洗手池

图3-2-30　小广场上举行"庆六一"亲子活动

5. 人性化服务（图3-2-31~图3-2-36）

宋夹城体育休闲公园内相隔不远处，就设置了救助电话亭，并设立医务室，配备专职的医务人员。同时安排安保人员进行全园巡逻，为市民安全游园提供了保障。

图3-2-31　宋夹城体育休闲公园安保巡逻

图3-2-32　宋夹城体育休闲公园外的停车场

图3-2-33　宋夹城体育休闲公园非机动车停放处旁的储物柜，方便游客寄存物品，从而能够"轻松游园"

图3-2-34 宋夹城体育休闲公园内特色餐饮、超市、24小时自动售卖机一应俱全，满足了游客的使用需求

图 3-2-35 宋夹城体育休闲公园内的人性化景观小品

图3-2-36 宋夹城体育休闲公园提示牌与意见箱

滨水区旁的石凳、小广场上的休闲遮阳伞、儿童游乐区内的指示牌、球类活动区内的分类垃圾箱，为游客提供方便的同时，设计巧妙，与周围的环境融为一体。

游客服务中心提供咨询投诉、信息查询、便民服务、邮政服务等服务项目。

四座城门外都放置了意见箱，收集游客们提出的改进意见，同时还提供了失物招领服务。

6. 丰富多彩的活动（图3-2-37~图3-2-42）

图3-2-37　宋夹城体育休闲公园内的"百校进百园"篮球体验课

图3-2-40　宋夹城体育休闲公园承办2016年中国太极、印度瑜伽大会

图3-2-38　宋夹城体育休闲公园内的少儿足球赛

图3-2-41　宋夹城体育休闲公园承办2017江苏省乒乓球争霸赛

图3-2-39　宋夹城体育休闲公园承办2016年全国击剑冠军赛

图3-2-42　宋夹城体育休闲公园承办2017年全国少儿篮球赛

案例3：廖家沟城市中央公园

廖家沟城市中央公园西临廖家沟，东至站西路、站东路、廖家沟路等生态科技新城重要城市路网，北至老万福路，南至沪陕高速，总面约 $10.7km^2$，其中东侧陆域面积约 $3.3km^2$，西侧陆域面积约 $1.6km^2$，水域面积约 $5.8km^2$。廖家沟城市中央公园作为生态新城主要的核心绿地之一，于上承接了延续扬州市域内七河八岛江淮生态走廊的大生态系统的功能，于下承载了满足新城及扬州市民日常度假休闲、生活游憩、运动康体的大型城市"绿肺"功能。

廖家沟片区在2013年以前，分布着200多个废旧品市场，39家造船厂和砂石场。这些行业在产生一定效益的同时，却对环境造成了极大的破坏，河道两岸堆满了垃圾，甚至连河道上都漂浮着垃圾。2013年，扬州市政府提出了打造 $81km^2$ 生态科技新城的构想，廖家沟恰好处在新城的核心地带。为了恢复生态，政府主动放弃了区域内每年大约50亿元的产值，还先后投入2个多亿，逐步取缔区域内污染产业，同时开展修建生态修复及基础建设。

历时4年，昔日的垃圾场变成了今天的竞技场、大公园。如今的廖家沟城市中央公园是一片面积达 $10.7km^2$ 的绿色湿地（图3-3-1），区域内现有258种植物，81种鸟类，67种鱼类。而环境的整治不仅仅让扬州市民又多了一处健身休闲的好去处，更重要的是，由于扬州是南水北调的东线取水口，环境的改善也进一步保障了南水北调的供水安全。

公园建设方面，根据扬州城市规划、江广融合地区核心区域规划、七河八岛规划、基地现状，设计提出三大规划设计策略：

第一，适度发展策略。根据规划背景分析及现场调研，在场地内设立发展区、过渡区、保护区三个分级分区，寻求优先保护小的适度发展。

第二，可持续发展策略。①建设可持续：在发展区内，科学开展用地适应性评价。根据用地适应性评价，确定不同区域的发展等级，将有限投资合理划分。发展区内的重点区域一次性建设完成，其他区域道路基础设施一次

图 3-3-1 廖家沟城市中央公园鸟瞰图

建设到位,软景空间预留改造提升接口。②运营可持续:通过建设低成本维护景观和充分发挥公园的自身造血功能,降低公园的营造成本,打造运营可持续公园。

第三,创新融合发展策略。通过创新融合策略,达到"生态涵养、文化传承、舒适活力、艺术现代"四位一体的协调发展。

公园整体以绽放的琼花为设计概念,以路网、水系为脉络,重要节点为花,根据景观节奏逐步绽放。在综合考虑廖家沟周边生态现状和特点后,按照生态涵养、文化传承、观光休闲、市民互动为一体的思路，因地制宜打造成为一个持续生长的滨水绿色廊道、繁荣生态的城市中央公园和绚丽多彩的市民休闲乐园。

公园设计方面，围绕三个层面实施落地：

第一，现代的舒适公园。以新城规划和人群需求为导向，打造运动、休憩、度假、娱乐、观赏等各类空间，满足人们的需求，提供公园的舒适体验性。

第二，多彩的艺术公园。结合基地条件，通过色叶乔木、灌木、多年生草花、多彩构筑物、多彩铺地、多彩小品等色彩元素的引入，塑造多彩的艺术公园。

第三，创新的文化公园。设计通过建筑改造、廊架、景观桥梁等设计，利用现代设计语言，将扬州独有的景观色调、清曲、扬州八怪等本土文化通过直接再现、纹理提取、意境塑造等方式融入设计中，实现创新的文化公园诉求。

1. 规划设计

廖家沟滨水区是城市总体规划中确定的江淮生态廊道的重要组成部分，也是规划的廖家沟公园所在地，兼具生态保育、为市民提供休闲活动场所、展示新城建设形象等多重功能；同时场地处于城市中心区域，毗邻未来的城市中央商务区和东部交通枢纽，直接楔入城市中心，区位独特（图3-3-2）。

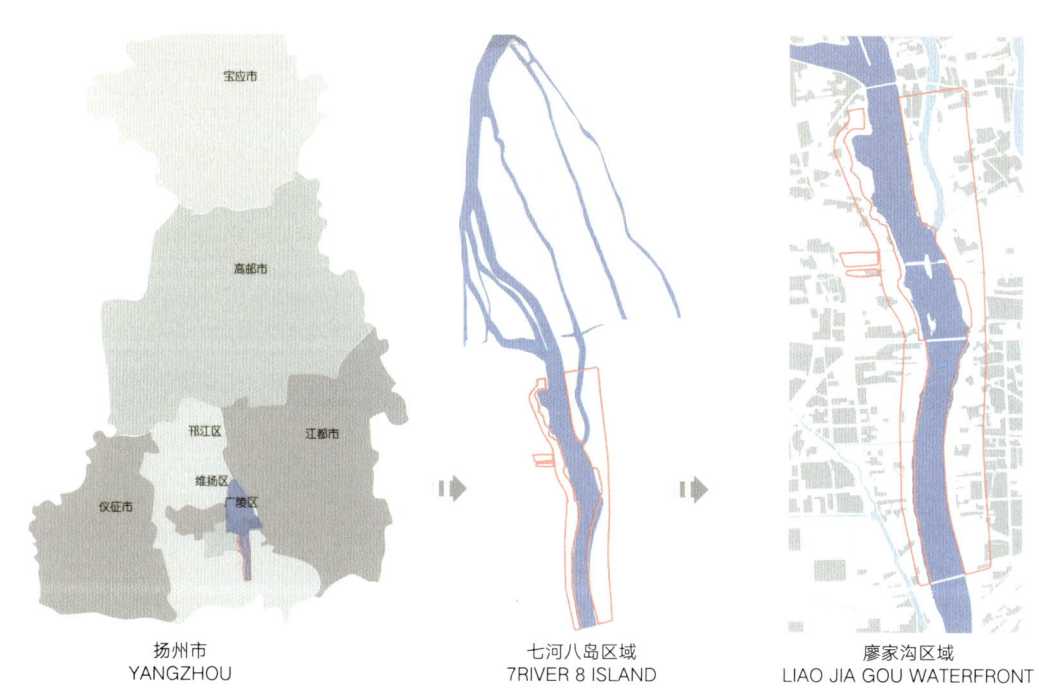

图3-3-2 廖家沟城市中央公园区位研究

公园分为 9 个功能区，包括：多彩城市公园、自在岛、高铁站商业休闲公园、生态展示公园、郊野乐园、生态观光公园、城市展示公园（大桥公园）、体育休闲公园和滨水社区公园（图 3-3-3、图 3-3-4）。

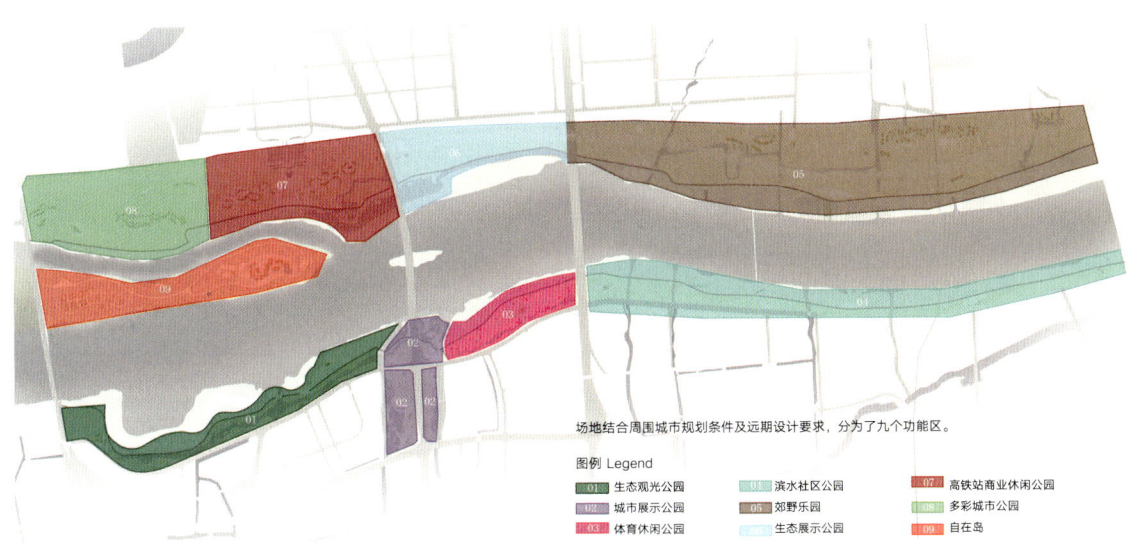

图 3-3-3　廖家沟城市中央公园功能分区

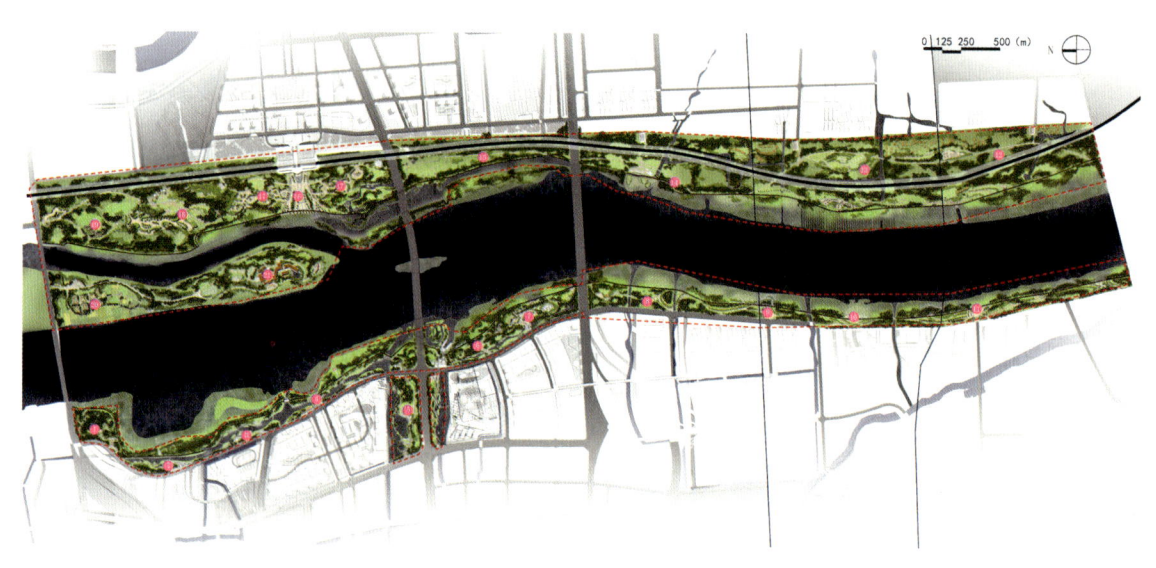

❶ 鸟类天堂	❻ 马拉松主题园	⓫ 民俗生活园	⓰ 高铁站前休闲广场	㉑ 湿地观光园
❷ 乡土植物科普园	❼ 休闲运动园	⓬ 有氧运动园	⓱ 商贸园	
❸ 儿童生态探索园	❽ 劳动者花园	⓭ 绿色生活乐园	⓲ 四季风情园	
❹ 水资源主题园	❾ 社区宁静花园	⓮ 沙雕乐园	⓳ 户外音乐主题园	
❺ 城市展示公园	❿ 社区疗养花园	⓯ 生态展示公园	⓴ 欢乐田园	

总用地平衡表

序号	项目名称	单位	数量	百分比
1	规划总面积	m²	6233795	100%
2	建筑占地面积	m²	90983	1.74%
3	道路广场面积	m²	408907	6.56%
4	绿地面积	m²	5226745	83.57%
5	水体面积	m²	507070	8.13%
6	建筑总面积	m²	146788	
7	建筑密度		1.46%	
8	容积率		0.024	

图 3-3-4 廖家沟城市中央公园总平面图

为充分发挥园区的观光功能，结合原有的防洪堤及主要园路，安排自行车游览为主、局部电瓶车游览道的慢行通道；并结合原有现状码头的改造，形成新的游船码头，规划了水上交通连接廖家沟东西两岸（图 3-3-5）。

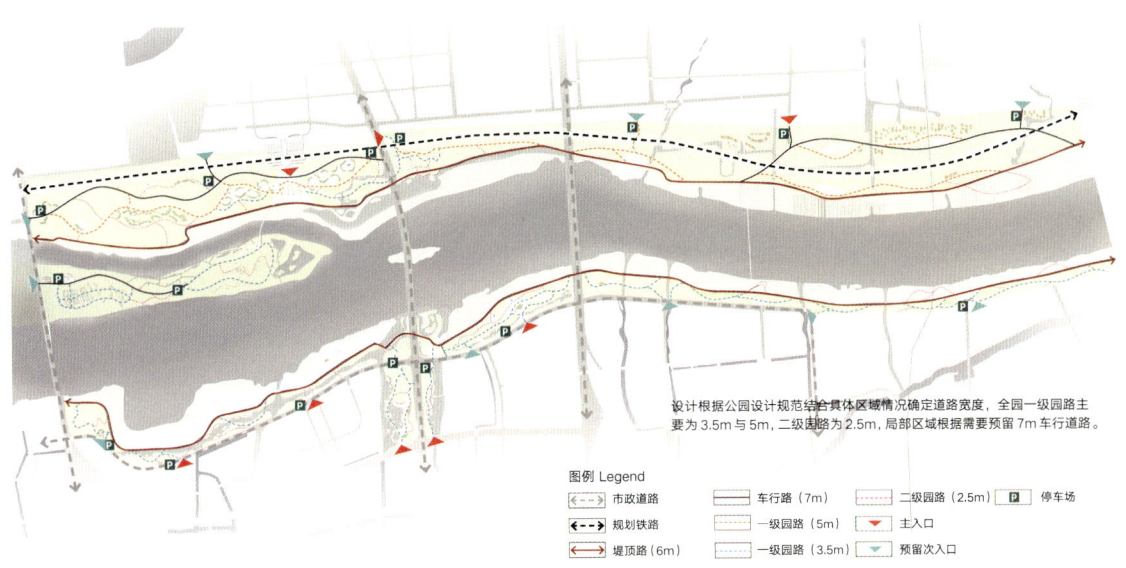

图 3-3-5 廖家沟城市中央公园交通系统分析图

2. 现代的舒适公园

廖家沟城市中央公园建成前后对比如图 3-3-6 所示。

图 3-3-6 廖家沟城市中央公园建成前后对比图

公园滨水区设置了弯曲栈道，游人可以在上面近距离欣赏水面上成片的荷花；相隔一片草地，设置了与岸线平行的步行道；之后是笔直的跑道和骑行道，中间的空地栽种了各种观赏树种，有柿树、杨树、桃树、香樟、垂丝海棠、白玉兰、银杏、女贞、桂花等；在茂密的树林中，搭建了串联各个景区的木栈道，穿行在林间小道，空气清新，令人心旷神怡（图3-3-7~图3-3-11）。

图3-3-7 廖家沟城市中央公园栈道

图 3-3-8 廖家沟城市中央公园健身跑道

图 3-3-9 廖家沟城市中央公园密林幽径

图 3-3-10 廖家沟城市中央公园广陵大桥下,莲叶何田田

图 3-3-11 廖家沟城市中央公园内生态湿地景观

图 3-3-12 廖家沟城市中央公园灭螺池的叠水景观

灭螺池的叠水景观（图3-3-12）：1949年前后，这个灭螺池就已经存在了，按老一辈农民的说法，螺蛳是不能进入稻田的，因为螺蛳特别容易传播吸血虫病。当时，这个池子就是为了灭螺用的，经过这个池子的池水，才能浇灌庄稼。在中央公园进行改造时，保留了这一景观，现如今的叠水景观既满足了游客亲水、戏水的需求，又起到了富氧净化水质的作用。

图 3-3-13 廖家沟城市中央公园"新人林"

公园还规划建设8大主题纪念林。占地面积约42.37万平方米。图3-3-13为公园2015年组织参"缘系千秋、情定扬州"集体婚礼的258对新人开展"新人林"集中植树活动后留下的树林，既丰富了市民文化活动，又留下了绿色资产。

图3-3-14 廖家沟城市中央公园健身娱乐设施

建在桥底的篮球场、大草坪上的小型足球场、沙地上的儿童游乐场,能满足不同人群的健身、娱乐需求(图3-3-14)。

3. 多彩的艺术公园（图3-3-15~图3-3-17）

图 3-3-15　廖家沟城市中央公园内色彩斑斓的植物

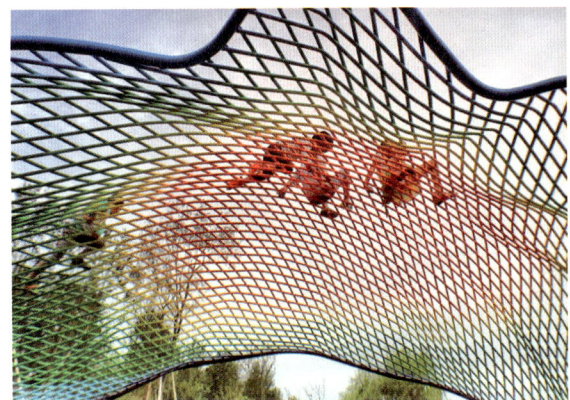

图 3-3-16　廖家沟城市中央公园特色构筑物

图 3-3-17　廖家沟城市中央公园多彩铺地

4. 创新的文化公园

利用现代设计语言，将古代文化通过直接再现、纹理提取、意境塑造等方式融入建筑、景观桥梁设计中，实现创新的文化公园诉求（图 3-3-18、图 3-3-19）。

图 3-3-18　廖家沟城市中央公园重现古代劳动场景的雕塑

图 3-3-19 廖家沟城市中央公园景观小品

案例4：扬子津古渡体育休闲公园

扬州古运河可以说是扬州最古老的一条河流，历史悠久，从扬州宝应至瓜洲，全长125km。运河培育了扬州也哺育了扬州人民，扬州老百姓对于古运河有一种非常特殊的情怀。现如今，扬州在古运河沿岸新建了多个生态公园，一来是为了提升环境质量，二来也让市民能够零距离亲近古运河。扬子津古渡体育休闲公园无疑是古运河边最亮丽的一道风景线。

公园中的扬子津古渡大牌坊是扬子津古运河公园的一张名片，它记载了扬子津古渡这一历史文化符号，自然也是公园名字的由来。隋唐年间，扬州城南20里许的长江北岸，有一个名为扬子津的小镇，据说当时瓜洲还在江心，而扬子津作为运河渡口，因南来北往的货运商旅都会在这里歇脚、补给、转运，知名度也一天天提升起来，时间一长，人们就把扬州、镇江之间的大江称为扬子江，意思是与扬子津毗邻的那段大江。唐代中期，扬子津渡与集市均十分有名，但到了开元之后，渡江进入北岸的运河不再通过扬子津，而是通过新开的伊娄河到达扬子县，瓜洲从此也就取代了扬子津。

扬子津古渡体育休闲公园北承三湾公园，南接高旻寺旅游区，总长约8.5km，滨河景观带尽显古运河之美，犹如一根项链，串成亮丽的风景线，基本实现高旻寺以北，古运河两岸公园的全覆盖、全贯通，使周边的城市景观和运动活力通过古运河融合在一起，极大地提升运河沿线的生态人文环境和区域综合价值。公园旨在建成一个"大手牵小手"的休闲体育公园，为周边居民提供一个休闲运动的活动空间，实现"情系古运河、舞动扬子津、快乐老百姓"的全民运动健身理念。

扬子津古渡休闲体育公园在发扬扬子津悠久历史文化的同时，融入了现代文明的生活方式，古今交融，匠心设计，是一座服务于民、有细节、有温度的城市体育休闲公园。

扬子津体育休闲公园分三期建成，与三湾公园绿化区域打通连接起来，这样从北到南沿着古运河，可以形成一个10多公里的健身步道，市民可以沿着步道健身锻炼，实现无缝连接。此外，公园设置了大小不一、形状各异的户外空间，不同的时段、不同游园目的的人群都能在这里找到适合自己的游园项目，其中包括球类服务中心、儿童游乐场、文艺演出广场、扬子津古渡大牌坊、廉政法制广场及设计巧妙的桥底空间等。

图 3-4-1　扬子津古渡大牌坊

扬子津古渡大牌坊（图 3-4-1）位于依人路路端，是扬子津古运河公园的一张名片，它记载了扬子津古渡这一历史文化符号。

1. 规划设计（图 3-4-2～图 3-4-4）

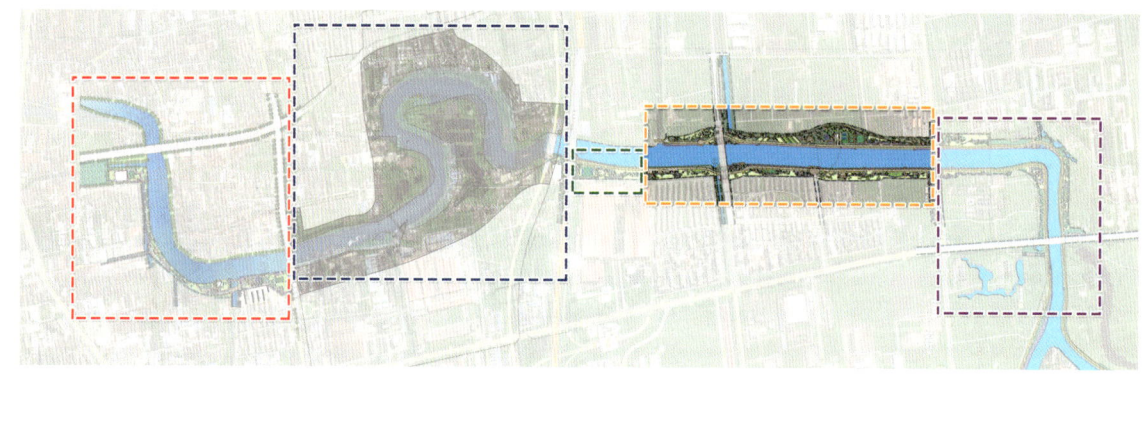

图 3-4-2　扬子津古渡体育休闲公园远景规划图

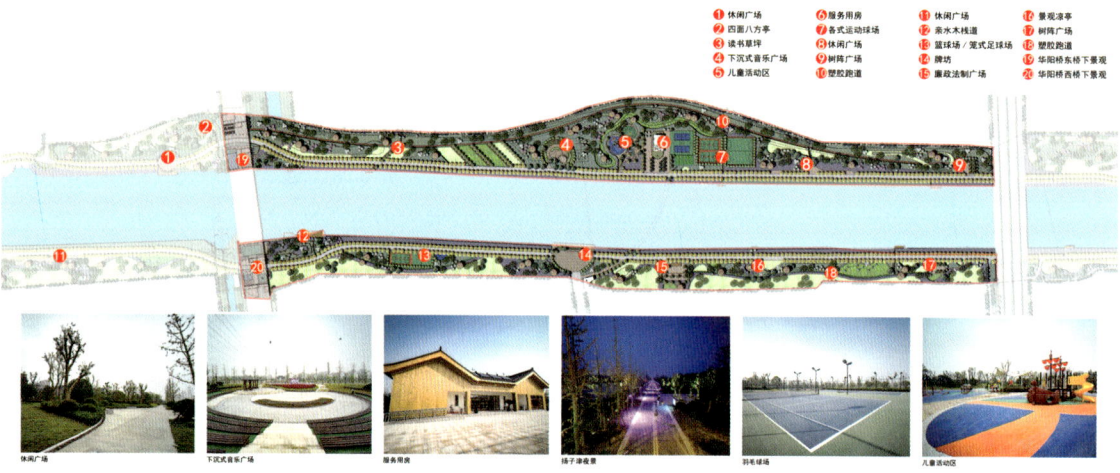

图 3-4-3　扬子津古渡体育休闲公园功能分区平面图

扬子津古渡体育休闲公园北承开发路、南接高旻寺，全长约 9km（不含三湾公园），其中新河湾段约 0.5km，一期约 3.1km（含东侧约 1.5km，西侧约 1.6km），三期约 4 公里（含东侧 2.3 公里，西侧约 1.7km）。公园集景观、休闲健身和生态休闲等功能为一体。

图 3-4-4 扬子津古渡体育休闲公园建成前后对比图

2. 尽显运河之美

公园依托跨古运河东西两岸的"一河两岸"模式建成（图3-4-5），宛如两条翡翠项链，与秀美的古运河浑然天成，珠联璧合。

图3-4-5　扬子津古渡体育休闲公园"一河两岸"

图 3-4-6 扬子津古渡体育休闲公园驳岸设计

在驳岸设计上（图 3-4-6），公园根据高差，巧妙地设置了亲水平台、木栈道、自然驳岸、步行道、健身步道和骑行道。

运河两岸设置了多处木栈桥和亲水平台,让人们可以零距离欣赏古运河的秀美(图 3-4-7)。

图 3-4-7 扬子津古渡体育休闲公园木栈道

3. 舞动扬子津、快乐老百姓

夜幕降临，在五彩斑斓灯光的渲染下，步行道上吸引了众多前来锻炼健身的市民（图3-4-8）。

公园健身步道由透水混凝土专用胶结剂、碎石、水和颜料组合而成，透水性好，防滑性强，散热快，适合跑步者和老年人（图3-4-9）。

图 3-4-8　扬子津古渡体育休闲公园步行道夜景

图 3-4-9　扬子津古渡体育休闲公园健身步道

图 3-4-10 扬子津古渡体育休闲公园运动场

公园内建造了 2 片标准网球场、2 片标准篮球场、2 片标准 5 人制笼式足球场，2 片标准羽毛球场及一组四面投篮区，免费向市民开放（图 3-4-10）。

文艺演出广场采用下沉式景观设计。在竖向设计上，中心表演场地下沉式，周边看台则逐级抬高，同心圆式的平面构成要素，模仿室内表演厅的观感，让市民在室外表演场也能够有序地、全方位地观看到表演。市民可聚集在此跳广场舞，亦可定期举办露天电影的播放活动。广场还设置景观廊架，让其功能更完善，既是表演场所，也是休憩场所。如图 3-4-11 所示。

图 3-4-11　扬子津古渡体育休闲公园下沉式文艺演出广场

图 3-4-12 扬子津古渡体育休闲公园儿童游乐场

儿童游乐场（图3-4-12）定位为一个专属于孩童，集"生态、趣味、科学"为一体的室外公共活动场地。将颜色鲜明、丰富多彩的色彩融于周边环境之中，如坐凳、铺地、景观小品大胆地使用对比色，用纯度较高的原色取得亮丽的效果，形成大胆、明快、朴实、热烈的色彩风格。这种天真稚拙的、跳跃的、富有节奏感的色彩，与它的造型特点有机地统一起来，可以激发孩子们的想象力，让他们体会到快乐。

图 3-4-13 扬子津古渡体育休闲公园华扬桥底空间设计

华扬桥桥底空间宽敞，桥西整个桥底梁柱及顶部喷涂海底世界、水世界为主题的彩绘图案，色彩艳丽，弥补桥底采光的不足。海底动物及水草形象生动，充满童趣，是孩子们的天堂。桥底设有轮滑场、攀岩区、四面投篮区、乒乓球区、儿童游乐场，活动项目丰富多彩，满足各年龄段人群的健身需求。同时，桥底配备了休息桌椅，并在隐蔽处设置了卫生间、自动售卖机，满足市民的出行需求。如图 3-4-13 所示。

4.提升公园细节

扬子津古渡体育公园共设有 27 组雕塑（图 3-4-14、图 3-4-15），其中河东 11 组，河西 16 组，雕塑形式主要以休闲健身、卡通人物、廉政法制文化为主题，旨在提倡全民健身、反腐倡廉。

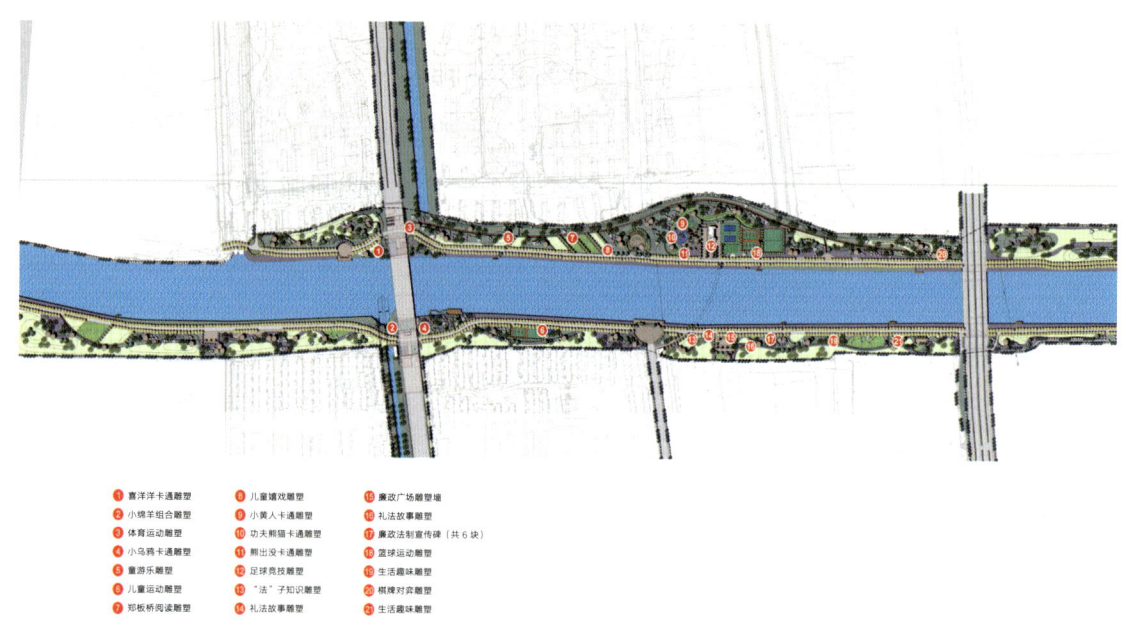

图 3-4-14　扬子津古渡体育休闲公园雕塑地理位置图

图 3-4-15　扬子津古渡体育休闲公园廉政广场及其广场内雕塑

图 3-4-16 扬子津古渡体育休闲公园古建凉亭

扬子津古渡体育公园的凉亭采用传统古建筑的设计手法和施工工艺，结合优美的自然环境，营造中国古典园林的意境（图 3-4-16）。

图 3-4-17 扬子津古渡体育休闲公园服务用房

服务用房（图 3-4-17）以钢混结构为基础构造，外立面则以木饰面为装饰，使其外观更融于自然，生态性与功能性俱佳。建筑布局为三开间式一层建筑，以公园的综合管理为主要功能，兼具公共卫生间、市民休息站、物品存放等服务性功能。

案例 5：李宁体育园

李宁体育园位于扬州市广陵区广陵新城，文昌东路南侧，沙湾中路东侧。公园总建筑面积 51320m^2，地上建筑面积 29320m^2，其中综合馆建筑面积 14250m^2，游泳馆建筑面积 4475m^2，培训中心建筑面积 10095m^2，地下建筑面积 22000m^2。李宁体育园是政府打造的民生项目，园区每年会定期向市民提供免费培训、免费体测、免费场地等活动。

扬州李宁体育园在设计上一方面延续表现了李宁体育园的时代特征和体育建筑特色，另一方面也立足于把江南园林特色与现代使用功能相结合，创建出属于扬州的现代体育设施。具体到规划设计方案，设计师"量身定制"地为体育园引入了五个设计理念。

第一，用做园林的方法来做建筑，把这个建筑做成公园中有机的一部分，而不是把它当成一个孤立的单体来做。这个概念叫"Ground Breaking"，即"破土而出"。实际上它有两层意思：首先，从空间形态方面，它是从公园里面生长出来的；其次，它在社会功能方面是有所突破的，代表了李宁公司在中国群众体育事业建设上的开拓和实践。

第二，基地的四周为水系所环绕，公园设计因势利导，采用堆山的方式，形成"三山两河"的城市景观。"三山"为综合馆、游泳馆、体育培训建筑三个体量，"两河"为基地南北两侧的景观水系。同时，通过覆土式的建筑处理，一方面体现了节能的理念，另一方面覆土屋顶花园为市民提供了生动有趣、可达性良好的城市活动空间。三座人造山体在公园中成组相聚，人们在其中可用、可游、可行、可望，用现代设计语言阐述了中国传统园林的精髓。

第三，除了表现它的建筑性格和体育性格之外，设计方还尝试引入一些扬州本地的文化特质，如尺度上的把控和与自然的联系。在尺度上，常规的场馆都是很大的空间，而李宁体育园的场馆特别采用了"化整为零"的处理手法，把传统的一个大场馆分成几个小的场馆，这使得它们运作起来更灵活。

另外，场馆之间因此而形成了很多内部庭院，让室内的活动与室外的光线、景致有更好的互动。

第四，着重考虑了生态环保的可持续性设计策略，公园具备以下六大节能系统。

①雨水回收利用系统：收集屋面及室外硬地雨水，进入地下一层的雨水回收系统中，收集的雨水通过净化用于场地内的生活生产、满足植被灌溉需求、道路浇洒等，通过水雾空调营造适合运动场地的微气候。雨水回收系统可以为园区年节水量大约17458m^3。

②光导照明系统：游泳馆、综合馆顶层分别设置12套、64套DS530导光管采光系统，能够很好地改善室内自然采光，间接减少灯光照明，一年可节省电力照明424860度。

③太阳能光伏发电系统：训练中心屋顶设置太阳能光伏发电系统，装机容量为建筑配电容量的2%，可节约资源。

④太阳能热水系统：游泳馆生活热水热媒采用太阳能光热系统及热水锅炉联合供应，700m^2太阳能集热器设置在训练中心屋顶，太阳能设备机房设在地下室，利用太阳能热水系统，最大可能节能环保。

⑤室内新风监控系统：羽乒球馆及艺术体操馆等人员活动密集的场所设置空气质量监控系统，并与新风系统联动控制，改善室内环境。

⑥能耗分项计量及数据远传系统：采用能耗监测及上传系统，空调、风机、电梯、照明等能耗分项计量，定期采集数据功能，并可通过互联网上传至江苏省建筑能效监测数据中心，接受主管部门的监管，经过数据分析，采取相应的措施，极大地降低大楼的能耗。

第五，在规划设计上做到"产城合一"，即同时进行项目的空间规划跟业态运营规划，以保证它能够在使用的时候实现功能与形式的统一。除了在建筑类型上力求打造中国群众体育设施的典范，在业态规划上也和李宁公司一起拓展体育健康活动的内涵，由以往相对单纯的体育活动有所延伸，增加了休闲娱乐、养生康复、体育培训等功能，为社区创造一个更复合性的健康活动场所，为扬州市民创造一处大家喜闻乐见的潮点。

李宁体育园的建筑形态设计灵感来源于扬州剪纸文化，极具地域文化特色（图3-5-1、图3-5-2）。

图3-5-1　李宁体育园鸟瞰图

图 3-5-2 李宁体育园总平面图

1.体育运动中心

　　李宁体育园是目前扬州市场馆设施最好、最专业、项目最齐全的体育园,园区由体育运动区、运动休闲区、体育文化区及服务配套区组成,涵盖羽毛球、乒乓球、气排球、篮球、足球、网球、游泳、壁球、体操等几大运动项目（图3-5-3、图3-5-4）。

图3-5-3　李宁体育园远视全景

图 3-5-4 李宁体育园运动场地

除了拥有专业的室内场馆外,室外运动场所也是种类齐全,能满足各类人群的需求。其中五人制足球场采用人工草皮,大大减少运动中的意外伤害;亲亲水世界由儿童戏水池和标准池组成。儿童池拥有小朋友喜爱的各种喷水器械、水中跷跷板、水中儿童综合滑梯设备等。两个水池中间以太阳能智能喷雾遮阳棚相隔,夏季可通过水雾进行降温避暑,也是体育园的环保与科技相结合的体现。

图 3-5-5　李宁体育园环园慢跑道与屋顶花园完美融合

园区设置了 2.5km 的环园慢跑道。其中最大的看点是空中慢跑道，它由两部分组成，一个是两处架空廊道，另一个是在建筑屋面上，将屋顶景观花园与运动慢跑道完美融合，形成一条完整的爬山跑道。漫步在彩色慢跑小道，或不经意间迈上体育馆屋顶，会给游客一种翻山越岭的体验（图 3-5-5）。

图 3-5-6　李宁体育园环园慢跑道景观

沿着环园慢跑道，既可以领略新奇的场馆建筑，也可感受密林的自然风光（图 3-5-6）。

2. 生态休闲中心（图3-5-7、图3-5-8）

图3-5-7 李宁体育园充分利用水景资源，设计人工小岛

图3-5-8 李宁体育园密林氧吧

图 3-5-9　李宁体育园道路

园内在密林区设置了木板材质、弹性塑胶材质的步行道，景观水体上架设了木栈桥，丰富了公园道路，给游览增添了乐趣（图 3-5-9）。

图 3-5-10　李宁体育园草坪健身体验

公园不仅发挥草坪的生态价值、观赏价值，还在上面放置了健身器材，让游客尽可能在自然清新的环境中休闲健身，体现了公园以人为本的设计理念（图 3-5-10）。

3. 赛事活动中心（图3-5-11~图3-5-14）

图3-5-11 2017年5月，李宁体育园承办"城市王者"迷你铁人三项赛（图片来自李宁体育园官网）

图3-5-13 2018年6月23日，江苏省第十九届运动会群众体育项目太极拳比赛在扬州李宁体育园隆重举行（图片来自李宁体育园官网）

图3-5-12 2017年9月21日，广陵区"迎省运倒计时一周年暨世界无车日·绿色骑行"活动在扬州李宁体育园下沉广场盛大举行，千余民市民来到现场参加本次活动（图片来自李宁体育园官网）

图3-5-14 2017年6月，李宁体育园承办"爱乒才会赢"扬州城市球王争霸赛（图片来自李宁体育园官网）

案例6：明月湖公园

明月湖是扬州市区开挖的第一个人工湖，被誉为"西区之眼"，明月湖公园也成为西区市民健身、休闲的好去处。作为西区中心公园，明月湖公园建成时间早，逐渐暴露出内部功能单一、滨水环境不丰富的不足，无法满足周边日益成熟的文化、会展、居住、商业的配套需求。扬州邗江区以举办省运会、省园博会为契机，推动体育设施均衡分布，普及群众全民健身理念，提升市民游园品质，对明月湖公园进行提升改造。

明月湖中央水景公园绿地及周边进行绿化景观提升改造，整体方案设计以现状为基础，一是完善内部健身步道，实现人行步道与骑行步道分开设置，实现动静分离，避免安全隐患，打造沿湖林荫道；二是对现有绿地景观进行梳理和提升，保留现状大乔木，调整遮挡视线的低矮灌木，减少内部灌木，打造树林草地，增加阳光草皮。以人为本，提高公园绿地使用率，彰显公共景观特色；三是根据功能定位打造沿湖四大主题广场，即：湿地生境板块、商业活力板块、体育运动板块、休闲游憩板块，丰富公园功能，满足不同人群的使用需求，并于紧邻商业活力板块的湖面上设置音乐喷泉，更好地营造景观氛围；四是打造沿湖亮化景观及音响系统，提升公园夜景效果和听觉效果；五是进一步完善周边公共配套服务设施，于四个板块内分别新建星级旅游公厕各一座，并合理设置公园内的座椅、垃圾桶等配套设施。

提升改造后的明月湖公园以全新的面貌展现，四大主题区特色分明，环境优美、设施完善，可以满足不同人群休闲健身的需求。同时国展中心、双博馆、音乐厅、美术厅、图书馆、"国家4A级旅游景区"京华城，围绕在明月湖周围，与湖区景观融为一体，形成了一道亮丽的自然、人文景观风景线（图3-6-1~图3-6-4）。

图 3-6-1　明月湖公园设计效果图

图 3-6-2　明月湖公园远视全景

图 3-6-3　明月湖公园水景

图 3-6-4　从空中鸟瞰整个明月湖公园宛如一幅壮美的生态画卷

1. 湿地生境板块

湿地生境板块位于明月湖西北侧、双博馆与明月湖之间，总面积约2.8万平方米，保留原有湿地、小岛，对绿化进行梳理，提升沿河岸线，设置大草坪空间，背景设置休闲长廊，提供休息功能，恢复自然生态。

改造前，该区域水生植物冗杂，亲水性不足，与周围建筑融入感较差（图3-6-5）。

湖中岛和湖体周围种植有芦苇、水葱、千屈菜、再力花、睡莲等水生植物，品种众多，充满自然野趣（图3-6-6）。

图3-6-5 明月湖公园湿地生境板块改造前状况

图3-6-6 明月湖公园湿地生境板块改造后植物配景

木质和玻璃材质的曲桥平卧湖面，将环湖步道和绿树环抱的湖中小岛串联在一起（图3-6-7）。

小岛的制高点处设置了一座木亭（图3-6-8），置身亭中，开阔的水域水波激荡，湖畔佳境毗邻，聆听飞鸟的鸣叫声，呼吸清新的空气，感受微风拂面，尽情体会"花香、树绿、气清、景美"。

图3-6-7　明月湖公园湖中小岛

图3-6-8　明月湖公园湖中小岛的木亭

图 3-6-9 明月湖公园亲水平台与栈道

在亲水景观的设计上,公园既有廊亭式的亲水平台,人们在驻足其中,感受湖风徐徐,心情得到彻底的放松;也有木质和玻璃材质的栈桥,行走其上,可以欣赏到周围的湿地景观和人工小岛,美不胜收(图3-6-9)。

图 3-6-10 明月湖公园草坪坡地景观

坡地以草坪为主基调,坡顶列植大型乔木,草坪上配以少量观赏树木作为点缀,增加植物层次及立体感,形成开阔、简洁、明快、活泼的景观效果(图3-6-10)。

图 3-6-11 明月湖公园指示牌

明月湖公园西北侧毗邻扬州图书馆、艺术馆、音乐厅（图 3-6-11），文化氛围浓厚，因此在连接处设计布景，要兼顾与历史、文化对话的功能需求。

重檐亭、长廊采用古建形式（图 3-6-12），植物也以自然的方式栽植，并以石块作为点缀。

图 3-6-12 明月湖公园园林古建筑

图 3-6-13 明月湖公园休憩长廊与廊架

连接区域的休憩长廊及廊架运用了古典木质材料及现代钢架的结合（图 3-6-13），体现了对立中寻找统一与和谐的理念，建在该区域恰到好处。

图3-6-14 明月湖公园内的曹寅雕像

图3-6-15 明月湖公园石阶小道

图3-6-16 明月湖公园银杏林景观

明月湖公园内安放了一组曹寅雕像（图3-6-14）。清康熙年间曹寅曾任江宁织造兼两淮巡盐御史，曾奉旨在扬州天宁寺内主持扬州诗局，刊刻《全唐诗》《佩文韵府》等古籍。雕像后的石碑上刻有《全唐诗》中代表诗篇《春江花月夜》的节选。

石阶小道将公园与明月湖大桥、文昌西路串联在一起（图3-6-15）。密植的银杏林将城市的喧嚣与公园的静谧阻隔开来，让人们可以尽情的享受生态、文化、休闲的自然空间（图3-6-16）。

2. 商业活力板块

商业活力板块位于明月湖西南侧、京华城生活广场与明月湖之间，总面积约4万平方米。将原有灌木移走，保留大乔木与草坪，确保沿湖界面打开；将篮球场移至体育运动板块，原地改为硬质广场，提供活动场地；沿河设置亲水平台。

图 3-6-17 明月湖公园商业活力板块改造前状况

原场地与京华城生活广场缺少联系，地形过于复杂，场地设置篮球场与商业氛围格格不入（图 3-6-17）。

图 3-6-18 明月湖公园商业活力板块改造后植物景观

灌木移走之后，简洁大方、开敞气派的广场应运而生。排列有序的乔木、花坛、草坪既增加了广场层次感，又避免破坏了广场开阔、现代的设计风格（图 3-6-18）。

广场临湖设置了亲水平台，紧邻商业活力板块的湖面上增设了音乐喷泉（图3-6-19），在绚丽的灯光里，水柱根据音乐的波段和节奏产生变化，好似随着音乐摇摆，是夜色扬州的一大美景（图3-6-20）。

图3-6-19 明月湖公园商业广场亲水平台

图3-6-20 明月湖公园湖面夜景

图 3-6-21　明月湖公园龙舟比赛

图 3-6-22　明月湖公园商业广场景观小品

开阔的湖面是龙舟比赛的绝佳场地（图3-6-21）。广场一侧，设置了24小时城市书房、遮阳伞桌椅、廊架，市民在此读书、交流、休憩。这里成为了集商业、运动、休闲、文化于一体的综合服务地块（图3-6-22）。

3. 体育运动板块

体育运动板块板块位于明月湖东南侧、游乐场与明月湖之间,总面积约4.3万平方米。该板块设计将原有跑道调整位置,实现动静分离;留出场地做大停车场,从40辆停车增加至80辆停车;将京华城北侧篮球场移至该地块健身跑道外侧,沿跑道设置健身器材、儿童游乐设施,满足健身、运动、娱乐的需求;设置休息长廊,给游客提供驻足场地。

原绿化斜坡挡墙遮挡过多,停车场利用效率不高,跑道与滨水步道交叉,相互干扰(图3-6-23)。

针对改造前跑道与滨水步道交叉、相互干扰的问题。设计将原有跑道调整位置,其间用景观带隔开,实现动静分离(图3-6-24)。

图3-6-23 明月湖公园体育运动板块改造前状况

图3-6-24 明月湖公园体育运动板块改造后跑道景观带

图3-6-25 明月湖公园永久性保护绿地石碑

板块内刻有"扬州市永久性保护绿地"的石碑（图3-6-25），永久性绿化地块一经确定，不得随意变动或改作他用。体现了扬州市政府以人为本、"还绿于民"的决心与担当。

沙滩排球场、篮球场、轮滑场、健身器材区，满足了不同兴趣爱好人群的运动、健身需求（图3-6-26）。

图3-6-26 明月湖公园运动场地

图 3-6-27 明月湖公园体育运动板块配套设施

　　充满童趣的环状秋千、树荫下的遮阳伞桌椅、古朴的木质廊架、面朝开阔湖面的休闲座椅、台阶式的看台、满池荷叶旁的石凳（图3-6-27），都给人们的休憩、交流带来方便，充分体现了公园以人为本的设计理念。

图 3-6-28　明月湖公园儿童游乐区

儿童游乐区放置了各式游乐设置（图 3-6-28），地面采用塑胶和沙地，保护儿童的安全。四周配置大乔木、各色花卉、草坪，以营造开阔、明快的氛围。

留出空地，增加停车位（图 3-6-29），给前来公园运动的市民带来了极大的停车便利。

图 3-6-29　明月湖公园停车场

4. 休闲休憩板块

休闲休憩板块位于明月湖东北侧、国展中心与明月湖之间，总面积约 2.5 万平方米。原状绿化遮挡视线（图 3-6-30），该板块改造主要调整绿化，去除灌木，保留大乔木与草地，保证视野通透。

在阶梯式驳岸上栽种了排成各式图案的花卉，给原本单一的混凝土石阶增添了了生机；同时在外侧种植了高大乔木，增添了一层绿色屏障的同时，又能保证视野的通透（图 3-6-31）。还有亲水演艺广场平卧湖面（图 3-6-32）。

图 3-6-30　明月湖公园休闲休憩板块改造前状况

图 3-6-31　明月湖公园休闲休憩板块改造后驳岸景观

图 3-6-32 明月湖公园亲水演艺广场平卧湖面

休憩板块的跑道旁，配套设施如座椅、照明灯柱、泛光灯、宣传牌和垃圾桶整齐排列。公园于四个板块内分别新建了星级旅游公厕。公园北侧新增设了供市民休憩的长廊和石凳。如图 3-6-33 所示。

图 3-6-33　明月湖公园配套设施

案例 7：来鹤台公园

来鹤台公园位于文昌路与邗江路交汇处西北角，为西区较早建成的公园之一，周边有成熟的商业、居住区。自建成投用十余年以来，承担着西区市民休闲休憩的重要功能。随着时间推移及广大市民健身休闲需求的不断提高，来鹤台公园存在设施陈旧、功能欠缺、主题不鲜明等问题。为了更好地为西区广大市民打造休闲、娱乐、健身环境，按市委市政府领导指示，于2017年3月对来鹤台公园进行改造、提升。

此次改造以提升来鹤台公园原有景观、丰富运动元素为目标，设计出两套初步方案，并公开向社会征集意见。集思广益后，最终确定了以下改造提升方案：一是新建广场环形健身步道，为市民提供散步、慢跑的场地。二是增加篮球场、健身器材及儿童游乐设施等功能设施，满足不同年龄层人群的使用需求。三是增加活动场地，移除公园东侧土坡，增加东南角出入口；去除阻碍通行活动的水池、树池，改造成硬质广场，增加市民活动区域。四是对现状植物进行梳理，移除遮挡视线的中层灌木，增植高大乔木，营造通透的植物景观。五是现状设施维修提升，对广场内破损铺装、西侧破损路面进行修缮更新，并在广场中增加坐凳、垃圾桶等设施。

改造提升后的来鹤台公园主题更加鲜明、文化氛围更加浓郁、环境更加优美、运动元素更加丰富，进一步满足了广大市民对健身环境的需求（图3-7-1）。

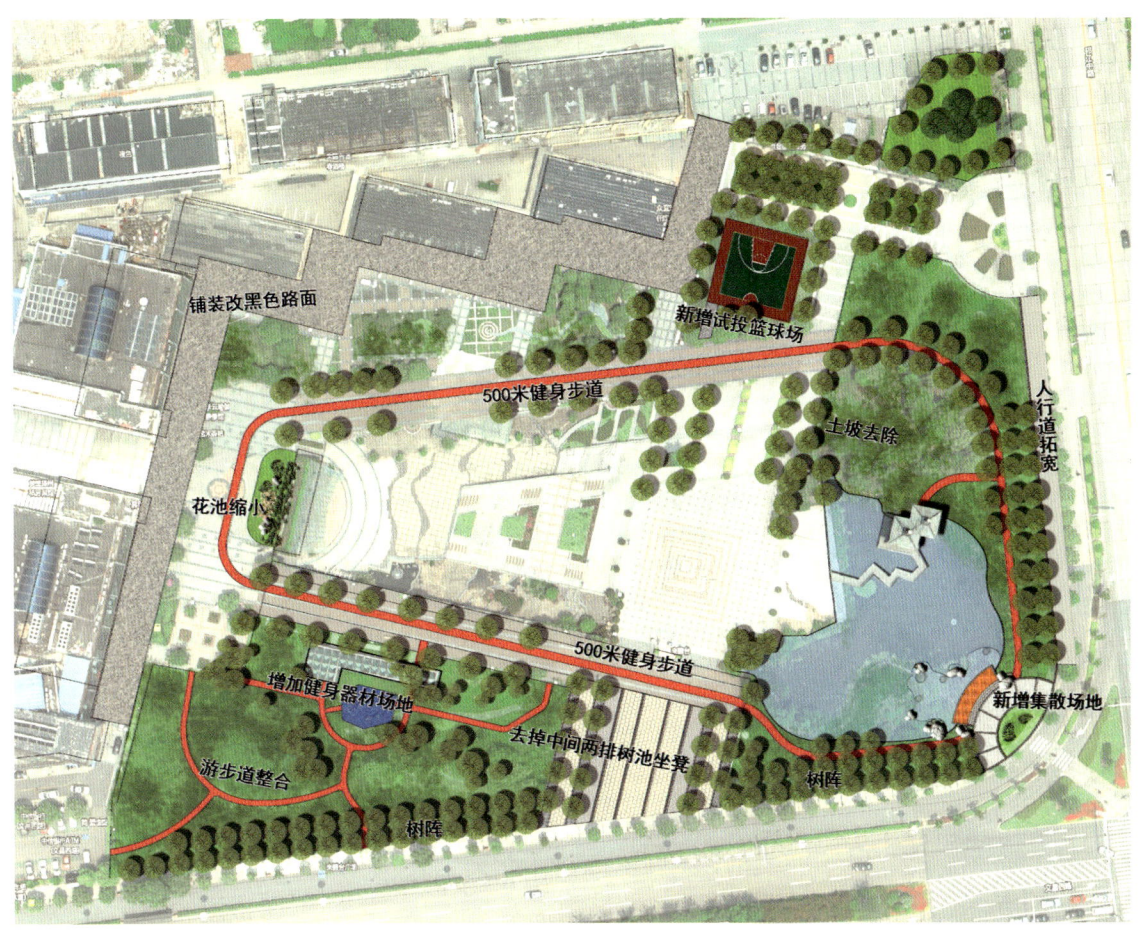

图 3-7-1　来鹤台公园改造提升示意图

1. 改造前原貌

改造之前，广场道存在路面多处破损、步道不连续、植物种类单调、健身和休憩设施缺乏、照明设备不足等问题（图 3-7-2）。

图 3-7-2　来鹤台公园改造前状况

2. 提升原有景观

新增设的"鹤"主题小品，在夜晚灯光衬托下，使人如临仙境："腰缠十万贯，骑鹤上扬州"，古代扬州有"鹤城"之称，也有着浓厚的鹤文化（图3-7-3）。来鹤台公园东南隅，建设有台、桥、水景、山景。当时将广场命名为"来鹤台公园"，以具有古典意象的现代台式景观建筑，来表现明、清时代扬州园林中的"来鹤台"，同时也包含着祝愿扬州经济与文化发展繁荣的意蕴，亦能继承和弘扬扬州传统历史文化这一脉络。

图3-7-3　来鹤台公园改造后主题景观

增加银杏、香樟之类的高大乔木数量，扩大草坪、花坛的面积，减少低矮灌木，通过这一增一减来增加广场的通透性，提升公园景观（图 3-7-4）。

驳岸压顶离水面在 0.5m 以下，让游客能充分接触水体。驳岸材料选择鹅卵石石坡和草坡，大小不一的方整石自然散落在驳岸上，充分展现自然的美感。水中栽种了多样的水生植物，保证了生态的多样性（图 3-7-5）。

图 3-7-4　来鹤台公园植物配景

图 3-7-5　来鹤台公园亲水驳岸设计

3. 丰富运动元素

环绕原有广场新建一个500米长的健身步道，与原先的步道相连接，道路两侧减少低矮灌木、补种银杏、榉树等高大乔木，做到既提升生态环境，又能保证视野通透。华灯初上，周围的居民纷纷来此享受散步的乐趣（图3-7-6）。

儿童尽情地享受游乐设施带来的快乐，体育爱好者们在全天开放的球场上挥洒汗水，老人们在廊亭下闲聊、下棋，享受悠闲的下午时光。公园让他们暂别了城市的喧嚣，尽情享受公园带来的快乐（图3-7-7~图3-7-9）。

图3-7-6　来鹤台公园步道景观

图 3-7-7 来鹤台公园篮球场

图 3-7-8 来鹤台公园健身设施

图 3-7-9 来鹤台公园廊亭

案例8：大水湾公园

大水湾公园（图3-8-1、图3-8-2）位于古运河大水湾东岸、江阳东路西侧，北起柳叶桥，南至运河水上派出所，占地面积约50000㎡。区域内南北交通汇集江阳东路与南通东路，交通便捷。

项目"因地制宜、变荒为宝"，将空置十余年的老工业品市场的荒地利用起来（图3-8-3），结合场地竖向将海绵城市概念引入其中。在总体布局上，公园从整体功能上分为三部分：北侧健身区、中间市民休闲及服务配套区、南侧林荫休闲区。这三个区域以健身跑道为交通流线，进行贯通连接，健身跑道长约1.1km，采用透水混凝土材质，充分解决雨天积水问题。区域布局具体如下：

第一，北侧健身活动区最大亮点在于利用场地原有的长约60m，宽约40m，深约3m的水塘打造儿童活动场地，首次引进新型环保沙池，并且配有七彩滑梯和儿童嬉戏设施，颇具特色。其南侧是儿童嬉戏草坪，作为儿童奔跑游戏的绿色空间，同时增设篮球场2个、羽毛球场2个，满足青少年的

图3-8-1　大水湾公园标识牌

图 3-8-2　大水湾公园全景图

图 3-8-3　公园建成前，区域内杂草丛生、一片荒芜

健身活动需求。还设置了 18 个机动车停车位。总体布局上充分结合了场地的现状，又丰富了公园的活动内容。

第二，市民休闲及服务配套区是对现有建筑进行改造，保留沿河两栋建筑作为配套服务用房来使用，改造后建筑总面积约 750m^2。拆除现状民房，打造 1800m^2 的健身广场，同时，新建戏曲长廊满足市民吹拉弹唱和遮风避雨的需求。原有的健身园保留了下来，作为北侧健身活动区和中间市民休闲及服务配套区的连接纽带。

第三，南侧林荫休闲区的一大设计亮点是改造原有 4m 高的垃圾土堆，设计成坡地景观，在此基础上利用地形设置了看台景观，满足市民及社区活动需求，在看台下方设置雨水收集池，作为公园内的绿化灌溉使用。另外，该区域还设置了林荫步道、2 片篮球场、2 片羽毛球场以及 31 个机动车停车位及非机动车停车场，充分满足停车需求。

在植物配置方面，大水湾公园的植物设计坚持"适地种树、经济美观"的原则，灵活运用乡土树种，上层大树以香樟、银杏为骨架树种，搭配朴树、乌桕、无患子、榉树等点景树，中层次选择金桂、石楠、樱花、梅花、垂丝海棠、红枫、琼花，下层次以草坪为主，点缀以常夏石竹、葱兰、玉簪等宿根花卉，力求做到春有花、夏有荫、秋有色、冬有绿。植物设计在整体上以自然、亲和、人性、健康为主旨；在空间上利用植物围合空间，创造适宜的公园空间；在设计上富于变化，注意各类植物的花期在时间上的连续性，注意秋色树在造景上的搭配，以做到四季常青、三季有花，形成良好的公园景观效果。

纵观整个公园，在生态修复的基础上，栽种适量绿化，对环境进行改造提升。让市民畅游在自然和谐的环境中，充分享受大自然的风光。同时立足于城市的可持续发展，在节省资源、合理利用城市土地的同时，注意环境保护和生态平衡。公共空间的规划设计也将与居民的行为习惯相一致，突出健身休闲的公园特色，体现人文关怀与人文精神。

1. 规划设计（图3-8-4~图3-8-9）

大水湾公园位于古运河大水湾东岸，江阳东路西侧，交通便捷；在江阳东路及古运河一侧设置多个次入口，方面市民进出；园内环形健身步道围绕公园一周，总长约1.1km；步道纵横交错，将公园分隔成一个个小的功能区块。大水湾公园从功能上分为三部分：北侧健身区、中间市民休闲及服务配套区（在建）、南侧林荫休闲区。

健康步道长度：865m
建筑面积：638m²
机动车停车位：59辆
非机动车停车位：90辆

① 停车场
② 街角形象展示
③ 次入口
④ 现状沿河路
⑤ 草坪广场
⑥ 阳光草坪
⑦ 现状派出所
⑧ 密林
⑨ 台地
⑩ 阳光草坪
⑪ 健康步道
⑫ 露天舞台
⑬ 景观长廊
⑭ 小广场
⑮ 密林
⑯ 现状建筑改造
⑰ 次入口
⑱ 现状公共厕所
⑲ 休闲广场
⑳ 景观长廊
㉑ 主入口广场
㉒ 现状羽毛球场
㉓ 现状六角亭
㉔ 现状健身器材场
㉕ 现状入口小广场
㉖ 现状休闲广场
㉗ 阳光草坪
㉘ 密林
㉙ 休闲广场
㉚ 羽毛球场
㉛ 篮球场
㉜ 儿童乐园
㉝ 配套用房
㉞ 柳叶桥
㉟ 桥头入口广场
㊱ 景观墙
㊲ 大草坪
㊳ 停车场
㊴ 阳光草坪
㊵ 入口广场
㊶ 非机动停车场

图3-8-4 大水湾公园总平面图

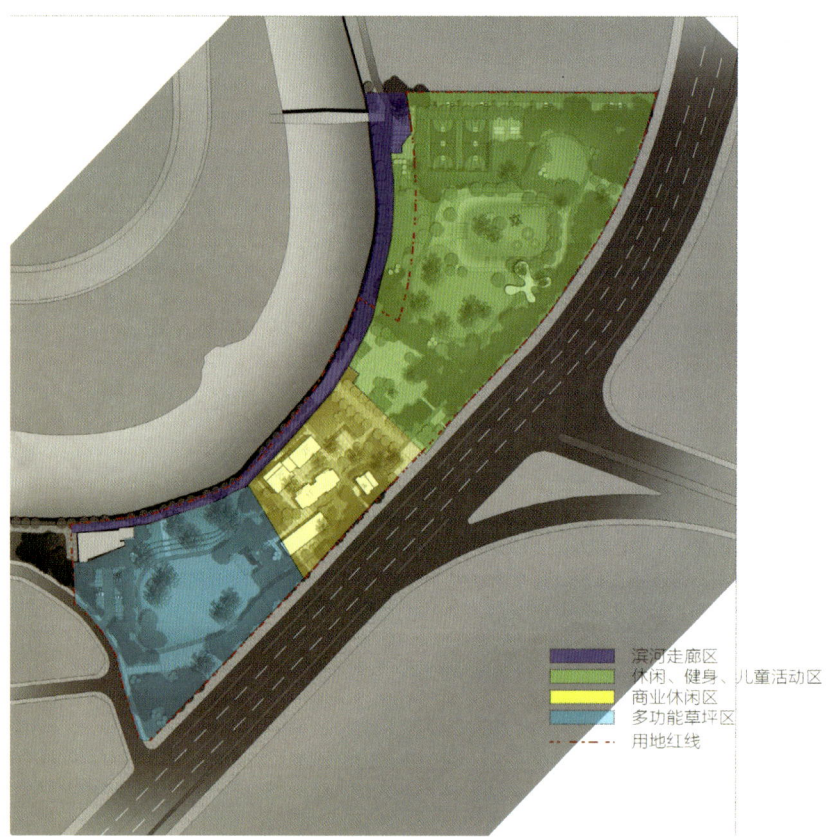

图 3-8-5　大水湾公园功能分区图

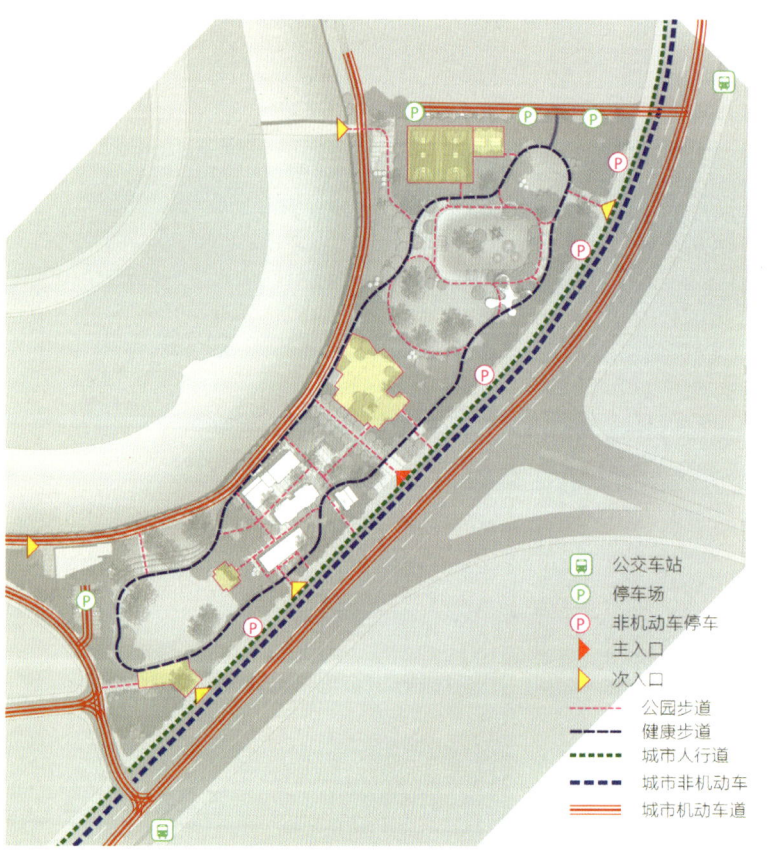

图 3-8-6　大水湾公园交通分析及道路设置

图 3-8-7 大水湾公园休闲、健身、儿童活动区平面图

① 生态停车场　　⑧ 大草坪
② 南侧入口　　　⑨ 露天舞台
③ 街角形象展示　⑩ 景观廊架
④ 草坪广场　　　⑪ 健康跑道
⑤ 现状派出所建筑　⑫ 现状沿河路
⑥ 阳光草坪　　　⑬ 非机动车停车
⑦ 台地景观

图 3-8-8　大水湾公园多功能草坪区平面图

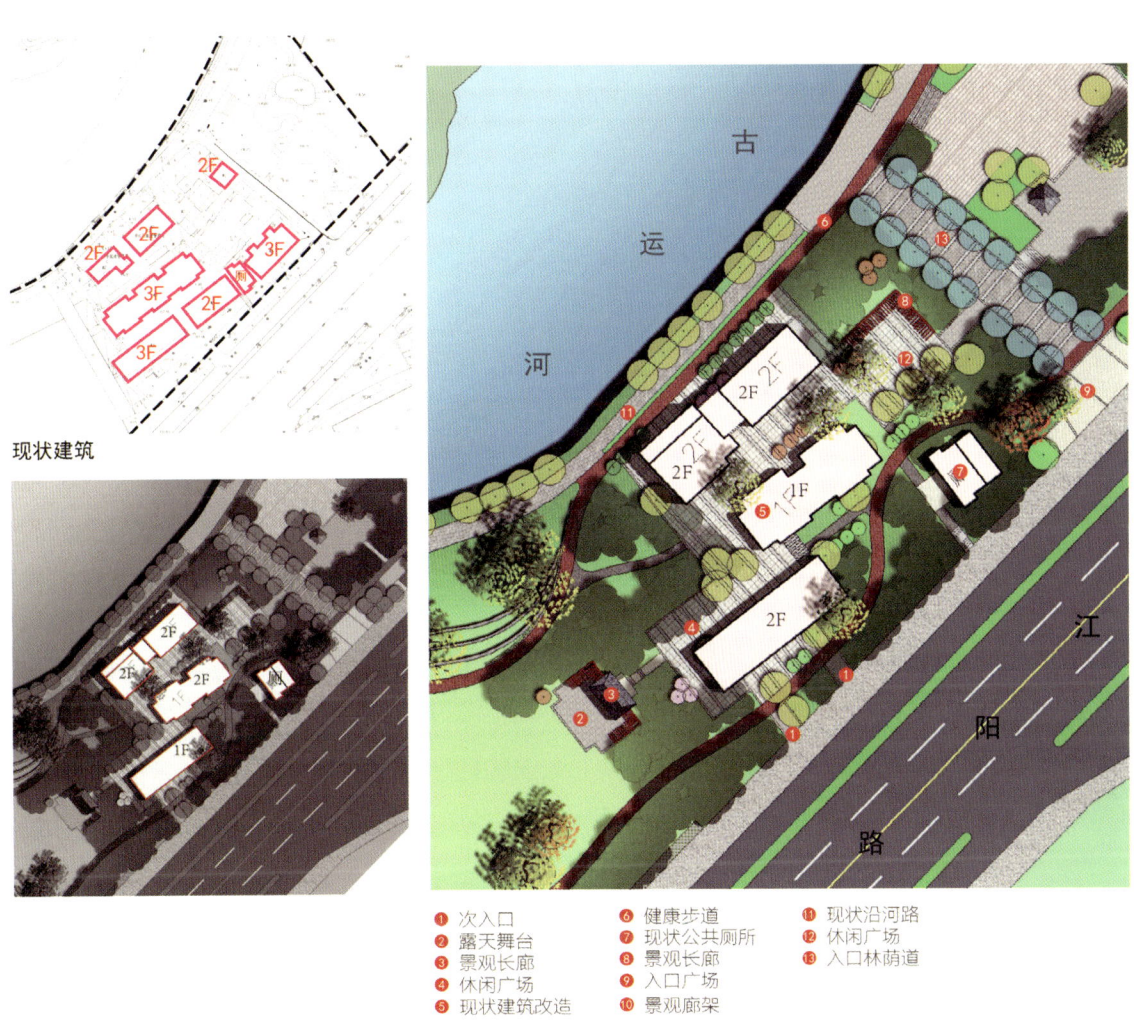

现状建筑

① 次入口
② 露天舞台
③ 景观长廊
④ 休闲广场
⑤ 现状建筑改造
⑥ 健康步道
⑦ 现状公共厕所
⑧ 景观长廊
⑨ 入口广场
⑩ 景观廊架
⑪ 现状沿河路
⑫ 休闲广场
⑬ 入口林荫道

图 3-8-9 大水湾公园中心商业区平面图

2. 丰富市民生活（图3-8-10~图3-8-17）

图3-8-10　大水湾公园北侧休闲、健身、儿童活动区鸟瞰图

图 3-8-13　大水湾公园鹅卵石养生步道

图 3-8-11　大水湾公园健身园

图 3-8-14　大水湾公园健身步道

图 3-8-12　大水湾公园清风亭

每天清晨，绿树环绕的健身园内都聚集了大量前来健身的市民。

公园的入口广场，一些老人经常在树荫下跳舞、打拳、舞剑。入口广场一角的清风亭内，经常有市民下棋、聊天。

鹅卵石养生步道两旁栽种银杏、香樟、朴树、乌桕等树木，脚踩舒适的鹅卵石，同时可以充分享受大自然的风光，呼吸新鲜的空气。

将"海绵城市"理念融入健身步道设计中，步道采用透水混凝土材质，充分解决雨天积水问题。

图 3-8-15 大水湾公园南侧林荫区内的台地景观

图 3-8-16 大水湾公园篮球场

改造原有 4m 高的垃圾土堆，设计成坡地景观，在此基础上利用地形设置了看台景观，满足市民及社区活动的需求。北侧的休闲健身区、南侧的林荫休闲区均设有篮球场地。

利用场地原有的长约 60m、宽约 40m、深约 3m 的水塘打造儿童活动场地，内容以游乐设施为主，如七彩滑梯、攀爬网、秋千、翘板、新型环保沙池等；地面图案色彩亮丽、活泼有趣，墙画以鲜活的卡通人物为主题，充分调动儿童的视觉，努力营造童话般的氛围。

图3-8-17 大水湾公园儿童活动场地

3. 提升生态环境（图3-8-18~图3-8-22）

在植物配置方面，公园采用点景与片植相结合形式。

儿童游乐区坡地缓坡以草坪为基调，乌桕、朴树搭配中下层金桂、球类植物的组团式设计为主，局部结合一片梅花林，形成较好的景观效果。

图3-8-18　大水湾公园植物配置

图3-8-19　大水湾公园儿童游乐区坡地景观

体育活动区周边绿化以阵列式的香樟为主，中层搭配石楠，形成较好的围合感，起到庇荫和防护功能。

休闲广场区种植池配以银杏，周边坡地采用朴树、乌桕搭配金桂、梅花、球类植物相结合的组团式栽植形式，进行精致化设计。

公园内还设置了大量草坪，均一的颜色、细腻的质感以及可进入感，给人一种惬意的享受。草坪还把大树、灌木、花草联系在一个和谐的背景中，统一视觉。

图 3-8-20　大水湾公园体育活动区绿植

图 3-8-21　大水湾公园休闲广场绿植

图 3-8-22　大水湾公园草坪

4. 突显人文关怀（图3-8-23、图3-8-24）

图3-8-23　大水湾公园主、次路口设置的无障碍通道

图3-8-24　公园步道旁、林荫下、儿童游乐区旁放置的形式多样的座椅，供市民休憩、交谈

案例 9：五台山大桥公园

五台山大桥公园（图 3-9-1）位于万福西路五台山桥下，原场地为五台山胜境水景广场公园。由于建成较早，缺乏修缮，存在道路网混乱、等级层次不分明，入口广场缺乏形象标识、车辆乱停乱放、空间闲置、通达性较差、植物杂乱、影响观赏视线等问题。为了改善公园环境、更好服务周边居民，五台山大桥公园提升工程于 2016 年 3 月 10 日进场施工，4 月上旬完成桥下场地建设，4 月中旬完成体育休闲设施建设和广场铺装，4 月 16 日完成绿化和景观亮化建设，4 月 17 日重新向市民开放。

本次提升工程旨在于原有带状绿地的基础上对环境改善提升，增设环形跑道，整合景观资源，形成公园形态。项目建设内容为：对五台山大桥东北侧永

图 3-9-1　五台山大桥公园鸟瞰效果图

久性绿地内部分区域进行景观提升改造，提升改造面积为8140m²，区域范围为自五台山大桥向北92m。提升区域范围内原有绿化面积为3849m²，有水塘一个，面积2424m²。因该处水塘水体常年不流动，水质较差，同时也为考虑市民休闲、运动时能够更加安全，因此决定填平该处水塘，建设一座多向投篮球场和一座羽毛球场，篮球场面积341m²，羽毛球场面积225m²。此外，对区域范围进行景观和功能的重新布置，增加一块街舞广场和一块儿童活动场地，保留优质的现状绿化，对部分区域进行绿化景观提升，栽种疏林草地，采用大面积的草坪，点缀少量树形优美、树冠开展的高大乔木，打造一个简洁、大气的绿化空间，供市民沐浴阳光、户外休憩，真正做到零距离接触大自然。充分利用桥下空间和河边闲置地块，桥下空间设置了乒乓球台、轨道棋桌、石凳石椅等体育休闲设施，沿古运河边还因地制宜建设了一条长1km、宽2.5m的环形步道，既提升了景观、美化了环境，又增强了功能性。景观提升后，区域范围内绿化面积由原来的3849m²增加至4994m²。

1. 规划设计（图3-9-2~图3-9-4）

公园设置了环道、二级园路、车行道和水上栈道。环道建成健康步道，北起五台山医院入口，东起古运河沿河风光带，围绕五台山大桥北侧绿地、桥下空间、南侧绿地，整合现状闲置绿地，环绕整个公园，全长1km，宽2.5m。以生态透水彩色混凝土为材料，形成了连接公园各大功能板块的游览路线；二级园路连接公园各景点，增加了游园路线的多样性；车行道规划出了车辆的进出和停放路线；水上栈道作为亲水性休闲道，增加了游园的趣味。

图3-9-2 五台山大桥公园"一环、四区"功能分区图

图 3-9-3　五台山大桥公园路线图

1. 公园入口　2. 自行车停车棚　3. 蹬道　4. 六角重檐亭　5. 四角亭　6. 儿童活动区　7. 现状篮球区　8. 羽毛球区　9. 现状廊架　10. 景观台地　11. 滨水广场　12. 水上栈道　13. 老年棋牌区　14. 管理用房　15. 乒乓球区　16. 非机动车停车位　17. 机动车停车位　18. 景观标识　19. 健身活动区　20. 长条坐凳　21. 石桥栈道　22. 现状三角亭　23. 景墙　24. 公共厕所　25. 叠石护坡　26. 叠水假山　27. 现状四角亭　28. 入口广场　29. 人行通道　30. 现状八角亭　31. 坡地草坪　32. 观景木平台　33. 景观亭廊榭　34. 假山景点　35. 景观构架　36. 洼地草坪

图 3-9-4　五台山大桥公园总平面图

2. 公园入口配套区

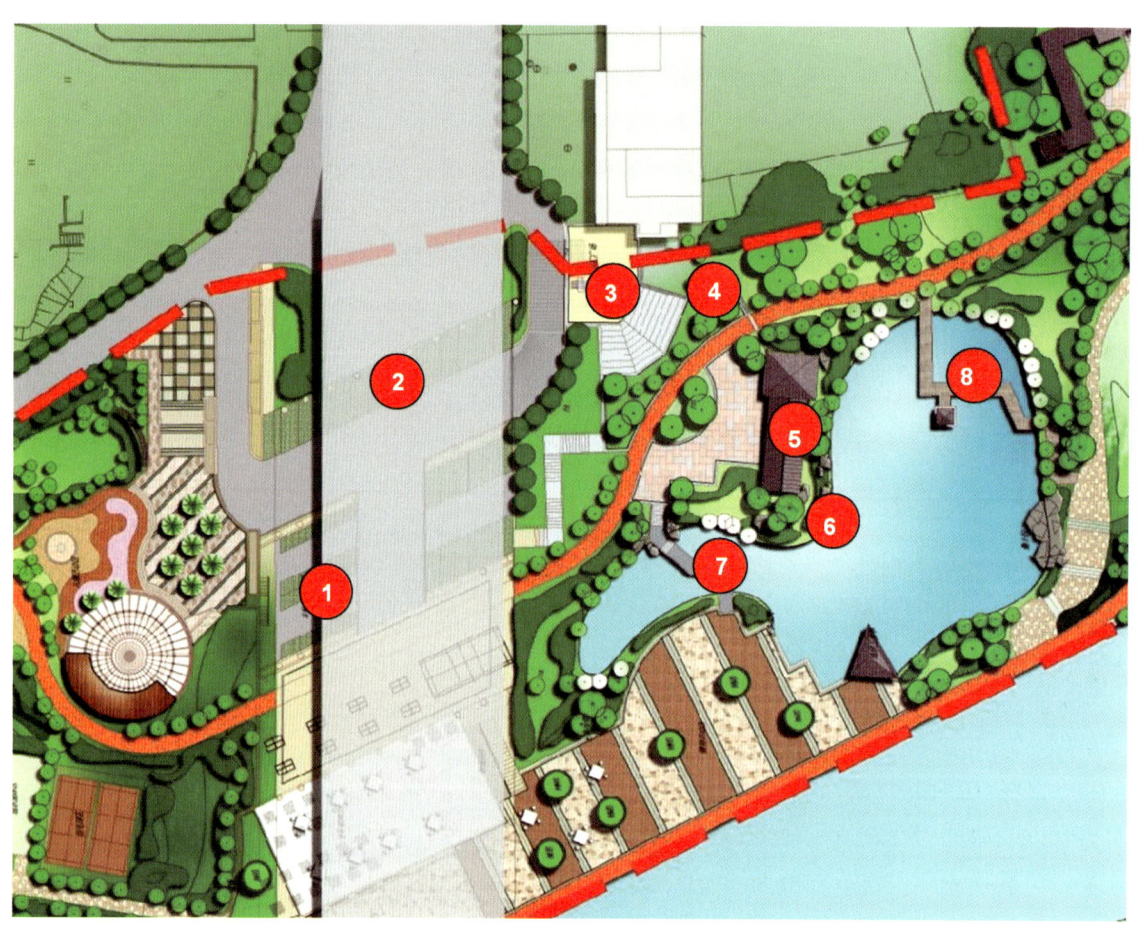

1. 非机动车停车位（50）
2. 机动车停车位（26）
3. 入口广场
4. 景墙
5. 公共厕所
6. 叠石护坡
7. 石桥栈道
8. 现状四角亭
9. 人行通道（桥上与桥下）

图 3-9-5　五台山大桥公园入口配套区提升方案

　　五台山大桥公园入口配套区提升方案包括：①增设桥下停车配套（机动车配套与非机动车配套）；②增设公园公厕配套服务用房；③增加桥上与桥下的人行通道；④于桥梁两侧增设南、北入口广场。如图 3-9-5~图 3-9-9 所示。

图 3-9-6 五台山大桥公园充分利用桥下空间，增设智能收费停车场

图 3-9-8 五台山大桥公园增加连接桥上下的人行通道和无障碍通道

图 3-9-7 五台山大桥公园东入口处增设公厕、配套服务用房

图 3-9-9 五台山大桥公园方整阵列式的树阵布局其上，空间景观简洁明快

3. 林荫休闲区

图 3-9-10　五台山大桥公园林荫休闲区提升方案

　　五台山大桥公园林荫休闲区提升方案包括：①清理现状河塘；②提升沿河原有硬质广场为健身活动区；③整修现有破旧景亭（三角亭、四角亭、重檐亭）；④改造叠水池，打造阳光草坪舞台区；⑤增加一组休憩驻足的亭廊；⑥整理现有地形植被，打造微地形起伏、空间通透的林荫休闲区。如图 3-9-10 所示。

将原有的重檐亭进行整修（图3-9-11）；硬质广场改建为健身活动区，内设各式健身器材、儿童游乐设施，以满足不同年龄段人群的健身、娱乐需求（图3-9-12）。

图3-9-11　五台山大桥公园重檐亭整修前后对比

图3-9-12　五台山大桥公园健身活动区

巧妙利用地势高差，将健身活动区的雨水汇集到地势地点，并设置排水管，将水流引入摆满各式石块的景观池中，从而在雨天形成小型叠水景观（图3-9-13）。

堆叠的巨石上，刻有公园原名"五台胜境"。现保留在健身活动区旁（图3-9-14）。

公园石阶旁，多用堆叠的假山、石块点缀，减弱了石阶规整棱角的突兀感，更好地与周围自然环境融为一体（图3-9-15）。

图3-9-13　五台山大桥公园健身活动区景观池

图3-9-14　五台山大桥公园巨石石刻

图3-9-15　五台山大桥公园石阶堆石景观

图 3-9-16 五台山大桥公园步行道景观

　　林荫休闲区以散步为主要功能,两旁以草地为主,栽种竹、柳等高大植物,同时点缀少许球状灌木,打造微地形起伏,疏密有致的休闲散步空间(图 3-9-16)。

4. 多功能活动区

　　五台山大桥公园多功能活动区提升方案包括：增设篮球场 3 个、羽毛球场 3 个、乒乓球台 8 个、老年棋牌桌 8 张、儿童活动场地 2 块，如图 3-9-17 所示。

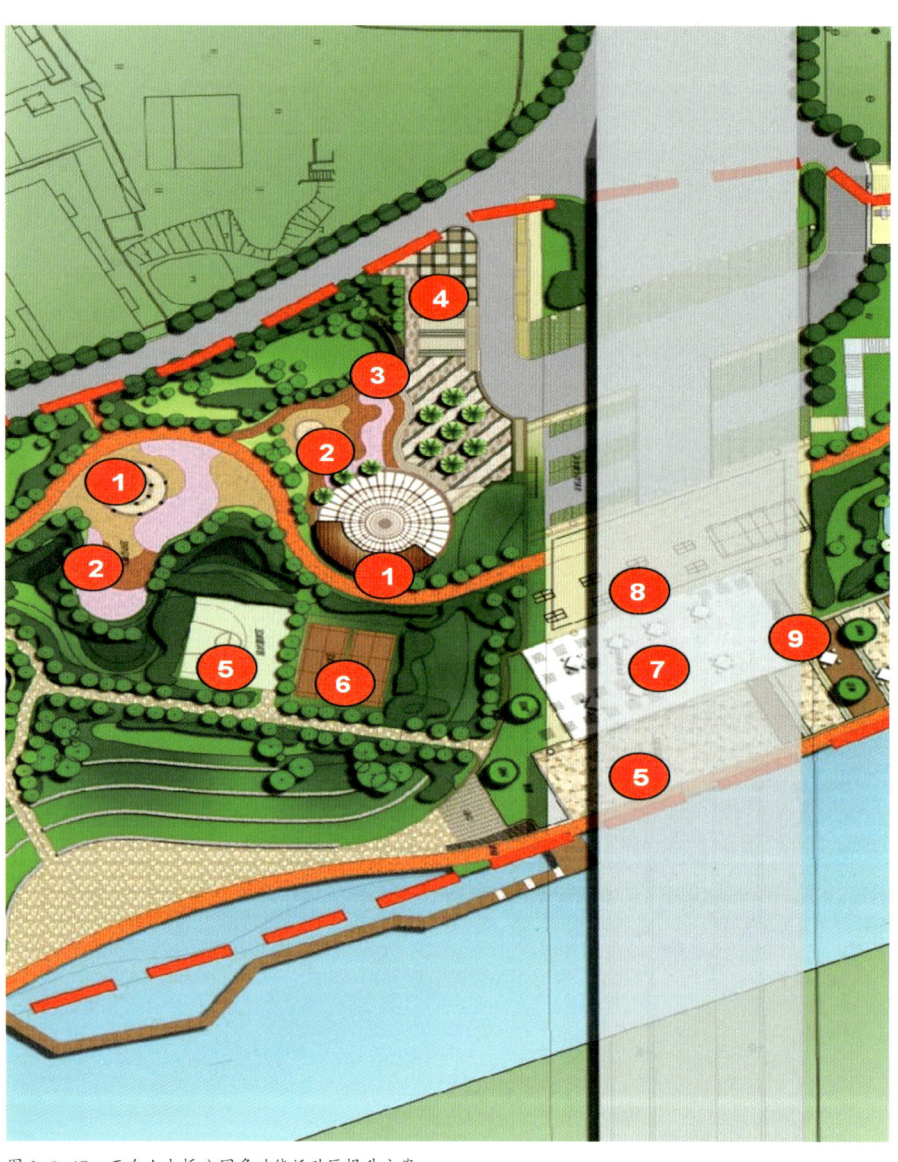

1. 现状廊架
2. 儿童活动区
3. 入口景观标识
4. 入口广场
5. 现状篮球区
6. 羽毛球区
7. 老年棋牌区
8. 乒乓球区
9. 小卖部

图 3-9-17　五台山大桥公园多功能活动区提升方案

将原来杂乱无章的桥底空间重新进行规划，分块设置乒乓球台、轨道棋桌、笼式篮球场和石凳石椅。无论刮风下雨，这里都聚集了大量前来休闲、健身的市民（图3-9-18）。

图3-9-18 五台山大桥公园桥底空间规划

将原有常年不流动、水质较差的水塘填平，改造成健身器材区、多向投篮球场，并增设了社会主义核心价值观宣传雕塑，以及两处休憩长廊（图3-9-19）。

图3-9-19　五台山大桥公园原水塘改造成活动区

5. 亲水演艺广场区

图 3-9-20 五台山大桥公园亲水演艺广场区提升方案

五台山大桥公园亲水演艺广场区提升方案包括：①清理现状河塘；②利用现状地形的改造，打造阶梯式亲水看台、广场，为市民提供演艺表演空间；③整理现状坡地景观，增加景观休息亭；④为五台山医院增设公园北入口（次入口），如图 3-9-20 所示。

图 3-9-21　五台山大桥公园亲水演艺广场

图 3-9-22　五台山大桥公园亲水平台

图 3-9-23　五台山大桥公园整理后的坡地景观

五台山大桥公园打造亲水平台广场，为市民提供演艺表演的空间（图3-9-21）。

在滨水带最前沿设置了亲水平台（图3-9-22），人可以下到此处，近距离观赏秀美的古运河。

岸坡采用人工自然式驳岸，将天然石块置于水陆交界处，其间种植挺水植物，既形成了近自然的视觉景观效果，又起到了防止水生植物受到急流冲刷而难以存活的作用。

五台山大桥公园亲水演艺广场区主要以植物造景为特色，创造幽静的氛围。漫步于香花小径，让人思绪万千。植物搭配方面，选用易生长的乡土植物，如柳树、冬青、蒲公英、玉簪等（图3-9-23）。

5. 环园步道

公园一改之前单一的道路系统（图3-9-24），修建了一条长约1km、宽2.5m的环园步道。沿着步道，可以欣赏到秀美的古运河、静谧幽深的密林和疏密有致的坡地景观（图3-9-25）。

图3-9-24　五台山大桥公园环园步道改造前状况

图3-9-25　五台山大桥公园环园步道改造后景观

案例 10：曲江公园

曲江公园（图 3-10-1）是 2004 年度扬州市城市环境综合整治重点工程之一。公园位于扬州市东部，南临运河西路，冬至运河北路，西至观潮路，北至文昌东路，总占地面积为 15.8 万平方米。

2010 年根据全国文明城市创建的要求，对曲江公园进行了全面提升，主要对公园内部已有部分绿化进行分散移栽，并新栽银杏、香樟等大型乔木以及桂花等各类树种。在公园西入口广场新建的"曲江潮"浮雕墙成了另一亮点。

2012 年初，为大力推进全市"法治文化名城"战略，打造具有地域特色的法制文化品牌，曲江法制文化公园于 9 月初新增加：入口署名"曲江法制文化公园"标志，6 座法制历史人物石像、6 本打开的"石书"，法制宣传长廊、法制标语条石 30 块、法制文化大舞台 6 大景点。各法制文化景点有机融合、互相呼应，营造出多元化的法制文明化氛围，有效地引导市民群众树立法律信仰和现代法制观念。

2014 年为了满足广大市民的体育休闲需求，公园增设体育元素，如乒乓球馆、智慧健身步道、健身测试小屋、棋牌桌椅、篮球场、气排球场、太极区、跳舞广场、儿童游乐场、风雨长廊等基础设施，工程总投资约 500 万元。在本次公园提升项目中设置的智慧健身慢道，全长约 1.2km。具体线路从市规划局门前道路起→沿江南一品北侧沥青环形路→运河北路沿线绿化园路→规划展览馆南侧园路→公园西北广场。本着节约的原则，施工过程中尽量利用原有道路设施，对局部进行改造翻建。其中，健身测试小屋主要进行的是心血管功能、体成分、骨密度等指标的体质测试（注：心血管功能、骨密度测试、体成分测试，可智能化组合进行），测试系统包括动脉硬化测试仪、体成分测试仪、骨密度测试仪等。健康分析的系统化，有利于用户充分了解自己的身体现状。对健康分析的模型，会将各系统的问题按程度分层排序（疾病、指标异常、机能不良、主观不适），找出其中的因果关系、锁定

图 3-10-1 曲江公园鸟瞰图

最重要的管理目标,让测试者做到心中有数、有的放矢。另外,建立了健身运动健康管理显示系统,设置LED显示屏。让人们在锻炼中可以通过电子手链等智能设备与显示屏的对接,在显示屏上实时地显示锻炼者的运动状态,更直观地了解到锻炼对人体的好处。

体育公园是市民体育锻炼、娱乐休闲的重要场所,为了满足更多人的体育休闲需求,公园设置了一些户外的健身场地,如篮球场、气排球、棋牌桌、路径、太极区、儿童活动区、跳舞广场,健身慢道等,让老百姓真正的参与到全民健身活动中。

1. 景观改造（图3-10-2~图3-10-15）

图3-10-2　曲江公园2010年景观提升工程示意图

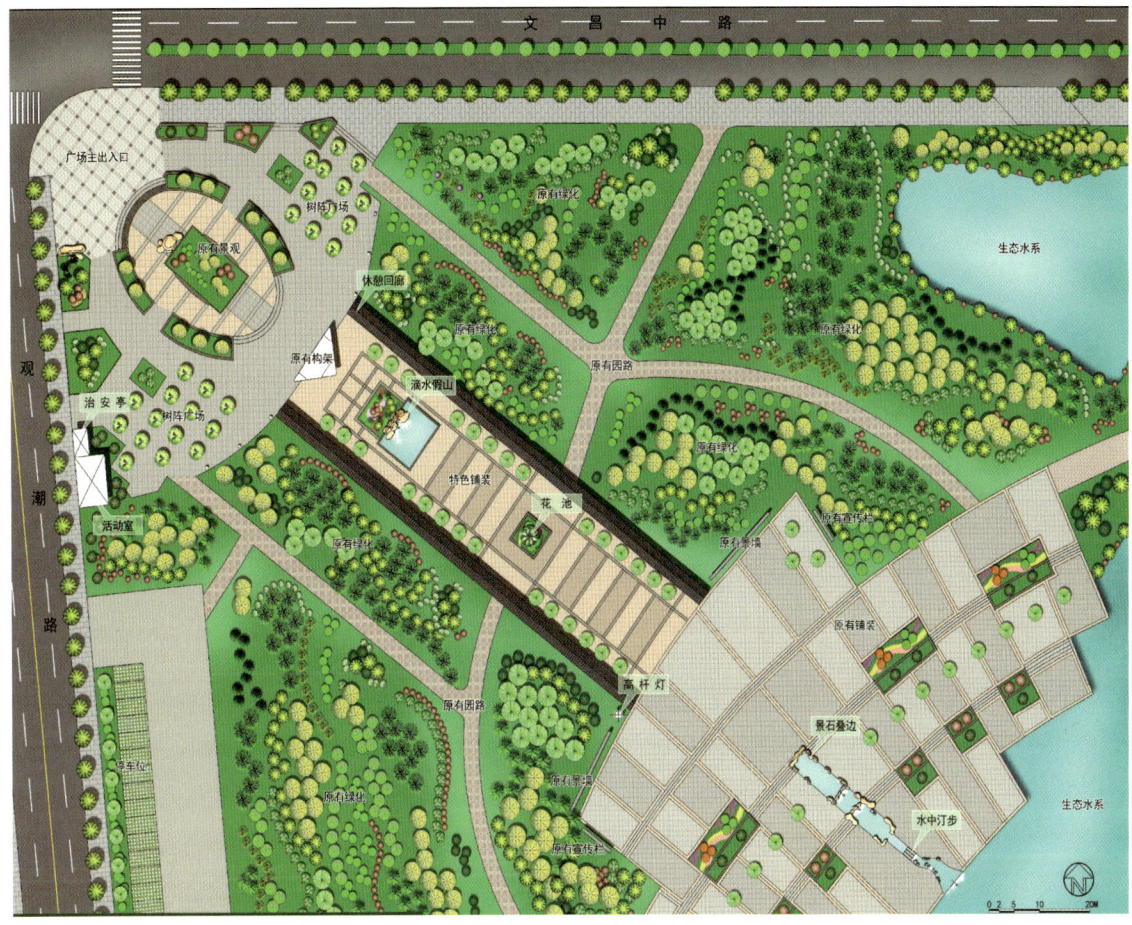

图 3-10-3 曲江公园 2014 年公园入口广场景观设计方案平面图

图 3-10-4 曲江公园入口广场设计效果图

图 3-10-5 曲江公园景观鸟瞰图

图 3-10-6 曲江公园风雨长廊

良好的生态环境是吸引市民前来健身、娱乐，让公园"动力来"的保证。

正对公园西北侧的入口，公园新增了两排上百米的长廊，长廊内设置了两长排的石凳。有了这样的长廊，无论刮风下雨，还是烈日严寒，市民都可以在长廊中休闲健身。

图 3-10-7　曲江公园亲水平台

图 3-10-8　曲江公园栈道

图 3-10-9　曲江公园观景亭

图 3-10-10　曲江公园叠水景观

为了充分利用水景资源，公园规划亲水平台、拱桥、栈道、观景亭等设施，并沿湖岸修筑小径来增加亲水性，丰富公园的滨水景观。

亲水广场临湖处巧妙改造成叠水景观，其中布置了水生植物、观赏鱼及景观石，形成了小型的生态系统，并且放置了供儿童玩耍的橡皮船。

公园沿湖岸坡设计上，以自然草坡为主，并加种了多种净水水生植物、多彩灌木及高大乔木，提升景观的同时，丰富了物种多样性。

图 3-10-11　曲江公园沿湖岸坡设计

图 3-10-12　曲江公园正门

图 3-10-13　曲江公园曲江观潮石碑

据考证，曲江公园周边所在地就是曲江的故道，也是我国古代著名的三处潮涌地之一——广陵涛的观涛之处。

公园内一处张拉膜结构的小品，与东面的三座高楼遥相呼应，现代感十足。树阵广场为市民提供了休息、活动的场所。

图 3-10-14　曲江公园景观小品　　　　　　　　　　　图 3-10-15　曲江公园树阵广场

2. 功能提升（图 3-10-16~ 图 3-10-26）

为满足市民运动、休闲需求，突显体育元素，曲江公园于 2014 年再次提升改造。

健身步道沿着人工湖，环绕整个公园。行走其间，既可放眼开阔的湖面，也可欣赏两旁的自然风光。

图 3-10-16　曲江公园功能提升方案设计图

图 3-10-17 曲江公园环湖健身步道

图 3-10-18　曲江公园中的交通案例文化主题园

交通安全文化主题公园是曲江公园内的"园中园",集知识性、趣味性、体验性和互动性为一体,分为车辆驾驶人管理、交通安全常识、高速公路管理、交通安全标示标牌介绍、交通事故警示、公安交警工作六个展区,通过实物警示、标识解读、知识宣传等方式,对广大交通参与者进行交通安全宣传教育。

图 3-10-19 曲江公园中的法制园入口标志石

图 3-10-20 曲江公园扬州法制人物雕像

图 3-10-21 曲江公园法典书型石刻

图 3-10-22 曲江公园经典法治格言石刻

图 3-10-23 曲江公园室外篮球场

图 3-10-24 曲江公园儿童游乐场

图 3-10-25 曲江公园健身器材区

图 3-10-26 曲江公园出入口道路

无论是文昌路主干道，亦或是周边写字楼、住宅区，都能沿着小径方便地进入公园享受自然风光。

附录一 扬州市已开放免费公园一览表

扬州市已开放免费公园一览表（四类公园汇总）										
地区	序号	公园名称	地址	面积（hm²）	类型	投资额（万元）	建成时间	开放时间	投资主体	备注
广陵区	1	曲江公园	观潮路和文昌路交叉口	15.8	综合公园	6000	2004	2004	广陵区政府	
	2	广陵经济开发区体育健身休闲公园	广陵世家周边	8.5	社区公园	2500	2015	2015	广陵经济开发区	
	3	文峰公园	宝塔路16号	0.38	专类公园					
	4	天宁寺	丰乐上街3号	3.5	专类公园				政府拨款	
	5	重宁寺	长征路15-1号	1.18	专类公园					
	6	史可法纪念馆	广储门外街24号	4	专类公园			2016		
	7	朱自清故居	安乐巷27号	0.06	专类公园			2016		
	8	仙鹤寺	南门街111号	1	专类公园					
	9	旌忠寺	旌忠巷2号	0.271	专类公园					
	10	万福锦园	万福路以北、运河北路以西	2	社区公园	300	2016	2016	广陵区政府	
	11	高桥体育休闲公园	东至滨河路、西至京杭大运河、南至G40高速、北至G328国道	11	综合公园	1200	2016	2016	广陵经济开发区	
	12	大王庙公园	古运河江都路—运河北路段	5.48	社区公园	1700	2016	2016	广陵区政府	江都路—运河北路段
	13	李宁体育园	东至滨水路以西，北至文昌东路以南侧，东至沙湾路，南至健民路	14.33	综合公园	50000	2015	2015	广陵新城	
	14	施井路公园	施井路和沙施河交叉口	1.3	社区公园	300	2016	2016	广陵区政府	一期
	15	普哈丁墓园	解放桥东首	4	专类公园					
	16	小夹江生态公园	头桥镇西贝大道东侧，丰裕桥南	4.4	社区公园	2000	2004	2004	广陵区政府	原头桥市民广场
	17	"爱我家园"健康体育公园	沙头人民路与迎宾路交叉口	0.76	社区公园	80	2015	2015	沙头镇	原沙头市民广场
	18	大水湾公园	古运河大水湾东岸、江阳东路西侧、柳叶桥南侧	4.1	社区公园	1720	2017	2017	广陵区政府	
	19	中海九玺公园	解放北路与花园路交叉口西北角	1.02	社区公园	350	2017	2017	广陵区政府	
	20	清风公园	李典镇李典村沿江公路北侧	3.24	社区公园	60	2017	2017	李典镇	
	21	文峰小学公园	九龙路东侧、规划支路南侧、文峰路西侧	0.5	社区公园	90	2017	2017	广陵区政府	
	22	大水湾古城环道公园	西至徐凝门大桥，东至柳叶桥，南临古运河北侧，北接南通东路	2.5	社区公园	750	2018	2018	广陵区政府	
	23	广陵区口袋公园1	东岳巷与盐阜路交叉口东南角（红园对面）	1.04	口袋公园	7.43	2017	2017	广陵区政府	
	24	广陵区口袋公园2	文昌路南，石塔寺对面		口袋公园	1.05	2017	2017	广陵区政府	
	25	广陵区口袋公园3	文昌路南，宋井周边		口袋公园	3.53	2017	2017	广陵区政府	
	26	广陵区口袋公园4	育才小学口袋公园		口袋公园	34.38	2017	2017	广陵区政府	
	27	广陵区口袋公园5	四望亭路与二道河交叉口东南角（石塔菜场北）		口袋公园	10.86	2017	2017	广陵区政府	
	28	广陵区口袋公园6	淮海路与盐阜路交叉口西南角（附中北）		口袋公园	1.43	2017	2017	广陵区政府	

续表

扬州市已开放免费公园一览表（四类公园汇总）									
地区	序号	公园名称	地址	面积（hm²）	类型	投资额（万元）	建成时间	开放时间	投资主体	备注
广陵区	29	广陵区口袋公园7	史巷东侧，旌忠巷北（旌忠巷西门）		口袋公园	2.94	2017	2017	广陵区政府	
	30	广陵区口袋公园8	淮海路东侧，扬中院士广场（原规划局）		口袋公园	400	2017	2017	广陵区政府	
	31	广陵区口袋公园9	毓贤街两侧（文昌百汇东，阮元广场）		口袋公园	70	2017	2017	广陵区政府	
	32	广陵区口袋公园10	三义阁66号		口袋公园	54	2017	2017	广陵区政府	
	33	广陵区口袋公园11	长城花园东侧，泰州路西侧，1912北侧		口袋公园	31.88	2017	2017	广陵区政府	
	34	广陵区口袋公园12	南门街东侧，旌忠巷南侧		口袋公园	9.75	2017	2017	广陵区政府	
	35	广陵区口袋公园13	十巷与秦淮河沿河道路交叉口西北角（珍园北）		口袋公园	28.48	2017	2017	广陵区政府	
	36	广陵区口袋公园14	大东门桥南		口袋公园	9.68	2017	2017	广陵区政府	
	37	广陵区口袋公园15	仙鹤寺南	1.04	口袋公园	8.5	2017	2017	广陵区政府	
	38	广陵区口袋公园16	小秦淮河东侧，彩衣街北，河边巷沿线		口袋公园	4.8	2017	2017	广陵区政府	
	39	广陵区口袋公园17	小秦淮河东侧，彩衣街南，南讲经墩沿线		口袋公园	7.8	2017	2017	广陵区政府	
	40	广陵区口袋公园18	东圈门与大方巷交叉口西南角		口袋公园	8	2017	2017	广陵区政府	
	41	广陵区口袋公园19	正谊巷（四望亭东北）		口袋公园	9.65	2017	2017	广陵区政府	
	42	广陵区口袋公园20	毓贤街南侧，东方小商品市场东侧		口袋公园	20.65	2017	2017	广陵区政府	
	43	广陵区口袋公园21	引市街113号		口袋公园	39.4	2017	2017	广陵区政府	
	44	广陵区口袋公园22	大准提寺东侧，治淮新村西侧		口袋公园	1.16	2017	2017	广陵区政府	
	45	广陵区口袋公园23	小秦淮河上新桥东侧		口袋公园	26.18	2017	2017	广陵区政府	
	46	广陵区口袋公园24	国庆路西侧，彩衣街沿线		口袋公园	7.5	2017	2017	广陵区政府	
	47	广陵区口袋公园25	水仓巷与埂子街交叉口东南角（渡江社区宣传站北）		口袋公园	3.8	2017	2017	广陵区政府	
	48	广陵区口袋公园26	徐凝门路与南通路交叉口西北角		口袋公园	4.5	2017	2017	广陵区政府	
	49	广陵区口袋公园27	皮市街东侧，小芝麻巷与大芝麻巷之间		口袋公园	6	2017	2017	广陵区政府	
	50	广陵区口袋公园28	曾公祠巷西侧（畅园）		口袋公园	15	2017	2017	广陵区政府	
	51	广陵区口袋公园29	汪氏小苑北，古井两侧		口袋公园	1.37	2017	2017	广陵区政府	
	52	广陵区口袋公园30	育婴巷"口袋公园"	0.2	口袋公园	600	2018	2018	广陵区政府	
	53	广陵区口袋公园31	泰州路与恩寺巷交叉口西北角"口袋公园"	0.2	口袋公园	90	2018	2018	广陵区政府	
	54	广陵区口袋公园33	引市街东侧，祇驼林南侧	0.02	口袋公园	7.8	2018	2018	广陵区政府	
	55	广陵区口袋公园34	石榴巷8、10号	0.07	口袋公园	23.7	2018	2018	广陵区政府	
	56	广陵区口袋公园37	后安家巷，大准提寺西	0.02	口袋公园	0.6	2018	2018	广陵区政府	

续表

地区	序号	公园名称	地址	面积（hm²）	类型	投资额（万元）	建成时间	开放时间	投资主体	备注
广陵区	57	广陵区口袋公园38	花局里中部	0.03	口袋公园	15	2018	2018	广陵区政府	
	58	广陵区口袋公园47	个园北门	0.02	口袋公园	15	2018	2018	广陵区政府	
邗江	59	高旻寺	古运河与仪扬河交汇处	10.2	专类公园					
	60	引潮河公园	引潮河（邗江路—润扬路）	14.3	社区公园	4200	2009	2009	扬州市邗江区政府	带状公园，功能、设施不全
	61	文汇公园	邗江路与文汇路交叉口西南侧	1.9	社区公园				扬州市邗江区政府	原文汇广场
	62	来鹤台公园	邗江路与文昌路交叉口西北侧	3.5	社区公园	1100			扬州市邗江区政府	投资额为2017年公园改造提升费用，原投资额不明。原来鹤台广场
	63	四望亭路街心花园	四望亭路沿线（扬子江路—新城河）	2.5	社区公园					带状公园
	64	体育公园	文昌路与真州北路东北侧	18	专类公园			2017	原新城西区管委会	已移交至市体育局
	65	明月湖公园	明月湖周边公园绿地，位于国展中心、双博馆、京华城中城之间	14.7	综合公园	6800		2017	原新城西区管委会	投资额为2017年公园改造提升费用，原投资额不明
	66	沿山河风光带	文昌路一站南路，沿山河两岸绿地	9.7	社区公园				原新城西区管委会	带状公园
	67	真州路风光带	真州路（文昌路—文汇路）两侧绿地	10.05	社区公园				原新城西区管委会	带状公园，功能、设施不全。原真州路边侧绿地
	68	火车站站前游园	火车站站前广场两侧	2.9	口袋公园				原新城西区管委会	已移交至扬汽集团。原火车站站前广场
	69	蜀冈生态体育公园	润扬北路东侧、邗江北路西侧、平山堂路北侧	380	综合公园	15000	2015	2015	西区新城	
	70	玉盛公园	高新区利民路与祥园路交叉口	1.3	社区公园	1500	2011	2011	扬州国家高新技术产业开发区	
	71	许庄社区廉政公园	高新区银河路与祥园路交叉口	1	社区公园	800	2005	2005	扬州国家高新技术产业开发区	原许庄社区廉政广场
	72	水晶湖公园	文汇西路以南，水晶西路以东，水晶东路以西	2	社区公园	400	2014	2014	扬州市业恒城市建设投资管理有限公司	
	73	水晶广场公园	赵家沟西岸、兴城西路南侧	1.2	社区公园	400	2014	2014	扬州市业恒城市建设投资管理有限公司	原水晶广场
	74	黄泥沟风光带	站南路东侧，黄泥沟西侧，北起文汇西路，南至江阳西路	8	社区公园	1000	2012	2012	扬州市正中建设置业有限公司	带状公园
	75	醉红坡小游园	兴城西路南侧，水街北侧	1.5	社区公园	500	2015	2015	扬州市业恒城市建设投资管理有限公司	原醉红坡及东侧小游园，带状公园
	76	文汇苑风光带	何桥路西侧文汇苑B区C区东侧	2	社区公园	900	2011	2011	扬州市业恒城市建设投资管理有限公司	原文汇苑东侧河道绿化

续表

		扬州市已开放免费公园一览表（四类公园汇总）								
地区	序号	公园名称	地址	面积（hm²）	类型	投资额（万元）	建成时间	开放时间	投资主体	备注
邗江	77	琴曼公园	蒋邑社区东侧	0.5	社区公园	200	2011	2011	扬州市业恒城市建设投资管理有限公司	
	78	橡树湾东侧小游园	橡树湾小区东侧	1.1	社区公园	350	2015	2015	扬州市业恒城市建设投资管理有限公司	
	79	半岛公园	兴城西路以南，润扬路以西，国展路以东	8.2	社区公园	4000	2016	2016	扬州市业恒城市建设投资管理有限公司	
	80	秀水湾公园	博物馆路西侧	1.7	社区公园	600	2016	2016		
	81	师姑塔生态体育公园	北依兴城西路，南靠蒋王中路，东邻站南路，西贴扬溧高速	7.6	社区公园	3000	2016	2016	扬州市业恒城市建设投资管理有限公司	
	82	邗上冯庄公园	百祥路慈心堂南侧	1	社区公园	100	2016	2016	冯庄社区	
	83	竹溪生态体育休闲公园	三星路与上方寺路交叉口西南角	3	社区公园	600	2016	2016	扬州市邗江区竹西街道办事处	
	84	揽月河开放式生态体育休闲公园	真州中路西侧，同泰路北侧	1.5	社区公园	680	2016	2016	邗江区新盛街道办事处	
	85	三汊河生态公园	邗江南路与仪扬河大桥交汇处西南角	3.4	社区公园	1000	2016	2016	扬州兴汉建设投资有限公司	
	86	养志园社区公园	隋炀帝墓遗址旁	0.73	社区公园	950	2017	2017	西区新城	
	87	樱之园	西湖路与万科路交叉口东南角	1	社区公园	1000	2017	2017	西区新城	
	88	夹桥河公园	沪陕高速南侧、吉安路东侧	3.5	社区公园	370	2017	2017	扬州兴汉建设投资有限公司	
	89	吉安路体育休闲公园	汊河镇吉安路东	1.756	社区公园	1410	2017	2017	扬州兴汉建设投资有限公司	
	90	槐泗文体公园	东至陈俊学校、南至振兴路、西至酒陈路、北至陈俊学校西门	0.4	口袋公园	280	2017	2017	槐泗镇。原槐泗市民广场	
	91	碧水栖庭社区公园	西湖镇台扬路以北，邗江北路西	0.98	社区公园	230	2017	2017	西湖镇	
	92	扬州汽车文化体育公园	平山路与荷叶东路交叉口西南角	2.27	社区公园	1680	2017	2017	扬州市江阳工业园开发建设有限公司	
	93	汇鑫公园	汇鑫苑东侧，蒋王路以北，福祥路以南	1	社区公园	700	2017	2017	扬州市业恒城市建设投资管理有限公司	
	94	蜀冈西路社区公园	蜀岗西路与金槐路东北角	0.71	口袋公园	100	2017	2017	扬州市江阳工业园开发建设有限公司	
	95	滨河生态体育休闲公园	华电路与岗庄路交叉口东北角	3	社区公园	200	2017	2017	扬州市邗江区竹西街道办事处	
	96	帽儿墩公园	位于朱塘路与扬子江北路交叉口东北角	0.9	口袋公园	300	2018	2018	扬州庆和瑞投资建设有限公司	
	97	杨柳青小游园	润扬北路以东、杨柳青路西延以北	1.2	社区公园	810	2018	2018	西区新城	原杨柳青路西延北侧公园
	98	揽月河公园	站南路以东，同泰路以北	18	综合公园	1400	2018	2018	扬州市邗江区政府	
	99	扬州西花园	扬州西出入口	45	综合公园	25000	2018	2018	维扬发投	
	100	竹溪口袋公园	竹溪休闲公园南侧、恒大帝景停车场西侧	0.6	口袋公园		2018.04			

续表

地区	序号	公园名称	地址	面积（hm²）	类型	投资额（万元）	建成时间	开放时间	投资主体	备注
				扬州市已开放免费公园一览表（四类公园汇总）						
江都	101	龙川体育休闲公园	龙城路南侧	15	综合公园	8300	2001	2001	江都区城建局	
	102	仙女公园	高水河东岸	0.82	社区公园	1380	1998	1998	江都区城建局	
	103	人民生态园	龙川北路西侧（区政府对面）	6	社区公园	4015	2006	2006	江都区城建局	
	104	仙女游园	龙城西路（引江北门对面）	1.2	社区公园	520	1985	2008	江都区城建局	
	105	金三元公园	仙城路西侧	0.65	社区公园	600	2004	2004	江都区城建局	
	106	引江水利枢纽风景区	纺织路	94.11	专类公园	7500	1977	2004	引江管理处	
	107	三友园	龙川大桥东	0.77	社区公园	90	2003	2003	江都区城建局	
	108	龙都社区体育休闲公园	长江路北侧	4	社区公园	1395	2016	2016		下沉式广场合并
	109	新都社区公园	龙川桥桥南西侧	3	社区公园	465	2016	2016		樱语园合并
	110	玉带社区公园	高水河东侧	3	社区公园	290	2016	2016		
	111	自在公园	长江西路北侧	19	综合公园	4300	2016	2016		
	112	勇龙生态园体育休闲公园	武坚镇勇龙	13	社区公园	700	2016	2016		
	113	育才滨水游园	育才中学北侧	0.7	社区公园	240	2016	2016		
	114	新民游园	新都南路南侧	0.9	社区公园	225	2011	2011		
	115	龙川北路体育游园	龙川北路西侧	5	社区公园	640	2016	2016		
	116	华丰紫郡社区体育游园	华山路与新都北路西南角	0.6	社区公园	110	2016	2016		
	117	仙女生态旅游公园	砖桥花木大道	6	社区公园	8000	2016	2016		
	118	双沟体育公园	仙女镇双沟社区	1	社区公园	300	2017	2017		
	119	纪西体育休闲公园	小纪镇纪西村	0.5	社区公园	200	2017	2017		
	120	邵伯运河生态公园	邵伯镇甘棠社区、高蓬村	24	综合公园	10000	2017	2017		
	121	滨江新城春江湖体育休闲公园	滨江新城沪陕高速以南春江湖内	25	综合公园	4000	2017	2017	滨江新城	春江湖合并
	122	银河之春公园	新通扬运河北侧	6	社区公园	1800	2017	2017	江都区城建局（扬州龙川控股有限公司）	
	123	涵西体育公园	华山路南侧	2	社区公园	200	2017	2017		
	124	三友体育公园	仙女镇三友村	0.4	口袋公园	200	2017	2017		
	125	扬州民歌民乐公园	金湾河东侧	6	社区公园	2500	2017	2017	江都区城建局（扬州龙川控股有限公司）	
	126	郭村镇运河路体育公园	郭村镇运河路	1	社区公园	500	2017	2017		
	127	南水北调源头公园	南水北调东线工程及江淮生态大走廊源头	40	综合公园	16000	2018	2018		与一期芳甸园合并
	128	水木南庭游园	浦江东路（沿张纲河侧）	0.3	口袋公园	90	2018	2018		
	129	大涵河生态体育休闲公园	大涵河沿河	4	社区公园	3000	2018	2018		与大涵河带状公园合并
蜀冈风景区	130	宋夹城体育休闲公园	长春路北侧、相别路西侧	40	综合公园	50000	2014	2014	瘦西湖风景区管理处	
	131	蜀岗西峰生态公园	扬子江北路与平山堂路交互处	40	综合公园	3000	2004	2004	扬州市政府	

续表

扬州市已开放免费公园一览表（四类公园汇总）

地区	序号	公园名称	地址	面积（hm²）	类型	投资额（万元）	建成时间	开放时间	投资主体	备注
蜀冈风景区	132	唐子城护城河	沿唐子城护城河两侧	30	专类公园	45000	2015	2015	瘦西湖旅游发展集团	带状公园
	133	盆景园	大虹桥路以南，柳湖路以东	3	专类公园	1600	2013	2013	瘦西湖旅游发展集团	
	134	双峰云栈	平山堂东路南侧、瘦西湖北侧	1.2	专类公园	3500	2014	2014	瘦西湖旅游发展集团	鉴真广场
	135	刘细君公园	平山堂东路北侧、相别路西侧	2	专类公园	2100	2014	2014	瘦西湖旅游发展集团	汉唐广场
	136	长春路街心公园	长春路南侧	3	社区公园	1200	2009	2009	瘦西湖旅游发展集团	
	137	崔致远公园	平山堂东路北侧、下马桥东侧	8	社区公园	6000	2007	2007	瘦西湖旅游发展集团	风筝广场
	138	嘉境邻里公园	江都北路以东、玉箫路以北	3.12	社区公园	4000	2016	2016	瘦西湖旅游发展集团	
	139	城北乡廉政文化园	上方寺路以北、三星路以西	2.2	专类公园	1200	2012	2012	城北乡政府	
	140	园林景观工场	瘦西湖路以西、江平路以北	9	专类公园	3000	2013	2013	瘦西湖旅游发展集团	
	141	花都汇公园	玉人路西侧、肖庄路南侧	16	综合公园	16000	2016	2016	瘦西湖旅游发展集团	
	142	万科·彩虹园	江平路南侧、扬子江路东侧	4	社区公园	500	2017	2017	瘦西湖旅游发展集团	
	143	鉴真樱花园	扬子江北路东侧、鉴真路两侧	3	社区公园	1000	2017	2017	瘦西湖旅游发展集团	
	144	佳家花园社区公园	江平东路北侧、黄金坝路东侧，佳家花园内	0.6	社区公园	600	2016	2016	城北乡政府	
	145	鸿福家园社区公园	鸿福路北侧、黄金坝路西侧	0.7	社区公园	300	2016	2016	城北乡政府	
	146	友谊社区公园	瘦西湖路西侧、友谊路北侧	1.1	社区公园	60	2012	2012	瘦西湖街道办事处	
	147	奥园邻里公园	秋实路北侧、黄金坝路西侧	1.4	社区公园	700	2017	2017	瘦西湖景区管委会	
	148	金融商务集聚区创意园	瘦西湖路与北城路交叉口东南角	2	社区公园	720	2017	2017	瘦西湖旅游发展集团	
	149	板桥道情公园	长春路北侧、宋夹城河西侧	5.6	社区公园	480	2016	2016	瘦西湖旅游发展集团	
	150	官河滨河风光带公园	官河沿线、上方寺路南侧	2	社区公园	200	2018	2018	瘦西湖旅游发展集团	
开发区	151	扬子郊野公园	临江路以西，施港路以北，江海学院以东，吴州路以南	66.7	综合公园	5700	2010	2010	施桥镇政府	
	152	蝶湖公园	维扬路以西，茉莉花路以南，祥和路以东，蝶湖路以北	9	社区公园	3000	2011	2011	扬州经济技术开发区开发总公司	
	153	扬子津古渡体育休闲公园	沿古运河两岸，一期、二期东岸线起吴州大桥北至横沟河，西岸起吴州大桥北至扬力集团南围墙；三湾段为开发路至安墩闸	31	综合公园	17554	2015	2015	扬州市临港建设发展有限公司	
	154	顺达广场公园	东临顺达商业广场和幼儿园，西临振兴花园二期	2	社区公园	500	2015	2015	扬州绿色产业投资发展控股（集团）有限责任公司	
	155	朴树湾公园	朴席朴园南，仪扬河北侧	2.8	社区公园	500	2015	2015	朴席镇政府	
	156	扬子新苑体育休闲广场公园	扬子新苑安置小区南侧	1.1	社区公园	600	2015	2015	施桥镇政府	

续表

扬州市已开放免费公园一览表（四类公园汇总）

地区	序号	公园名称	地址	面积（hm²）	类型	投资额（万元）	建成时间	开放时间	投资主体	备注
开发区	157	开发区世纪广场公园	世纪广场	0.34	口袋公园	200	2016	2016	扬州绿色产业投资发展控股（集团）有限责任公司	
	158	富瑞公园	南绕城出入口，扬子江南路两侧	18	社区公园	4000	2016	2016	扬州绿色产业投资发展控股（集团）有限责任公司	功能、设施不全
	159	扬子津监庄生态公园	沪陕高速以北，328国道以南	13.6	综合公园	5000	2016	2016	扬子津街办	
	160	八里运河公园	沿开发区境内的古运河东岸建设，北起扬子津路北，南至瓜洲北	19.4	社区公园	9700	2016	2016	扬州市临港建设发展有限公司	无设施
	161	维扬路市民广场公园	维扬路与江阳路交叉口东南角	0.6	口袋公园	250	2015	2015	扬州经济开发区开发总公司	因江阳路快速化改造，面积大幅度减少
	162	麦斯通节点公园	维扬路最南端	0.5	口袋公园	200	2014	2014	扬州经济开发区开发总公司	
	163	南宝带小区公园	宝带幼儿园东侧广场	0.83	口袋公园	250	2017	2017	扬州经济技术开发区开发总公司	
	164	扬子津生态中心	静修禅院以南，施港路以北，扬子江路以西，古运河以东	21.9	综合公园	10350	2017	2017	扬州市华恒建设投资有限公司	首发项目
	165	滨江花园公园	九龙湖路以南、毓秀路以北、扬子江路以西	0.4	口袋公园	250	2017	2017	扬州市华恒建设投资发展有限公司	
	166	春江花园公园	春江花园社区用房周边	0.7	口袋公园	250	2017	2017	扬州市华恒建设投资发展有限公司	
	167	大江风光带	位于开发区施桥及八里镇范围内，该风光带由沿江岸线区域、扬子津区域和古运河、京杭大运河沿线区域的"一江两河一带"区域组成	22	社区公园	5000	2017	2017	扬州经济技术开发区开发总公司	无设施
	168	九龙湖、凤栖湖公园	南部滨江新城九龙湖、凤栖湖	33	社区公园		2018.4			
生态科技新城	169	跑鱼河公园	廖家沟至太平河之间，老万福路南侧	3.5	专类公园	2200	2015	2015	生态科技新城	
	170	生态之窗体育休闲公园	自在岛横河两岸	13.9	综合公园	10000	2014	2014	生态科技新城	
	171	杭集中心广场公园	曙光路东侧、翟庄路南侧	3.5	社区公园	2500	2008	2008	杭集镇	
	172	小运河体育休闲公园	杭集镇曙光路西侧、四通路以北、文昌路以南	3.77	社区公园	5000	2016	2016	生态科技新城	
	173	泰安城镇社区公园	泰安镇新太平河大桥两侧，太平河两岸	4.4	社区公园	1200	2016	2016	泰安镇	
	174	韩万河先导公园	新万福路以北段	3	社区公园	2500	2017	2017	生态科技新城	
	175	三笑花园南侧社区公园	三笑花园南侧	4	社区公园	500	2017	2017	杭集镇	
化工园区	176	龙山森林体育公园	化工园青山镇	2.1	专类公园	8000	2016	2016	扬州华滋生态建设有限公司	
	177	滨江古湄游园	古湄安置小区A区南侧	6.7	社区公园	1200	2017	2017	扬州化工投资发展有限公司	
	178	烟灯河湿地游园	园区烟灯河西侧	10	综合公园	1500	2017	2017	扬州化工投资发展有限公司	
	179	胥浦家园社区公园	青山镇胥浦家园内	4.5	社区公园	1000	2016	2016	扬州化工投资发展有限公司	
高邮市	180	蝶园广场公园	蝶园路东侧、长生路南侧	8.8	社区公园	300	2002	2002	高邮市政府	原蝶园广场

续表

			扬州市已开放免费公园一览表（四类公园汇总）							
地区	序号	公园名称	地址	面积（hm²）	类型	投资额（万元）	建成时间	开放时间	投资主体	备注
高邮市	181	海潮市民广场公园	海潮路北侧、屏淮路西侧	4.4	社区公园	800	2003	2003	高邮市政府	原海潮市民广场
	182	商务大厦公园	海潮路南侧、盐湖东侧	3.5	社区公园	800	2012	2012	高邮市政府	原城市商务大厦广场及邮都文化广场
	183	人民公园	府前街北侧、中山东侧	8.04	社区公园	100	1980	1980	高邮市政府	
	184	大小淖河公园	微风大道南侧	4.4	社区公园	700	2010	2010	高邮市政府	原大小淖河广场
	185	净土寺塔广场公园	文游路西侧、琵琶路南侧	3.8	社区公园	850	2011	2011	高邮市政府	原净土寺塔广场
	186	北澄子河风光带	文游路东侧、屏淮路西侧	13.5	社区公园	1200	2012	2012	高邮市政府	带状公园
	187	高邮镇百姓广场公园	高邮镇政府南侧	0.5	社区公园	150	2012	2012	高邮市政府	原高邮镇百姓广场
	188	城南新区城市客厅公园	城南经济新区	3.7	社区公园	900	2014	2014	高邮市政府	原城南新区城市客厅
	189	北关河风光带	秦邮路北侧、波司登大道南侧	26.4	社区公园	800	2014	2014	高邮市政府	带状公园，功能、设施不全
	190	市河公园	南至南水关，北至民生路	6.5	专类公园	2000	2015	2015	高邮市政府	原市河生态文化休闲风光带
	191	南海子河生态文化公园	盂城驿景区	3.34	社区公园	10000	2016	2016	高邮市政府	
	192	南苑社区休闲公园	城南经济新区大寨河两岸（蝶园南路—新闸路）	0.86	社区公园	280	2016	2016	高邮市政府	
	193	金桥休闲公园	市行政中心北侧	1.8	社区公园	1200	2016	2016	高邮市政府	
	194	水曲溪园	市河二期北段	0.6	社区公园	500	2016	2016	高邮市政府	
	195	北澄子河生态公园	老城区北部片区	14.7	综合公园	9500	2016	2016	高邮市政府	
	196	南澄子河公园	东部新城区，南澄子河两岸	8.4	社区公园	4500	2016	2016	高邮市政府	
	197	香沟河公园	东部新城区，香沟河两岸	9	社区公园	2100	2016	2016	高邮市政府	
	198	通湖大桥公园	通湖大桥桥下	1.5	社区公园	320	2016	2016	高邮市政府	
	199	海潮大桥公园	海潮大桥桥下	1	社区公园	110	2016	2016	高邮市政府	
	200	玉带河社区公园	西至中山路，东至环城路	0.6	社区公园	180	2017	2017	高邮市政府	
	201	菱塘回族乡民族生态休闲公园	位于菱塘回族乡	1.4	社区公园	800	2017	2017	高邮市政府	
	202	王氏纪念馆	高邮市西后街21号	0.1	专类公园	200	2008	2008	高邮市政府	
	203	新华河公园	北至新华路，南至邮中路	1.06	社区公园	318	2017	2017	高邮市政府	
	204	少游文化公园	位于三垛镇	0.5	社区公园	20	2017	2017	高邮市政府	
	205	界首镇雪枫广场公园	位于界首镇	1.5	社区公园	450	2017	2017	高邮市政府	原界首镇雪枫广场
	206	腰圩河社区公园	东至珠光路，南邻海潮路	1	社区公园	300	2017	2017	高邮市政府	
	207	周山河沿河公园	项目位于周山镇	1	社区公园	200	2017	2017	高邮市政府	
	208	临泽生态体育公园	位于临泽镇	2.4	社区公园	260	2017	2017	高邮市政府	
	209	车逻文体休闲公园	珠光南路与朝阳大道交叉口北侧	4	社区公园	900	2017	2017	高邮市政府	
	210	卸甲镇文体休闲公园	位于卸甲镇境内	4.1	社区公园	900	2017	2017	高邮市政府	

续表

扬州市已开放免费公园一览表（四类公园汇总）										
地区	序号	公园名称	地址	面积（hm²）	类型	投资额（万元）	建成时间	开放时间	投资主体	备注
高邮市	211	支农河社区公园	北至北澄子河，南至海潮路	1.3	社区公园	390	2017	2017	高邮市政府	
	212	通宝公园	位于三垛镇	0.25	社区公园	250	2017	2017	高邮市政府	
	213	大寨河公园	西至蝶园南路，东至盐河	3.25	社区公园	975	2017	2017	高邮市政府	
	214	横泾河体育休闲公园	项目东起屏淮北路，西止文游北路	8.5	社区公园	800	2017	2017	高邮市政府	
	215	秦邮公园	西至珠光路，南至高谢路	1	社区公园	300	2017	2017	高邮市政府	原高谢社区公园
	216	高邮市盐河运动休闲公园（一湾）	西至通湖大桥，东至澄子河大桥	8	综合公园			2018		
	217	运河西堤遗址公园（一期）	南起运西船闸，北至万家塘，西临高邮湖，东临京杭大运河	8.6	综合公园			2018		
仪征市	218	扬子公园	人民路西	20	综合公园	2000	1989	2002	仪征市政府	
	219	白沙公园	仪化生活区	10.56	综合公园	1000	1987	2002	仪征化纤股份有限公司	
	220	滨江生态体育公园	解放东路南，建安路两侧	85.6	综合公园	22000	2011	2011	仪征市政府	红旗河滨江生态体育公园、东园公园、龙舟公园合并
	221	大蒲塘公园	市区沿山路与西园路东南角	3.8	社区公园	600	2004	2004	仪征市政府	
	222	荷花塘公园	市区大庆路与北城河路西南角	3.8	社区公园	260	2003	2003	仪征市政府	
	223	金鑫公园	原城中小学及周边地块，沿国庆路至糙石巷	1.1	社区公园	300	2017	2017	仪征市政府	
	224	五一公园	东起天宁大道，西至军民路，南起沿山河路，北至G328辅道	18.67	综合公园	2900	2016	2016	仪征市政府	
	225	扬子小游园	工农路与扬子路西北角	0.2	口袋公园	100	2017	2017	仪征市政府	
	226	五环小游园	工农北路	0.68	社区公园	80	2003	2003	仪征市政府	
	227	大码头公园	沿江公路北侧，沿大庆南路两侧	1.7	社区公园	100	2017	2017	仪征市政府	
	228	南入口景观公园	市区大庆路与沿江公路交叉口北侧	3.3	社区公园	2000	2000	2000	仪征市政府	
	229	扬子江公园	长江北岸，东至西园路西至胥浦河	15	综合公园	4000	2007	2007	仪征建发公司	
	230	西山胜境公园	陈集镇人民东路南侧	2.13	社区公园	320	2012	2012	陈集镇政府	原西山胜境广场
	231	市民休闲公园	刘集镇华联路以北为民路以东	2.33	社区公园	400	2010	2010	刘集镇政府	
	232	映月公园	位于月塘镇尹山村（尹山路以东、扬冶线以北）	4.13	社区公园	2600	2013	2013	月塘镇政府	原映月广场
	233	清风枣园	铜山办事处汉金大道西侧	10.67	综合公园	2600	2013	2013	仪征市政府	
	234	康乐生态体育公园	新城镇区西南部，西接解放东路，南邻仪扬河，东、北邻老镇区居民集中地	6	社区公园	1500	2016	2016	新城镇政府	
	235	孔雀山生态体育公园	仪征陈集镇上林路南侧	20	综合公园	5000	2016	2016	陈集镇政府	
	236	灵萱生态公园	北至灵萱路、南至润仪路、西至官塘路、东至中兴路	6.67	社区公园	1300	2017	2017	大仪镇政府	

续表

扬州市已开放免费公园一览表（四类公园汇总）

地区	序号	公园名称	地址	面积（hm²）	类型	投资额（万元）	建成时间	开放时间	投资主体	备注
仪征市	237	尹家河生态公园	位于月塘镇尹山村（三十米大道北段西侧）	6.6	社区公园	2000	2017	2017	月塘镇政府	
	238	板桥公园	位于新集镇王庄小区东，位于花园路以东，环镇北路以南	2.6	社区公园	600	2017	2017	新集镇政府	
	239	胥浦河带状公园	石碑路以南、胥浦河东河堤	1	社区公园	450	2017	2017	真州镇政府	原三八社区公园
	240	白龙公园	位于扬冶线以南，创业路以西，东联路以北，利民苑以东	14.5	综合公园	2600	2017	2017	刘集镇政府	原红旗公园
	241	胥浦河东岸风光带	位于胥浦河以东，站前路以南，石碑路以北	6.7	社区公园	2500	2017	2017	真州镇政府	原胥浦河东岸生态公园
	242	瑞福公园	马集镇政府南侧	8	社区公园	1200	2017	2017	马集镇政府	
	243	金谷社区公园	威龙路、金谷路、育才路交叉口	1	社区公园	200	2017	2017	马集镇政府	
	244	东大塘生态公园	仪征市经济开发区社区办盐河两侧	4	社区公园		2018.1			
	245	永庆社区健身公园	工农北路东侧，永庆村童子桥组	0.6	社区公园	300	2017	2017	真州镇政府	童子桥
	246	秦庄大塘公园	永庆村秦庄组，紧临工农北路、汽车站西南角	0.6	社区公园	300	2017	2017	真州镇政府	
	247	大仪镇中心公园	大仪镇振仪路与人民路交界处	0.45	社区公园	280	2017	2017	大仪镇政府	
	248	万年年池公园	西园路西侧，仪征中学北侧	0.8	社区公园	400	2017	2017	真州镇政府	原万年村社区公园
	249	友好大糜公园	陈集镇友好大糜组，S333西侧	6.8	社区公园	500	2017	2017	陈集镇政府	
宝应	250	宝射河休闲体育公园	宝应县新城，南园路南侧、宝射河两岸	24	综合公园	6900	2016	2016	宝应县政府	
	251	纵棹园	安宜东路1号	4.9	社区公园	2700	2004	2004	宝应县政府	
	252	北河公园	宝应县邗沟路与鑫宝路交汇处	6.7	社区公园	1300	2006	2006	宝应县政府	
	253	运河风光带	京杭运河宝应城区段	3.33	社区公园	3600	2017	2017	宝应县政府	
	254	宝楠园	五条街西、中大街北	0.6	社区公园	1256	2016	2016	宝应县政府	
	255	亚细亚广场公园	苏中路与安宜东路交汇处	0.53	社区公园	315	1999	1999	宝应县政府	
	256	蒙地卡罗小游园	白田路蒙地卡罗小区南侧	2.5	社区公园	109			宝应县政府	
	257	叶挺桥小游园	邗沟路与叶挺路交界处，叶挺桥北侧	0.35	口袋公园	75			宝应县政府	
	258	荷园	苏中路，住建局南侧	0.4	口袋公园	83	2002	2002	宝应县政府	
	259	宝胜桥小游园	苏中路，宝胜桥脚下	0.35	口袋公园	91			宝应县政府	
	260	泰山桥小游园	泰山桥南侧	0.7	社区公园	81	2012	2012	宝应县政府	
	261	物价局小游园	物价局正北，牡丹园西南侧	0.2	口袋公园	112			宝应县政府	
	262	苏中绿岛	苏中路，天元大酒店南侧	0.12	口袋公园	79			宝应县政府	
	263	五一广场公园	泰山桥与苏中路交汇处，城北初中东侧	0.3	口袋公园	204			宝应县政府	原总工会小游园
	264	白田广场公园	白田路五洲国际南侧	1.7	社区公园	400	2003	2003	宝应县政府	原白田广场
	265	花庄公园	花庄小区南侧	3	社区公园	850	2007	2007	宝应县政府	

续表

\multicolumn{10}{c}{扬州市已开放免费公园一览表（四类公园汇总）}
地区	序号	公园名称	地址	面积（hm²）	类型	投资额（万元）	建成时间	开放时间	投资主体	备注
宝应	266	花城广场公园	宝应县苏中路水务局北侧、钟楼西面	1	社区公园	6000	2016	2016	宝应县政府	原花城广场
	267	一纵河体育休闲公园	宝应县新城一纵河南岸	3.9	社区公园	1205	2016	2016	宝应县水务局	
	268	城市河滨河公园	宝应县开发区城市河南侧、七里路北侧	2	社区公园	143	2016	2016	开发区管委会	
	269	开发区画川公园	画川路东侧、政务中心西侧	2.3	社区公园	207			开发区管委会	
	270	开发区市民广场公园	东阳路东侧、南园路北侧	3	社区公园	2114			开发区管委会	
	271	七里休闲体育公园	南园路宝射河大桥北	2.2	社区公园	220	2016	2016	开发区管委会	原开发区东阳桥体育公园
	272	曹甸楚甸公园	宝应县曹甸镇集镇晨化路中段南侧	8	社区公园	4000	2015	2015	曹甸镇人民政府	
	273	泾河文化广场公园	宝应县泾河镇金龙路	1.7	社区公园	300	2016	2016	泾河镇人民政府	
	274	夏集集镇公园	宝应县夏集镇郭夏路，政府办公楼南侧	2.668	社区公园	800	2016	2016	夏集镇人民政府	
	275	广洋湖生态公园	广洋湖广发路	2.2	社区公园	360	2016	2016	广洋湖镇人民政府	
	276	红枫园	宝应县西安丰镇	1.5	社区公园	400	2013	2013	西安丰镇人民政府	
	277	望直港市民广场公园	宝应县望直港镇金港路东侧，富港路南侧，镇行政服务中心对面	1.3	社区公园	600	2015	2015	望直港镇政府	
	278	金鸡嘴公园	望直港集镇东临军师	1.51	社区公园	150			望直港镇政府	
	279	氾水人民公园	宝应县氾水镇东园路南侧、新丰路东侧	4	社区公园	3000	2015	2015	氾水镇人民政府	
	280	世华园	鲁垛镇锦绣路1号	7.92	社区公园	2000	2000	2000	鲁垛镇人民政府	
	281	蒲松龄公园	叶挺路，党校东侧	0.3	专类公园	192			宝应县政府	
	282	二里排河风光带	北河路北侧	5	社区公园	2600	2017	2017	宝应县政府	
	283	中沟河风光带	中沟河两岸	5.1	社区公园	3700	2017	2017	宝应县政府	
	284	嘉定桥遗址公园	叶挺西路与中大街交汇处	0.2	专类公园	200	2017	2017	宝应县政府	
	285	泰山东村游园	泰山东村内	0.1	口袋公园	50	2017	2017	宝应县政府	
	286	安宜镇南窑公园	安宜镇南窑社区	1.4	社区公园	240	2017	2017	安宜镇人民政府	
	287	小官庄镇人民公园	小官庄镇创业路北侧	1.7	社区公园	367	2017	2017	小官庄镇人民政府	
	288	氾水灌溉总渠风光带	氾水镇	2.4	社区公园	1200	2017	2017	氾水镇人民政府	
	289	广洋湖镇镇西生态公园	广宝路与兴洋路入口	2.9	社区公园	680	2017	2017	广洋湖镇人民政府	
	290	淮江路风光带	淮江路东侧	3.5	社区公园	2000	2017	2017	宝应县政府	城市河—宝射河
	291	海棠园	新城白田南路西侧	3.5	社区公园	2000	2017	2017	宝应县政府	
	292	花庄小游园	东升路与北河路交汇处	0.15	口袋公园	60	2018	2018	宝应县政府	
	293	金湾休闲广场公园	金湾小区东侧	1.6	社区公园	455	2017	2017	开发区管委会	
	294	开发区黄塍徐甸公园	黄塍徐甸村村部	1.3	社区公园	200	2018	2018	开发区管委会	
	295	宝应县生态体育休闲公园		47.7	综合公园					
	296	水韵园	淮江路（水韵江南段西侧）	0.72	社区公园		2018			

续表

扬州市已开放免费公园一览表（四类公园汇总）

地区	序号	公园名称	地址	面积（hm²）	类型	投资额（万元）	建成时间	开放时间	投资主体	备注
园林局	297	二分明月楼	广陵路236号	1	专类公园					
	298	馥园	东关街243号	0.2	专类公园					
	299	荷花池公园	大学南路105号	11.4	综合公园		1997	2001	财政拨款	
	300	文津园	汶河北路东侧沿线	1.7	专类公园		1996	1996	财政拨款	带状公园
	301	古运河风光带	古运河沿线	91	专类公园		2006	2006		带状公园
	302	邗沟公园	邗沟路沿线	4.1	社区公园			2005	财政拨款	
	303	漕河公园	漕河路沿线	6.4	社区公园			2006	财政拨款	带状公园
城控公司	304	三湾公园	扬子江南路与兴扬路交叉口往东	101	综合公园	313095	2016	2016	涵闸处	
	305	五台山大桥公园	五台山大桥东北侧	3.6	社区公园	520	2016	2016		
水利局	306	吴王夫差广场	邗江区邗沟路黄金坝闸	0.6	专类公园		2015	2015		
建设局	307	蜀冈中西峰公园		5.85	社区公园		2017	2017		
广陵、生态科技新城	308	廖家沟城市中央公园	南至运河东路、北至新万福路、廖家沟西岸100~200m范围，新万福路至沪陕高速之间，廖家沟东侧	360	综合公园	210000		2015	广陵、生态科技新城	
商务局	309	国贸公园	文昌路北侧、东方医院东侧、国贸大厦西侧	0.173	口袋公园	120		2017		
		共计		公园总面积：2652.587		公园总投资：1145891.82				

注：综合公园37个，社区公园185个，专类公园28个，口袋公园59个，共计309个。公园总面积约2653hm²，公园总投资约114.6亿元。

附录二　扬州市城市公园汇总表

地区	综合公园	社区公园	专类公园	口袋公园	共计
广陵	3	17	8	51	79
邗江	5	38	2	5	50
江都	5	22	1	3	31
开发区	5	7	0	7	19
化工园区	1	2	1	0	4
生态科技新城	1	5	1	0	7
瘦西湖景区	3	14	6	0	23
宝应	2	35	3	8	48
高邮	1	35	2	0	38
仪征	8	24	0	1	33
园林局	1	2	4	0	7
城投公司	1	1	0	0	2
水利局	0	0	1	0	1
建设局	0	1	0	0	1
商务局	0	0	0	1	1
广陵/生态科技新城	1	0	0	0	1
合计	37	203	29	76	345

后 记

2017年5月，中共扬州市委谢正义书记在调研扬州公园体系建设时提出，要组织专门力量，对扬州古典园林艺术、现代公园技术、古典园林与现代公园融合发展的案例进行研究，努力构建一个以案例为支撑，具有扬州特色的全面性、系统性和开创性的现代公园、古典园林、技术艺术理论体系。其后，谢正义书记又多次召开专门座谈会，听取专家意见，逐步形成了研究方向，明确了编撰书单，对研究和撰稿工作提出了不少具体要求。为落实这一指示，市委、市政府专门成立丛书编委会及办公室，确定了牵头部门和责任人。邀请了上海交通大学、南京大学、东南大学、扬州大学、扬州职业大学等高校在内的多名专家教授参与丛书的编撰工作。书稿初步完成后，又邀请了住房城乡建设部、同济大学、华南理工大学、扬州大学等单位的专家（王香春、朱宇晖、唐孝祥、梁宝富、杨国庆、陶俊、罗云建、王晓春等）进行了数次审读，专家们几易其稿反复修改，终于成书。各牵头部门积极配合，为专家实地调研、文稿撰写提供了必要的条件，使丛书编撰工作得以顺利开展。中国建材工业出版社在获悉丛书编撰工作后，主动对接，配备了得力编辑人员，出版社领导参加了多项具体工作，提出了修改意见，确保了丛书的编校质量。编委会办公室所在的市建设局、扬州市历史文化名城研究院（中国名城杂志社）承担丛书编撰的联络接待等工作，为丛书顺利出版付出了辛勤劳动。扬州市城建国有资产控股（集团）有限责任公司以弘扬文化为已任，积极给予支持和配合。在此我代表丛书编委会一并表示感谢。

丛书出版后，希望业界多多给予批评，以便再版时进行修改，共同推动扬州公园城市建设理论体系更臻完备、更具操作性、推广性，为构建具有中国特色的公园理论与技术体系做出扬州应有的贡献。

扬州市人民政府副市长　何金发

2018年8月18日